日本労働法学会誌120号

労働審判制度の実態と課題
国際労働法の展開と課題
大震災と社会法の課題

日本労働法学会編
2012
法律文化社

目　次

《特別講演》
　労災補償の制度目的と認定基準について ……………… 水野　　勝　3

《シンポジウムⅠ》労働審判制度の実態と課題
　シンポジウムの趣旨と総括………………………………… 山川　隆一　15
　労働審判制度利用者調査の概要と制度効果の検証……… 佐藤　岩夫　22
　労働審判制度利用者調査の分析結果と制度的課題
　　…………………………………………… 高橋陽子・水町勇一郎　34
　〈コメント〉個別的労働関係紛争解決システムの連携的運用
　　……………………………………………………………… 野田　　進　47

《シンポジウムⅡ》国際労働法の展開と課題
　シンポジウムの趣旨と総括………………………………… 土田　道夫　61
　国際化と労働法……………………………………………… 野川　　忍　66
　国際労働関係法の展開と課題……………………………… 村上　　愛　74
　　――国際私法学の観点から――
　グローバル化と労働法の抵触ルール……………………… 米津　孝司　88
　　――法の適用に関する通則法を中心に――

《シンポジウムⅢ》大震災と社会法の課題
　シンポジウムの趣旨と総括………………………………… 盛　　誠吾　103
　大震災と労働法――休業手当,解雇,労災問題を中心に――… 早川智津子　107
　大震災と被災者の生活保障――雇用保障を中心に――…… 嵩　さやか　119
　原発労働者と労働安全衛生………………………………… 佐藤　正明　130

《個別報告》

企業の再建と労働関係……………………………………池田　　悠　143
　　──再建型倒産手続における労働関係処理の日米比較を通じて──
最低賃金と法規制・労使自治・生活保障………………神吉知郁子　161
　　──日英仏の最低賃金規制の比較法的検討──
フランス労働医が有する就労可能性判定機能の
　史的形成と現代的展開……………………………………鈴木　俊晴　175
ストレス関連疾患の労災認定……………………………田中　建一　190
　　──厚生労働省労働基準局「精神障害の認定基準」を踏まえて──
イギリス労働法における
　労務提供契約の成立の二重構造…………………………新屋敷恵美子　202

《回顧と展望》

労働組合法上の労働者概念………………………………小山　敬晴　221
　　──国・中労委（ビクターサービスエンジニアリング）事件・
　　　最三小判平成24・2・21労判1043号5頁──
会社更生手続下における整理解雇の有効性判断………戸谷　義治　230
　　──日本航空（運行乗務員整理解雇）事件・
　　　東京地判平成24・3・29労経速2144号3頁──
労働者派遣制度の検討課題………………………………本庄　淳志　241

日本学術会議報告……………………………………………浅倉むつ子　253
日本労働法学会第123回大会記事……………………………………………256
日本労働法学会第124回大会案内……………………………………………262
日本労働法学会規約……………………………………………………………263
SUMMARY………………………………………………………………………267

《特別講演》
労災補償の制度目的と認定基準について

水 野 勝

《特別講演》

労災補償の制度目的と認定基準について

水 野　　勝
(東洋大学名誉教授)

I　労災補償の制度目的と認定基準

　労災補償の認定基準を検討する場合，その制度趣旨について，損失塡補説と生活保障説との対立がみられることは周知のとおりである。

　筆者は，後者の立場にたつ。その理由は，つぎのように考えるからである。
　(i)　まず第1に，被災労働者・遺族の生活保障の必要を痛感し，その見地から補償拡大と促進を企図したためである。
　この点で，補償の趣旨，目的を損失塡補にあると解する立場は，労災補償責任の根拠を明確に基礎付ける点で優れているが，その半面，補償根拠の明確さを追求しようとする結果，補償要件（「業務上の要件」）の把握が，解釈に委ねられていることもあって厳格化する傾向が認められることは否めない。その点では，生活保障説の方が柔軟に対処できると思われたことである。
　(ii)　第2に，労災補償保険法の補償内容が，制定当初におけるように，労基法の補償内容と全く同一であって，前者が後者の責任保険としての性格を保有していた段階であれば格別，1960年代後半以降，労災保険法のいわゆる「ひとり歩き」が進展し，年金（補償）給付の拡大導入が行われ（労災保険16条の2・18条・15条)，また遺族補償年金の給付について，遺族の生活保障の観点から受給権者の順位や受給資格について，民法の相続の順位に修正がくわえられていること，さらに簡易迅速な行政救済制度の導入，譲渡・差押の禁止（労基83条・85条，労災保険38条・40条）等の諸規定は，労災補償の生活保障の法意を示

特別講演

していると考えるからである[1]。

Ⅱ 認定基準について

1 最高裁の危険現実化説と相当因果関係論

（ⅰ）最高裁の判決によれば、「業務（公務）に内在する危険が現実化した」と認められる場合に、はじめて相当因果関係も存在する（地公災基金東京支部長（町田高校）事件最3小判平8・1・23労判687号16頁、同旨地公災基金愛知県支部長（瑞鳳小学校）事件最3小判平8・3・5労判689号16頁）とされる。

（ⅱ）もっとも、町田高校事件最高裁判決と同日に下された遺族補償受給資格確認請求（昭和郵便局）事件最高裁判決（最3小判平8・1・23労判687号18頁）では、同じ第3小法廷の判決であり、担当裁判官の構成も同一であるのに、「業務に内在する危険の現実化」という判断基準は明示されていない。

だが、同判決において、最高裁は、原審が業務外とする判断を認容して上告を棄却するに際し、①被災労働者が医師の健康管理上の指示を遵守しなかったことにくわえて、②肉体的、精神的に過重労働と認めうるようなものはなかったとする原審の認定事実を根拠として、業務外の判断を認容しているわけである。それは、いわば内在危険の欠如を理由として、業務外とした原審判断を認容するものであり、危険現実化説に立脚する判断と同趣旨とみることができる。

危険現実化説は、業務自体に傷病の危険因子が内在し、それが傷病として顕在化することを業務上災害の認定条件とするものである。業務の従事によって傷病が発生し、急激に増悪するといった条件の充足を業務上の判断基準とする発症促進説は、ほぼ、危険現実化説と併存する形で、昭和50年代半ばからほぼ併存する形で下級審の判決においてみられた判断基準である。

その意味では、危険現実化説は、「業務の遂行が……基礎疾病を誘発または増悪させて死亡の時期を早める等その基礎疾病と共同原因となって死亡の結果を招いた場合は、特段の事情のない限り、右の死亡と業務の間に相当因果関係

---

[1] 拙稿「業務上外の認定基準の構造とその問題点」季刊労働法82号19-20頁参照。

があると認めるのが相当である。」(四日市労基署長〈日本通運〉事件名古屋高判昭63・10・31労判529号15頁[2])という発症促進説と同趣旨の判断基準の言い換えとみることができよう。

このような想定の妥当性は、前示昭和郵便局事件最高裁判決と同じ理由から危険現実化説に立つとみられる大館労基署長(四戸電気工事)事件最高裁第3小法廷判決(平9・4・25労判722号13頁)からも裏づけられる。そこでは、業務外とした判決を破棄するに際し、「原告の有していた基礎疾患等が業務上遭遇した本件事故及びその後の業務の遂行によってその自然の経過を超えて急激に悪化したことによって発症したものとみるのが相当であり、その間に相当因果関係の存在を肯定することができる」として、業務上の過重負荷が重視されているからである。さらに、下級審の判決のなかには、両者の判断基準を「換言すれば」という文言で結び付け、同視するものもみられる。すなわち、脳動静脈奇形の増悪及び破綻によって授業中に倒れ、搬送された病院で死亡した英語教師に関する公務起因性が争われた事案(地公災基金静岡県支部長〈吉田高校教員〉事件静岡地判平6・11・10労判672号59頁)が、それである。そこでは相対的有力原説に立って「公務が相対的に有力な原因であるというためには、公務の内容が、通常の公務に比較して過重であり、そこに内在ないし通常随伴する危険の現実化と認められるに足りるものであること」、換言すれば、「公務が当該血管病変等を自然的経過を超えて急激に増悪させるに足りると認められる程度の過重負荷となっていることが必要であるというべきである。」という。危険現実化説が発症促進説と同一の判断基準にたつものとして、言い換えに用いられていることは、自明であろう。

このようにみてくると前掲遺族補償資格確認請求(昭和郵便局)事件最高裁判決と同じ理由から危険現実化説にたつとみられる大館労基署長(四戸電気工事)事件最高裁第3小法廷判決(平9・4・25労判722号13頁)が、業務外とした

---

2) この事案は、本態性高血圧症の素因を有する長距離トラック運転手の脳出血死に関する。走行中、気分が悪くなる等の前駆症状を覚えたが、土地不案内なうえ、すでに、帰りの仕事も入っていたため、走行を続け脳出血死に至ったものである。同旨同1審事件津地判昭62・2・26労判493号27頁、長野県下水内桜井急性心臓死事件長野地判昭54・6・21労働法律旬報982号70頁。

特別講演

原審判決を破棄するに際し,「原告の有していた基礎疾患等が業務上遭遇した本件事故及びその後の業務の遂行によってその自然の経過を超えて急激に悪化したことによって発症したものとみるのが相当であり, その間に相当因果関係の存在を肯定することができる。」とした最高裁判例も同趣旨の判断基準にたつものとみることが妥当と考えられる。しかし, 最高裁判例は, 必ずしも危険現実化説の論拠を明らかに示しているとはいい難い。

この点について, 下級審判例のなかに, 比較的詳細にその根拠に言及したものがみられる。

事案は, R社に編集者として採用され, 業務のため深夜に帰宅することも少なくなかった多発性囊胞腎（腎臓に多数の囊胞が生じ, 腎機能を阻害する遺伝性疾患）の業務起因性が争われた事案である。判示は, つぎのようにいう。

（i）「労災保険制度が使用者の無過失責任を前提として使用者により拠出された保険料を財源として保険金を給付するものとしているのは, 労働者が従属的労働契約に基づいて使用者の支配管理下にあることから, 労務を提供する過程において, 業務に内在する危険が現実化して疾病等が引き起された場合には, 使用者は, 当該疾病等の発症について過失がなくてもその危険を負担し, 労働者の損失塡補に当たるべきであるとする危険責任の考え方に基づくものであることに照らせば, 当該疾病が業務上のものと言えるためには, 業務と当該疾病等との間に相当因果関係が必要となる。」

（ii）そして,「使用者の労災補償責任の性質が, 危険責任を根拠とすることからすれば, 業務と疾病等との間の相当因果関係の存否は, 当該疾病が業務に内在する危険の現実化として発症したと認められるかどうかによって判断されるべきである。」（国・中央労基署長〈リクルート〉事件東京高判平22・10・13労判1018号42頁, 同旨同上第1審事件東京地判平21・3・25労判990号139頁, 国・三田労基署長〈ヘキストジャパン〉事件東京地判平23・11・10労判1042号43頁, 地公災基金東京支部長〈町田高校〉事件東京地判平3・3・22労判583号15頁など）。

（iii）これらの判決から, 危険現実化説が, 使用者に対し無過失にも拘わらず補償責任を負わせるものであるため, その帰責の相当性に配慮し, 帰責条件として, 業務に内在する危険の現実化が認められる場合に, はじめて相当因果関

係の存在も肯定されるという判断（帰責根拠）が帰結されていることが，明白となる。

だが，危険責任を説くのであれば，損失填補説を前提に立論するにしても，報償責任の観点にも言及されて然るべきであるまいか。

2 制度趣旨と認定基準

（i）私は，前述した労災補償給付の特性のほか，遺族補償の受給権者の順位が，遺族の生活保障の見地から相続の順位と異なる扱いがなされていることを考慮し，補償と賠償は，その性格を異にすると解してきた。[3]

現在も，多少の補正の必要を覚えながらも，基本的に，この立場を維持している。

（ii）当初の業務関連性説の考え方を略述すれば，こうである。①従属労働関係のもとで傷病の危険にさらされているという業務と傷病の危険の内的関連性を空間的関連性と称し，その危険が，時間的経過のなかで災害として具体化されていく関連性を時間的関連性として区別したうえで，前者が補償の実質的根拠であり，後者は，前者の危険が災害として具体化したか，もしくは具体化したと推定される関係にあれば足りるとした。その際，傷病を具体化する条件は，たんなる一因ないし最後の一滴で十分であると主張した。

この空間的関連性の説明は，条件説にたつとの印象を与えるおそれがあり，また，いまだ因果関係的把握の域を脱していない点で，不十分であった。空間的関連性は，業務と業務の従事によりさらされる危険との密接な関連（内的関連性）であるから，因果関係の存否の問題ではない。

これに対し，時間的関連性の判断は，傷病具体化の判断であるが，それは，因果関係の存否という事実判断ではなく，労災保険法の制度目的に基づく法的評価の問題だと考えている。この点ついて，項をあらため，業務上外認定に関わる平均人基準説や安全配慮義務違反と認定問題に関連して検討することにしたい。

3）拙稿「業務上外の認定基準の構造とその問題点」季刊労働法82号（1971年）21頁以下参照。

特別講演

3 業務上判断に関する若干の論点
(i) 業務の過重性評価と平均人問題
イ) 平均人基準説について

　制度趣旨からみて，平均人基準は，業務上外の認定の手法として導入することは，労災補償法の制度趣旨にそぐわないと考える。業務関連性の判断は，因果関係の存否の問題ではなく，労災補償の制度趣旨に照らして保護の範囲を劃する法的評価の問題だと解する立場からすれば，帰責判断の適正化という見地から設定された平均人を判断基準として措定することは妥当性に欠けるといわざるをえない。

　この点，下級審判例のなかには，高血圧症の基礎疾病を有するタクシードライバー脳出血死の業務外認定処分の取消が争われた事件において，発症促進説にたちながらも，本人基準説を表明したものがみられる。たとえば，尼崎労基署長〈交安タクシー〉事件大阪高裁平7・2・17判決はつぎのようにいう。

　「同じ業務量であっても，健康な者と基礎疾病を有する者とでは，業務によって受ける影響は異なり，また，高血圧症の基礎疾病を有する者は健康な者に比べて血圧の変動が大きく，上昇した血圧は下がりにくいことにかんがみると，高血圧の基礎疾病を有し，かつ高齢者である義則にとって，本件発症前の業務が過重であったというべきである」（労判676号76頁，同旨同1審事件神戸地判平6・3・11労判657号77頁，地公災基金東京支部長〈町田高校〉事件東京高判平5・9・30労判644号30頁）。しかし，本人基準説の採用理由や発症促進説との関連は定かではない。

　これに対し，高血圧等の基礎疾病を有する管理職の脳出血死について，業務外認定処分取消が争われた事件に関する判例は，危険現実化説にたったうえで，業務の過重性を重視（相対的有力原因の立場）して，つぎのようにいう。

　「業務過重の判断に当たっては，それが当該業務に従事することが一般的に許容された程度の基礎疾病等を有する労働者であり，これまで格別の支障もなく同業務に従事してきているといった事情が認められる場合は，当該労働者を基準にして社会通念に従い，当該業務が労働者にとって基礎疾病を急激に増悪させる危険を生じさせるに足りる程度の過重負荷と認められるか否かにより判

断するのが相当である。」(半田労基署長〈日本油脂〉事件名古屋地判平 8・1・26 労判691号29頁など[4])。危険現実化説の認定基準が必ずしも確定したものといい難いことを示すものといえよう。

　むしろ，業務関連性の判断は，労災補償の制度趣旨に基づく被災労働者の保護の必要に関する判断として，被災労働者が基準対象となると解すべきである。その際，被災労働者の心身に対するストレス（過重性）の評価については，被災労働者の特性，そのパーソナリティをもふくめて，傷病の原因となったすべての不可欠条件が判断評価の対象となる，といってよい。

　ロ）　また，業務関連性の判断は，生活保障の制度目的に基づく法的評価の問題であるから，評価対象となる条件の量の多少の問題ではない。労災補償法の制度目的に基づいて補償されるべき範囲を確定する法的評価であることが留意される必要がある。その判断に際しては，当該傷病を保険制度でカバーすることが労災保険法の制度目的に照らして相応しいかどうかによって判断される。その判断は法目的に即した価値判断であるから，消極的評価要素が50％を上回るからといって，当然に業務関連性が否定されるわけではない。あくまで，制度趣旨に即した法的評価が重要であり，その結果，かりに，肯定的条件が45％であって，否定的条件がこれを上回る場合であっても，業務関連性が肯定される場合もありうる。[5]

(ii)　安全配慮義務違反と業務上外判断

　イ）　安全配慮義務違反事由の考慮について

　安全配慮義務違反等の債務不履行は，過失論の領域の問題であって，これを無過失責任の労災補償責任の業務上外の判断外判断に持ち込むことは，適切ではないという批判がある。

---

4)　同趣旨のその後の判例として，周知のように，同種労働者基準説に立って，「職種，職場における地位や年齢，経験等が類似する者で，業務軽減措置を受けることなく日常業務を遂行できる健康状態にある者」での中で「その性格傾向が最も脆弱である者を基準とするのが相当である」とした豊田労基署長（トヨタ自動車）事件名古屋地判平13・6・18労判814号64頁，同旨同上控訴事件名古屋高判平15・7・8労判856号14頁。

5)　拙稿「西ドイツの労災・職業病の認定法理」横井芳弘編・現代労使関係と法の変容　第4章労働者の権利の展開Ⅰ第3節2「個別化的判断特性と労災認定」366頁以下参照。

確かに，無過失責任の領域に過失責任の法理を安易に持ち込んではならないという批判は一考に値すると言えよう。

しかし，第1に，業務関連性の判断が帰責の妥当性の判断とは，次元を異にするものであることを看過してはならないであろう。そこでの法的評価が，労災補償の制度目的に即して被災労働者とその遺族の生活保障に相応しい補償の範囲を画する法的判断であるとすれば，配慮義務違反を考慮に入れることの方が，むしろ適切である。

ロ）第2に，わが国の場合，ドイツ労災保険制度やフランスの労災保険制度（独社会法典104条1項105条1項，仏社会保障法典 L451条-1参照）と異なって，労災保険でカバーされる災害に対して，原則として，使用者に対する損害賠償請求権を排除していないという相違があることも配慮されるべきであろう[6]。

III 通勤災害の認定基準の若干の問題点

1 通勤災害保護について，筆者は，本来，業務災害と同様に取り扱われるべきであると考えている。現行法の解釈としても，法所定の通勤の要件のうち，就業関連性（「就業に関し」）が通勤の要件とされた理由は，住居と就業の場所との往復行為は，私的行為として行われることもあるため，これを除外する趣旨で，通勤途上が使用者に対して労働者が負う業務遂行義務の必要に基づく行動であることを明らかにするため付加された要件にすぎない。

以下においては，通勤の基点としての住居のとらえ方に限って，取り上げるにとどめたい。

（i）通勤行為の基点を規定する立法形式としては，ドイツ労災保険（§8 II SGB）のように，その区間的範囲について「業務の場所との往復行為」と規定し，通勤の他方の基点を規定しない方式と②フランス労災保険（ArtL411-2 CSS）のように，通勤の基点を「住居，セカンドハウス」等と「労働の場所，

---

[6] ドイツでは，故意による災害と通勤災害の場合以外は損害賠償請求が排除される（§104 I，II BSG）。フランスでも，許されざる過失の場合（ArtL452-1et su-iv.）と通勤災害の場合（ArtL455-1 ArtL411-2CSS）。

社員食堂等」というように，双方の基点を定める方式がみられる。

(ⅱ) ドイツの場合，業務の場所からの往復の途上は，さまざまな場所から開始される余地がある。しかし，通常の場合，その場所は家庭の範囲（家庭的生活領域）から開始され，そこで終わる点では，わが国やフランスの場合と異ならない。

ドイツの社会法典が通勤災害の基点として，住居を明記していない点について，ラウターバッハ編コンメンタール社会法典第7編「労災保険」8条2項のRn439における注釈[7]で，つぎのように述べている。

「法律は，始点及び終点が住居である場合にだけ，その途上が保険保護の対象になるとは規定していない。むしろ，保険保護を受けるためには，その途上が業務の場所へ向かうか，又はその場所からの移動であること，及びその移動が保険対象業務と内的因果関係を有することが必要であるにすぎない。

この条件が充たされる場合，通勤途上の始点と終点が住居でない場合でも，その災害は，業務上通勤災害として保護される。」。これはドイツ連邦社会裁判所の支配的立場である。たとえば，女生徒が学校から同級の女生徒の住居へ向かう途上は，その生徒が，両親の許可を受けてその日1日を過ごそうとする場合は，向かう途上も，家から職場へ向かう途上も，通勤災害としての保護を受ける。ただ，その途上が住居から職場まで，又は職場から住居までの通常の距離よりも本質的に長いものであってはならない。」とされる。その理由は，「被保険者は，自ら開始，終了点を選択することによって保険危険を恣意的に増大することは許されないからである」（BSGv30.7.1971 kartei-Nr 8416 zu §550 I RVO）。

2 就業関連性と住居概念

(ⅰ) 昭和48・11・22基発644号，一部改正平成20・11・22施行通達は，「住居は就業の拠点」でなければならない，という。しかし，その理由については特

---

7) Vgl. Lauterbach, Unfallversicherung Sozialgesetzbuch Ⅶ 4. Auflage 35 Lfg. (Stand Sep. 2007) Rn 439, 440. 因みに，ドイツでは，生徒も勉強が仕事とされ，労災保険でカバーされている（§2Ⅰ⑧SGB Ⅶ）。

特別講演

に明らかにされてはいない。仮に，その理由が通勤途上は，使用者の支配下にない状態であり，特別な保護を付与するのであれば，業務関連性が必要だという趣旨であるとすれば，不合理な制約というほかはない。

労災保険法は，通勤の要件として，就業関連性を明記し，私的な目的による往復行為を除外しているからである。往復行為と別に，住居についてまで就業の拠点であることを要求することは，法の定めに反する違法かつ不当な制限というほかはない。

(ⅱ) 住居が通勤の拠点となる根拠は，その場所が労働者にとって，主要な私的生活の場であって，通常，そこで1日の心身の疲労が回復され，そこから明日1日の活動が開始される場所だからである。その意味では，住居が通勤の拠点となるのは，結果であって，住居が就業の拠点だからではない。

私的生活の中心としての住居が複数存在することが想定される今日においては，当然通勤の基点としての住居は，複数存在すると解すべきものである。

(みずの　まさる)

《シンポジウム I》
労働審判制度の実態と課題

シンポジウムの趣旨と総括	山川　隆一
労働審判制度利用者調査の概要と制度効果の検証	佐藤　岩夫
労働審判制度利用者調査の分析結果と制度的課題	高橋陽子・水町勇一郎
〈コメント〉個別的労働関係紛争解決システムの連携的運用	野田　進

《シンポジウム I》

シンポジウムの趣旨と総括

山 川 隆 一
(慶應義塾大学)

I　シンポジウムの趣旨

　労働審判制度は，個別労働紛争につき，労使の経験者と裁判官からなる労働審判委員会により，迅速に，かつ，権利関係を踏まえつつ事件の実情に即した適切な解決を図る手続を創設したものである。平成18 (2006) 年4月に同制度の運用が開始されてから6年あまりになるが，同制度のもとでの申立て件数は，平成23 (2011) 年では年間3586件に及んでいる。

　同制度は，解雇等の雇用終了をめぐり地位確認が請求される事件や賃金・退職金等の支払が求められる事件につき多く利用されている。これまでのところ，調停により終了する事件が約7割を占めており，事件終了までの期間は平均2.4か月である。また，労使双方とも弁護士が代理人となる場合が多い（同制度の運用状況については，最高裁判所事務総局行政局「平成23年度労働関係民事・行政事件の概要」法曹時報64巻8号41頁以下参照）。

　こうした労働審判制度は，労働審判員の役割を含め，関係者から一定の好評価を受けているが，手続が非公開であるため，そこでの紛争の実態や解決の状況は一般に明らかになっておらず，また，制度の利用者が手続や紛争解決の内容をどう評価しているのかについても，これまで学術的な調査や研究は行われてこなかった。そこで，東京大学社会科学研究所の研究グループは，平成22 (2010) 年7月から11月にかけて，最高裁判所および全国の裁判所の協力を得て，同制度の利用者に対するアンケート調査を実施した。

　本シンポジウムは，この調査に基づき，労働審判制度の運用実態と評価を明

シンポジウムI（報告①）

らかにするとともに，今後の制度の運用や制度設計に向けた課題を探ることを目的として開催されたものである。

II　報告・コメントの概要

佐藤岩夫教授の報告では，労働審判制度が従来の訴訟に比べ利用者から肯定的評価を受けていることを指摘したうえ，同制度は，①迅速性という点で評価が高いこと，②専門性についても評価は高く，裁判所の労働専門部の意義も注目されること，③解決の適切性については，審理の充実，法律の反映（特に労働者側），及び労働関係の実情の反映（特に使用者側）という点で評価されているが，使用者側の結果の満足度についての評価が低く，この点には審理の充実度が影響するとみられるなどの分析を示した。そのうえで，①迅速性と審理の充実を共に実現すべきこと，②判定的機能は重要であり，労働審判委員会の判断の説明が有益であること，③専門性は「支配的労働慣行」からの逸脱を是正する効果があるが，そうした慣行自体の是正には限界がありうることなどを指摘している。

高橋陽子研究員と水町勇一郎会員の報告では，まず，雇用終了が争われた事件における解決金水準につき，解決金の額は，紛争調整委員会のあっせんと比べると高水準だが，問題発生から解決までの期間が長く，他方で，裁判より解決期間は短いが解決金額が小さくなっている可能性があるとして，早期解決の分だけ解決金額が低くなるのは妥当かとの問題提起がなされた。次に，調停・審判に対し，特に小規模な企業で労働関係の実情に合わないなどの評価が多いことから，小規模企業の意見に耳を傾けて説得に努める必要があること，他方でそれら企業に労働法の知識を広げる努力をすべきことを提言した。さらに，弁護士の意義と役割につき，相対的に複雑な事件では弁護士の効果が認められるものの，当事者にそれがあまり認識されていないこと，相対的に簡易な事件では依頼のメリットがあまり現れていないことを指摘し，弁護士費用のあり方や弁護士以外の代理人の活用についての検討の必要性を説いた。

続いて宮里邦雄会員からのコメントがあり，労働審判制度の最大の意義は迅

速性にあり，また，専門性については，労働審判員の役割に負うところが大きいとの指摘がなされた。また，迅速な紛争解決という点で調停による解決が多くなる点は当然ともいえるが，他方で，解決金の水準は低いといわざるを得ないため，その固定化が懸念され，迅速性の要請と解決内容の適切性をどう調和させるかが最大の課題である旨が述べられた。さらに，使用者の方が結果への満足度が低くなっているとしても，それは，使用者の措置につき労働者が是正のため申立てを行うことが多いためであり，制度運用の公平性にかかわることではないとの見方が示された。最後に，弁護士費用が高いという評価は意外であるが，簡易な事案では弁護士は申立書作成への助言などに留めることや，許可代理の活用も検討されるべきことが述べられた（詳細は，菅野和夫ほか編『労働審判制度の実証的研究』〔有斐閣，2012年刊行予定〕所収の同会員の論稿を参照されたい）。

　また，中山慈夫会員のコメントは，労働審判手続に要する時間につき「全く予想がつかなかった」との回答が約3割もみられるのは意外である旨を述べたうえ，労働審判員による労働関係の実情の理解につき使用者側の評価が相対的に低いのは，審判員の知識経験が当事者に示される機会が少ないためではないかという見方を示した。また，結果に対する使用者側の満足度が低い点については，使用者側は通常解決金を支払う立場にあることや，審判委員会の説得により合意に至ること，手続内で解決しないと訴訟に移行する構造になっていることなどが背景として考えられるとした。また，解決金の水準は事件の「筋」で決まってくる側面もあることが指摘された。その他，弁護士費用につき，使用者側から「全く予測がつかなかった」，「高い」との評価がなされていることをどう考えるかが検討課題になるとの感想が述べられた（詳細は，前掲『労働審判制度の実証的研究』所収の同会員の論稿を参照されたい）。

　最後に野田進会員からは，個別労働紛争解決促進制度のもとでの紛争調整委員会の委員としてあっせん手続にかかわっている経験から，他の制度と労働審判制度との連携という観点からのコメントがなされた。同会員のコメントは本誌に掲載されているため繰り返さないが，他国の制度と比較すると，日本ではあっせん手続と労働審判手続の連携がとられておらず，相互に件数の伸びを抑

えているのではないかとの見方を示したうえ，この点が今後の課題となる旨を指摘した。

Ⅲ　議論の概要

1　調査結果について

まず，佐藤報告を中心に，利用者調査の評価に関する議論がなされた（以下の各項目を通じ，紙数の都合上質疑応答の概略のみを記したが，発言者の方々にはご海容をお願いしたい）。村中孝史会員からは，労働審判制度における口頭主義が審理の充実度の評価に影響しているのではないかとの質問がなされ，佐藤教授はそれが認められる旨回答した。宮里会員と中山会員も，特に本人や担当者が出席して自ら発言することの意義を指摘した。野田会員もラウンドテーブル方式の意義を指摘し，安西愈会員は，当事者等が言いたいことも言えないと感じた場合は逆に不満につながるとの見解を示した。

また，安西会員から，労働審判への異議申立ての面からも考察すべきではないかとの指摘があった。佐藤教授からは，今回はデータの少なさから調査の範囲外としたが，今後の検討課題となるとの回答がなされた。これに関連して宮里会員は，調停不成立の事案でも審判には4割が異議を申し立てておらず，当事者は審判による判定が示されれば従う傾向もあることを指摘した。

次に，豊川義明会員からは，審判官の専門性が評価されている労働専門部や集中部でも，労働審判員の専門性の貢献度は大きいのではないかとの質問がなされた。佐藤教授は，手続を指揮して評議結果を説明する審判官のイメージが利用者にとって強くなるため，審判員の貢献が評価されにくくなる可能性もある旨を述べた。

さらに，弁護士の役割については，逢見直人会員から，労働審判手続では本人に直接事情を聴くことが多く，代理人弁護士の役割が見えにくくなることから，弁護士費用を高く感じるのではないかとのコメントがなされた。他方，安西会員からは，特に使用者側代理人の場合，第1回期日前の準備が大変であり，それを依頼人に理解してもらう必要があるとの感想が示された。中山会員も，

今後は依頼者とのコミュニケーションをより意識的に行う必要がある旨を述べた。この点に関し佐藤教授は，本人申立ての場合は審判委員会が手続の進行や結果につき説明するが，代理人がつくと説明は代理人に任せるため，弁護士からの説明がないとその貢献が見えにくいのではないかと述べた。

2 解決金・解決水準について

次に，高橋＝水町報告に関して，村中会員から，労働審判手続における解決金の決定に当たり，再就職可能性がどの程度考慮されているかとの質問があった。水町会員は，解決後の就業状況と解決金の水準の相関関係を分析すれば検討の手がかりが出てくるかもしれないと回答し，村中会員からは，短期で解決する労働審判手続の場合，未払賃金を基礎とすると適切な水準となるかは問題であり，再就職可能性をどう考慮するかが検討課題となるとの指摘がなされた。

また，森井利和会員からは，解決金の額につき，訴訟における和解や判決では中間収入の控除がなされることがあるので，労働審判手続との比較ではその点も考慮すべきではないかとの指摘がなされ，水町会員からは，和解や判決のデータを分析し，その点を補正して比較を行う可能性があるとの回答がなされた。

さらに，逢見会員は，労働審判員の経験から，解決金の額には，解決までの期間の長さよりも解雇の効力に関する心証度が反映しているのではないかと質問した。水町会員は，個々の事件ではそういえるかもしれないが，平均値としては事件が同様の性質であれば心証の違いはあまり影響しなくなるのではないかと回答したうえで，解決期間の長さの影響については，データにばらつきがあり，もう少し詳しく分析をする必要があると述べた。

この点に関連して，鎌田幸夫会員は，解決金の中央値が月給の3，4か月分というのは低いという印象を受けるとしたうえで，数値がひとり歩きすることへの懸念を示した。また，同会員からは，主張立証の負担が重いと思われる事件で，調停が組み込まれた労働審判手続が選択される傾向があるのではないかとの問題意識が示された。水町会員は，ヒアリングではその点につき特段の傾向は感じられなかったと述べ，高橋研究員からは，数値がひとり歩きしないよ

うに解決金の分布に幅があることを論文で示したいとの発言があった。

また，中山会員からは，解決金額の平均は月給の3，4か月分くらいという実感であり，労働審判手続の利用については，事件の筋や重さの他，請求金額や解決までの時間のかけ方についての当事者の意向も影響するのではないかとの感想が示された。他方，松下守男会員は，調停の場合，事件の心証よりも，使用者側の支払意思など双方の意向が重要ではないかと指摘した。

解決金のあり方に関しては，宮里会員から，その性格を解雇補償金と考え，再就職の難易なども考慮して金額を算定すべきであるとの意見が述べられた。野田会員及び水町会員も，権利関係を踏まえる労働審判手続の場合，解雇の有効・無効の判断を出発点と考えるべきであるとの見解を示した。以上に関連して，小宮文人会員から，日本では解雇につき損害賠償による救済が確立されていないことが問題の背景にあるのではないかとの質問がなされた。水町会員は，解雇無効構成がとられる日本では過去の賃金の支払を出発点とするが，フランスのように解雇違法構成をとると将来の生活保障という発想が強まるとの理解を示し，今回の報告では解雇無効型を前提として考えたと回答した。

さらに，宮里会員のコメントにつき，安西会員から，労働審判の申立ては金銭解決に向けたサインと理解できるのではないかとの質問がなされた。宮里会員は，実際に復職を求める申立てもあるので，申立てをすべてそのように把えるべきでない旨回答したが，安西会員からは，復職を求めるのであれば通常訴訟を提起するのではないかとの指摘がなされた（中山会員も，仮処分は復職を求めるメッセージと捉えられると指摘した）。以上の議論に関連して，鵜飼良昭弁護士から，労働審判手続において復職が実現された例を複数回経験したことが紹介され，また，解決金につき数字がひとり歩きすることへの懸念が示された。さらに，毛塚勝利会員からは，ドイツでは金銭解決の基準が明確であるため，解決金額が高いと使用者が復職を選択する傾向があることが指摘された。

3　他制度との比較・連携について

最後に，野田会員のコメントとも関連して，濱口桂一郎会員から，労働審判とあっせんにおける解決水準を比較する際には，労働審判手続の利用者は圧倒

的に正社員が多いのに対し，あっせん手続の場合は相対的にせよ非正規労働者が多いため，解決金の水準も低くなることを考慮すべきであり，両制度を連携させれば単純に解決水準が上がるとはいえないかもしれないとの指摘がなされた。また，同会員からは，この点とも関連して，両制度を比較する際は解決金額の区分をより細かくしてはどうかとの提案がなされた。

　また，半田敦裕会員からは，野田報告に関し，労働審判制度とあっせん制度等の具体的な連携の姿についての質問がなされた。野田会員は，あっせんや調停等を裁判手続に前置させる外国の例をあげるとともに，審判手続の中であっせんを活用するなどの方法も考えられ，また，当事者や弁護士としてはあっせんの経過が裁判手続で考慮されるように主張立証する対応も考えられる旨述べた。他方，半田会員は，あっせん制度にも独自の特色があり，各制度の役割を生かす方向も考えられるのではないかとの感想を述べた。

Ⅳ　ま　と　め

　本シンポジウムでは，労働審判制度の利用者調査という斬新な試みに基づく意義深い報告がなされ，実務的・理論的観点からの有益なコメントを踏まえて，多角的かつ活発な議論が展開された。そこでは，同制度が一般に好評価を受けている理由が統計的に分析されるとともに，雇用終了紛争の解決のあり方や解決金の水準，使用者側の評価が低い傾向がみられることへの対応，代理人の役割，他制度との役割分担や連携のあり方などの課題も指摘された。また，改めて分析が求められる事項もいくつか示されたので，本シンポジウムを受けて，さらなる議論の進展と制度の一層の充実への取り組みが期待されるところである。

（やまかわ　りゅういち）

労働審判制度利用者調査の概要と制度効果の検証[*]

佐 藤 岩 夫

(東京大学)

I はじめに——労働審判制度利用者調査の概要

　従来，個別労働紛争の司法的解決については，2つの問題が指摘されてきた。第1に，司法的解決，具体的には訴訟制度へのアクセスの困難である。訴訟には時間と費用がかかるため，とりわけ労働者にとっては訴訟を利用しにくいことが指摘されている。第2に，労働紛争の解決の難しさである。労働紛争は，労働者と使用者の厳しい対立を伴い，また，その解決には労働関係に固有の専門的な知識・経験も必要であることから，通常の訴訟では対応しにくい面がある。実際，別稿で示したように，2006年に実施された民事訴訟制度利用者調査の結果によると，同調査が区別する10の事件類型の中で，労働事件（労働訴訟）は当事者の結果満足が最も低い訴訟類型となっている[1]。

　このような状況を背景に，個別労働紛争の新しい解決手続として2006年に開始したのが労働審判制度である。これによって，従来裁判所を利用することが困難であった当事者（とくに労働者）に司法的解決の機会を広げ，また，当事

---

[*] 本稿は，2012年5月20日に行われた日本労働法学会ミニシンポジウム「労働審判制度の実態と課題」における報告の内容を要約したものである。紙幅の関係で文献等の引用は最低限にとどめざるをえなかった。関係者にはご海容をお願いしたい。また，本稿の内容については近刊予定の別稿（菅野和夫他編『労働審判制度の実証的研究（仮題）』〔有斐閣，2012年刊行予定〕所収）でさらに詳しく論じているので，あわせて参照されたい。

[1] 佐藤岩夫「労働訴訟当事者の訴訟評価の特徴」東北学院法学71号（2011年），646頁以下参照。なお，2006年民事訴訟制度利用者調査の調査票では労働事件は「職場における問題」と表現されている。同調査については，民事訴訟制度研究会編『2006年民事訴訟利用者調査（JLF叢書Vol.13）』（商事法務，2007年）参照。本稿で以下に言及する同調査の結果は，筆者独自の集計に基づく。

者の満足度が高い解決を実現することが期待されている。

　では、労働審判制度を実際に利用した当事者は、この制度をどのように評価しているのか。東京大学社会科学研究所の研究グループは、労働審判制度に対する当事者の評価を明らかにし、それを通じて制度の機能および課題を解明する目的で、労働審判制度の利用者を対象とするアンケート調査（以下、「労働審判制度利用者調査」または「本調査」という）を実施した[2]。

　調査は、2010年7月12日から同11月11日までの期間に、全国の裁判所の労働審判手続で調停が成立しまたは労働審判の口頭告知が行われた期日において、当該期日に出頭した当事者（申立人・相手方双方）、合計1,782人を対象に行われた。これに対して、調査票の最終的な回収期限である2011年2月1日までに、全部で494票の有効調査票が回収された。回収率（調査対象者数1,782人に対する比率）は27.7％であった。有効回収票494票の労使の内訳は、労働者側309票、使用者側185票である。

II　労働審判制度に対する評価の全般的概観

　調査結果の詳細は調査報告書（前掲注2参照）に譲り、ここでは、本調査の回答と2006年民事訴訟制度利用者調査における労働事件（労働訴訟）の当事者の回答とを比較する形で、労働審判制度に対する当事者の評価を全般的に概観しておこう。図1が示すように、費用の低廉性、時間の迅速性、審理の充実性、裁判官（審判官）への満足、結果満足のいずれにおいても、本調査の回答は、2006年民事訴訟制度利用者調査における労働事件（労働訴訟）の当事者の回答と比較して、より肯定的な傾向を示している。また、労働審判に固有の評価項目である労働審判員の評価も肯定的である。調査の対象となる事件の性質および調査の方法・時期等が異なり、また、2006年調査における労働事件の当事者

---

2)　調査報告書は、東京大学社会科学研究所編『労働審判制度についての意識調査基本報告書』（2011年10月）として公表されている。調査の方法・内容の詳細は同報告書を参照。また、調査結果の簡易な概観として、佐藤岩夫「『労働審判制度利用者調査』の概要」ジュリスト1435号（2011年）106-114頁参照。

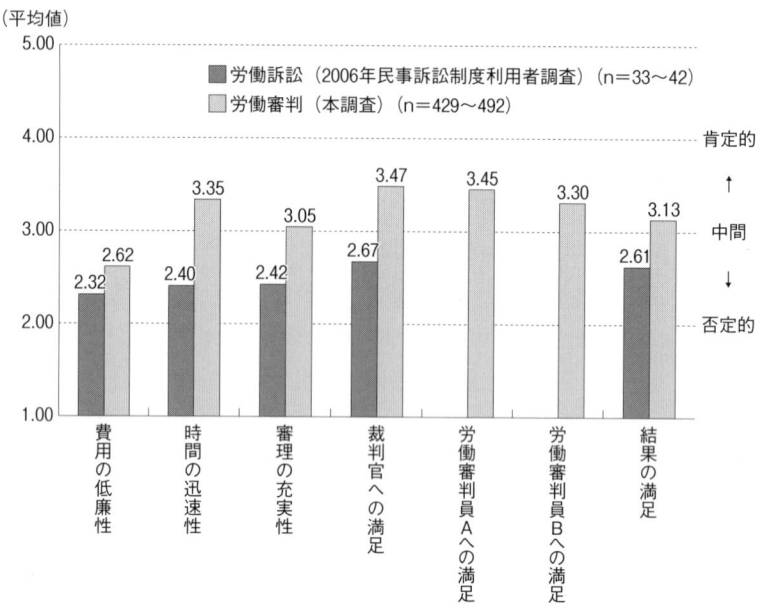

図1 労働訴訟および労働審判の当事者の評価の比較

　の回答数は少ないため，一定の留保を付す必要はあるが，全般的な傾向としては，労働審判制度は，当事者に満足度が高い紛争解決手段を提供することに成功していると言える。

　このことを確認した上で，以下では，労働審判制度の主要な特徴として指摘される「迅速性（3回以内の期日での審理）」「専門性（労働関係の専門的知識経験を持つ労働審判員の関与）」「適正性（紛争の実情に即した適正な解決）」の3点に即して，本調査の結果を掘り下げて紹介するとともに，そこから得られる理論的・実務的示唆を確認する。

3）　2006年民事訴訟制度利用者調査の回答者921人のなかで労働事件の当事者は43人で，全体の4.7％と少数にとどまる。このこと自体が，従来日本では労働紛争当事者の司法アクセスが困難であったことの証左の一つといえよう。

Ⅲ 迅 速 性

1 手続に要する時間の評価

　裁判所が発表する統計によれば，労働審判手続では全体の約76％が申立てから3月以内に終了し，平均審理期間は2.4月と，迅速な処理が実現されていることが示されているが[4]，本調査の結果でも，手続の迅速性への評価は高い。労働者側で43.4％，使用者側で51.9％がかかった時間は「短い」と回答しており，いずれも「長い」の回答（労働者側で33.7％，使用者側で17.5％）を上回っている。

　また，手続に要する時間の事前予測の点でも，当事者の回答は肯定的である。2006年民事訴訟制度利用者調査の労働事件の当事者の回答では，「（ある程度は・はっきりと）予想がついていた」の回答が個人で30.8％，法人で43.8％にとどまっていたのに対して，本調査の回答では，労働者側，使用者側とも約7割（労働者側で68.2％，使用者側で71.9％）が「（ある程度は・はっきりと）予想がついていた」と回答している。手続にどれだけの時間がかかるかは，当事者の選択にとって重要な判断要素の一つであり，手続に要する時間の見通しのよさは，実際に要する時間が短いことと相まって，労働審判制度を利用しやすいものとする方向で作用していると考えられる。

2 迅速性と審理の充実

　ところで，労働審判手続を利用する当事者は，迅速な解決を期待する一方，充実した審理が行われることへの期待ももっている。図2は，時間評価が「短い」「中間」「長い」の3つのグループのそれぞれについて，審理の充実性の評価と結果満足の関係を表したものである。この図が示すように，時間評価が「短い」「中間」「長い」のいずれのグループにおいても，当事者が「審理は充実していた」と考える場合に結果満足は高くなっている。迅速性は労働審判制度の最も重要なメリットの一つであるが，当事者は，それと同時に，審理の充

---

[4] 最高裁判所事務総局行政局「平成22年度労働関係民事・行政事件の概況」法曹時報63巻8号（2011年）83頁第12表参照。

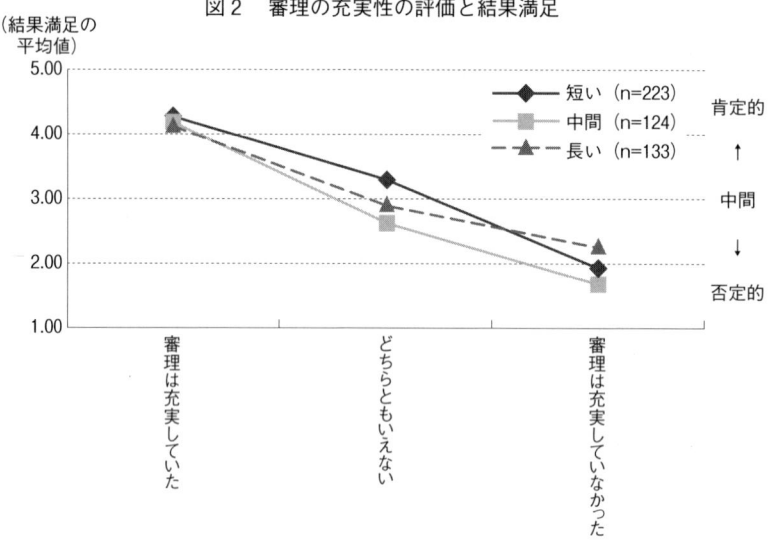

図2 審理の充実性の評価と結果満足

実をも重視している。

　では，当事者はどのような場合に審理は充実していたと評価しているのか。詳細は省略するが，回帰分析の方法で分析すると，手続過程に関する各評価要素のうち，（効果の大きな順に）「手続の進み方は公正・公平だった（公平性）」「手続の中で自分の立場を十分に主張できた（立場主張）」「手続の一連の進行は分かりやすかった（進行の分かりやすさ）」「手続は迅速に進められた（迅速性）」の各要素が審理の充実性の評価にプラスの影響を与えていることが確認された。「迅速性」が審理の充実性評価に影響を及ぼしていることから，「冗長である」「いたずらに時間をかけている」といった印象を当事者に与える進行は望ましくない。しかし他方，「公平性」「立場主張」「進行の分かりやすさ」の具体的内容として想定される公平かつ十分な発話機会の保障や手続の進行に関する丁寧な説明などは，いずれもそれなりに時間を要する事柄である。

　裁判所の事件統計を見ると，労働審判手続の実際運用では，必ずしも3回の期日を使い切っているわけではなく，既済件数全体の26.5%が1回の期日で，37.5%が2回の期日で終結している。もちろんいたずらに期日を重ねることを

求める趣旨ではないが、実務において進行の前倒し傾向や当事者の発言機会・プレゼンテーション機会の過少が指摘されていることとの関係でいえば[6]、3回の期日を有効に使って、公平かつ十分な発話機会を保障することや、進行に関して丁寧な説明を行うことなどに一層意を用い、当事者に充実した審理との評価を与えることも、当事者の満足度を高める効果的な方法と思われる（それはとくに結果が不利に終わった当事者の満足度を高める上で重要であろう）。

Ⅳ 専 門 性

1 専門部の効果

労働紛争を適切に処理するためには、労働法および労働関係についての専門的知識経験が必要とされる。この点について、本調査の結果は、いくつかの興味深い知見をもたらす。

第1に、労働事件専門部の効果が明らかになったことである。各種の評価項目を裁判所のタイプ別に集計・分析した結果、労働事件の専門部が設置され、大量の労働審判事件が処理されている専門部設置庁で扱われた事件の当事者に、「時間は短かった（迅速性）」「手続の一連の進み方は分かりやすかった」「その審判官は、法律上の問題点を分かりやすく説明してくれた」「その審判官は、法律以外のことでも、労働関係のことをよく分かっていた」「その審判官は、審理のために十分な準備をしていた」の各項目で、統計的に有意に肯定的評価が多いことが明らかになった。これらの項目はいずれも労働審判手続の重要な特徴に関わるものであり、それらについて当事者の評価が高いことは、労働事件専門部の効果を示すものと解釈できる。

2 労働審判官および労働審判員の専門性と役割分担

図3は、労働審判官および労働審判員の専門性を測定する調査項目として用意した「（その審判官・審判員は）法律上の問題点を分かりやすく説明してくれ

---

5) 最高裁判所事務総局行政局・前掲注4)83頁第13表参照。
6) 「労働審判制度に関する協議会・第7回」判例タイムズ1315号（2010年）15-16頁参照。

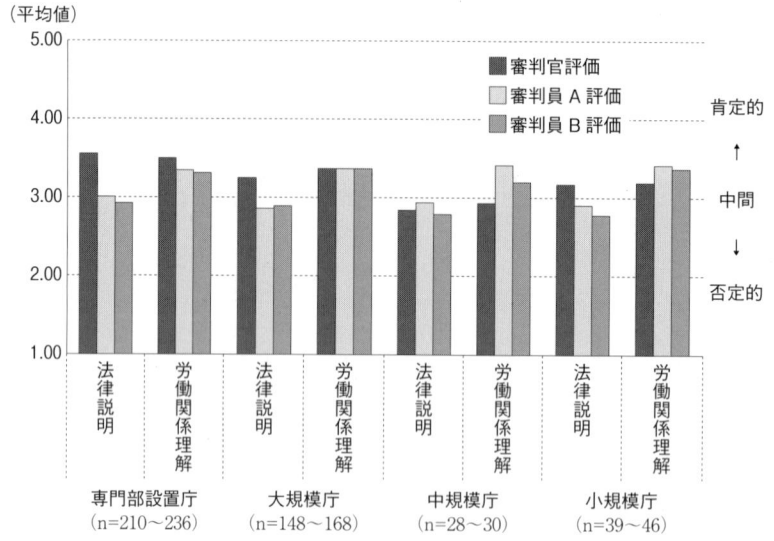

図3 裁判所タイプ別の労働審判官および労働審判員の評価

た(法律説明)」および「(その審判官・審判員は)法律以外のことでも、労働関係のことをよく分かっていた(労働関係理解)」の質問に対する回答を裁判所のタイプ別に集計した結果である。この図からは、労働審判官および労働審判員の役割分担について、第1に、「法律説明」については、全般的に、労働審判官が高い評価を得ていること、第2に、「労働関係理解」については、全般的に、労働審判員が高い評価を得ていることが明らかになる。とくに、後者の「労働関係理解」については、規模の小さな裁判所において、労働審判官よりも労働審判員の評価が高いことが注目される。労働事件の取扱い件数がそれほど多くはない中小の裁判所では、裁判官が労働関係の実情や慣行に関する知識経験を蓄積する機会が相対的に乏しく、まさに労働審判員がその弱点を補っていることが分かる。

労働審判制度の制度設計では、法的専門性は労働審判官、労働関係専門性は労働審判員という基本的な役割分担が想定されているが、本調査の結果は、当事者の目からみてもこの役割分担がうまく機能していることを示している[7]。な

お，具体的な数字は省略するが，労働審判員の「中立性」「信頼性」に対する当事者の評価が高いことも，ここで付け加えておこう。

3 「労働関係の実情・慣行」のスタンダードと制度の機能

本調査の結果は，さらに，労働審判員に体現される「労働関係の実情・慣行」の内実についても興味深い情報を提供している。

使用者側当事者を従業員規模別に4つのグループに分け，労働審判手続の結果が「労働関係の実情をふまえているかどうか（実情反映）」「法律上の権利・義務をふまえているかどうか（法律反映）」「結果に満足しているか（結果満足）」の各項目の平均値を比較すると（図4），「実情反映」「法律反映」「結果満足」のいずれにおいても，従業員100人未満の規模の小さな企業では評価が低く，それ以上の比較的規模の大きな企業では評価が高い。この結果は次のように解釈できる。すなわち，現在の実務の慣行では，労働審判員は比較的規模の大きな企業の労務担当者や労働組合の経験者から選ばれており，労働審判員に体現される労働関係の実情・慣行のスタンダードは，大企業で支配的な労働慣行であるといえる。他方，中小零細企業の労働現場の実情および経営者の意識はそれとは異なったものでありえ，中小零細企業の当事者の目からみると，大企業で支配的な労働慣行に依拠する労働審判手続の結果は，意に染まない，不満なものになっている可能性がある。

このような解釈が成り立つとすれば，ここには，労働審判制度が果たしている機能とその限界の両面が示唆される。まず，機能の点では，労働審判制度は，大企業で支配的な労働慣行をスタンダードとして，そこから逸脱する中小零細企業の労働の実態や，その背後にある使用者の意識・慣行を是正する機能を果たしており，規模の小さい企業の当事者の評価の低さ（結果に対する不満）は，

---

7) なお，図3で，専門部設置庁では，「労働関係理解」について，労働審判官が労働審判員以上に高い評価を得ている。これは，専門部設置庁では，裁判官が，大量の労働事件を処理するなかで，法的専門性だけでなく，労働関係の実情や慣行の理解の点でも専門性を高めていることを示している。労働専門部に配置される裁判官がもともと労働問題のスペシャリストとは限らないことを考えるならば，専門部は，裁判官の専門性を高めるある種の教育的機能を果たしていると見ることができる。

シンポジウムI（報告②）

図4　使用者側当事者の従業員規模別の結果評価

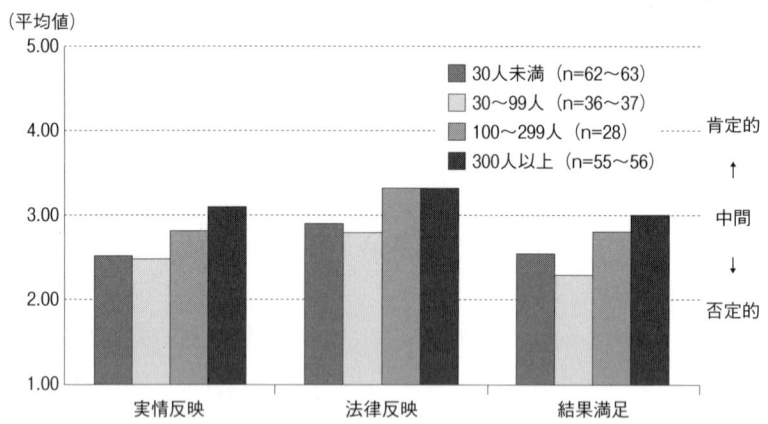

労働審判制度がこのような是正機能を営んでいることをいわば裏側から示しているといえる。他方，それは，労働審判制度の一つの機能的限界を示すものでもある。労働審判制度が依拠するスタンダードが大企業を中心に生成した労働慣行であるとするならば，労働審判制度は，そこからの逸脱に対する是正機能を発揮することはできても，このスタンダード自体を批判的な吟味の俎上に載せる機能は果たしにくい。大企業で支配的な労働慣行それ自体が全く問題を含まないものであるとすれば格別，そうでないとするならば，必要に応じてその是正を図る仕組みもまた司法手続の中には必要であり，それはおそらく訴訟に託される重要な役割であると思われる。

V　解決の適正性

1　解決の適正性の評価構造

労働審判法第1条は，労働審判手続の目的として「紛争の実情に即した……適正な解決」を掲げるが，何が適正な解決かは理論的・実務的に困難な問題である。労働審判制度の性格をめぐる最も基本的な対立点である判定作用と調整

---

8)　たとえば，西谷敏「労働裁判改革の展望」法の科学30号（2001年）117頁がかねてこの問題を指摘する。

表1 解決の適切性の規定要因（回帰分析）

	労働者		使用者	
	有利・中間	不利	有利・中間	不利
	β	β	β	β
費用の低廉性	.101*	.203†	.159*	-.042
時間の迅速性	.039	-.011	.081	.163*
審理の充実性	.148*	.078	.241**	.424**
調停ダミー	.004	.115	-.115	.066
実情反映	.290**	.110	.511**	.343**
法律反映	.376**	.402**	.183*	.027
n	214	62	74	85
調整済 $R2$	.534**	.319**	.650**	.498**

注）**p＜.01　*p＜.05　†p＜.10.

作用の関係をどう考えるかも，この点に関わっている。

　では，当事者はどのような点を重視して解決の適正性を評価しているのであろうか。この点を明らかにするために，労働者側・使用者側の区別および結果の「有利・中間」「不利」の区別を組み合わせたグループごとに，費用の低廉性，時間の迅速性，審理の充実性，終局形態（調停成立か労働審判か），「結果は労働関係の実情をふまえているかどうか（実情反映）」，「結果は法律上の権利・義務をふまえているかどうか（法律反映）」の各因子が解決の適切性の評価に及ぼす影響を測定する回帰分析を行った（表1）。

　その結果を見ると，第1に，「有利・中間」グループでは，労働者側・使用者側に共通に，費用の低廉性，審理の充実性，「実情反映」，「法律反映」の各因子が解決の適切性の評価にプラスの影響を及ぼしている。つまり，費用が安いと思っているほど，審理は充実していたと思っているほど，結果は労働関係の実情をふまえていると思っているほど，結果は法律上の権利・義務をふまえていると思っているほど，労働審判手続の結果は具体的な事件の解決として適切であると評価されている。ただし，各因子の影響の大きさ（表1でβ値の大きさ）は，労働者側と使用者側とで微妙に異なっており，労働者側では「法律反映」の影響が大きく，これに対して，使用者側では，「実情反映」の影響が大きい。

第2に,「不利」グループであるが,労働者側では,費用の低廉性,「法律反映」が解決の適切性の評価に影響を及ぼしており,これに対して,使用者側では,時間の迅速性,審理の充実性,「実情反映」が解決の適切性の評価に影響を及ぼしている。ここでとくに注目されるのは,労働者側で,結果が「不利」の場合でも,「法律反映」が解決の適切性の評価にプラスの影響を及ぼしていることである。かりに結果が不利だったとしても,それが法律上の権利・義務をふまえたものであると思う場合には,解決の適切性の評価が高まるのである。

　労働審判制度については,調停成立率の高さから妥協的・調整的な解決が主流となっているとの印象もあるが,しかし,本調査の結果は,労働審判手続の当事者は,通常考えられている以上に,結果が法律上の権利義務をふまえているかどうかを重視して解決の適切性を判断していることを示している。その意味で,労働審判手続の基本的性格を判定作用に求める理解は,解決の適切性に関する当事者の評価構造からも支持されるように思われる。

2　目的ではなく,充実した審理の結果としての調停

　表1の回帰分析の結果からは,労使および結果の有利・不利の違いを問わず,調停で終結したことは,解決の適切性の評価に独立の影響を及ぼしていないことも注目される。調停で終結したからといって,それだけでは,結果の適切性の評価は,プラスにもマイナスにも影響されないのである。表1が示すように,重要なのは,審理が充実していたかどうか,また,結果(内容)が,労働関係の実情を適切に反映し,法律上の権利・義務を適切にふまえたものであるかどうかである。充実した審理をふまえて,十分に吟味された解決内容に至るならば,実際には調停が成立することが多いであろうが,それはあくまでも充実した審理と解決内容の十分な吟味の結果なのであり,調停成立を自己目的化して理解すべきではない。また,そのような経過と内容をふまえたものであるならば,かりに調停が成立せず労働審判になったとしても,当事者はそれを適切な

---

9)　たとえば,菅野和夫他『労働審判制度〔第2版〕』(弘文堂,2007年)37頁(菅野和夫・山川隆一執筆)は,「労働審判手続は主として判定作用を行うものであり,それに調整的な性格が加味されたもの」(傍点は筆者)であることを指摘する。

解決と評価し，異議を申し立てることも少ないであろうという予測が調査結果からは成り立つのである。[10]

VI まとめ

　一般に，労働審判制度は，成功した制度であると言われる。今回の労働審判制度利用者調査の結果からも，この制度が，個別労働紛争の当事者の司法アクセスを促進し，当事者に満足度が高い紛争解決手段を提供していることが確認された。他方，今回の調査結果からは，いくつかの点で制度の運用上注意すべき点や制度の機能的限界に関する示唆も得られた。[11]

　今後，本調査が明らかにした労働審判制度の特徴および制度運用の注意点をふまえながら，労働審判制度の理論的・実務的議論が深められるとともに，労働審判制度の継続的な利用者調査，労働審判員を対象とする調査，さらに，訴訟・調停や各種の行政的紛争解決制度の調査など，労働紛争およびその解決制度に関する実証研究が一層進められることを期待したい。

（さとう　いわお）

---

10) なお，本稿では割愛するが，解決の適切性からさらに一歩進んで結果満足に対する各要因の影響を同じ回帰分析の方法で分析すると，①解決の適切性の場合以上に審理の充実性が大きな影響を及ぼしていること，および，②ここでも，調停で終結したことは結果満足に独立の影響は及ぼしていないことが確認された。
11) 本稿で触れた以外では，弁護士費用の負担が制度利用の障害となっている可能性がある。佐藤・前掲注2）108頁参照。

労働審判制度利用者調査の分析結果と制度的課題

高橋陽子・水町勇一郎

(東京大学)

I はじめに

　本稿では，労働審判制度利用者調査の調査結果をもとに，労働審判（調停・審判）雇用終了関係事件の解決水準（II），労働審判に対する労使の評価・認識（III），労働審判における弁護士の意義と役割（IV）についての分析結果を明らかにし，今後の労働審判制度の運用や制度設計に向けた課題の提起（V）を行う。[1]

II 労働審判（調停・審判）雇用終了関係事件の解決水準

　労働審判手続は原則非公開であるため，その実相は必ずしも明らかにされていない。とりわけ解決金については裁判所による公式統計がなく，どのような金額で解決が図られているのか明らかとなる情報がない。それゆえ，解決水準の計測は本調査実施の主要な目的の一つであった。本調査によりはじめて労働審判における解決水準を客観的に示すことができるが，その水準の高低を論じるためには，他の紛争解決制度の解決水準との比較という視点が重要である。そこで，本節では事件を雇用終了事件に限定したうえで，労働審判（調停・審

---

1) 労働審判利用者調査の詳細や調査結果の概要は，東京大学社会科学研究所『労働審判制度についての意識調査基本報告書』（2011年10月），佐藤岩夫「『労働審判制度利用者調査』の概要」ジュリスト1435号（2011年）106-114頁を参照されたい。また，同調査の分析結果の詳細については，菅野和夫ほか編『労働審判制度の実証的研究』（有斐閣，2012年予定）を参照。紙幅の制限のため本稿に掲載できない詳細な分析や参考文献等については，同書掲載の各論考を参照してほしい。

表1　労働審判と紛争調整委員会あっせんの解決水準（雇用終了事件）

	月額請求 （A）	請求額 （全体）	解決金 （B）	解決水準 （B/A）	問題発生から 解決までの期間
労働審判	29.5万	302.0万円	100.0万円	3.4か月	6.4か月
あっせん	—	50.0万円	17.5万円		2.4か月

（あっせんの数値は労働政策研究・研修機構統括研究員濱口桂一郎氏による特別集計）

判）における解決金が，（都道府県労働局）紛争調整委員会のあっせん，裁判上の和解，判決と比較してどのような位置にあるのかを検証する。

表1の上段は労働審判，下段は紛争調整委員会のあっせんの雇用終了事件の値を示している。労働審判の月額請求は29.5万円，請求額（全体）は月額請求の他に損害賠償等の請求額も含まれる請求の合計額であり，労働審判は302万円に対し，あっせんは50万円である[2)・3)]。解決金は労働審判が100万円，あっせんは17.5万円と労働審判の方が高水準である。労働審判の解決水準は月額請求（≒月給）の約3.4か月分である[4)・5)]。そして，問題発生日（解雇日）から解決までの期間は，あっせんが2.4か月に対し，労働審判は6.4か月とあっせんの方が迅速

---

2)　金銭の請求について，本調査の調査票には月給など「月当たりの請求」，退職金や損害賠償等の「その他定額の請求」を記載してもらった。本調査では「月当たり請求」は29.5万円（中央値）となっている。本調査が実施された2010年の厚生労働省「賃金構造基本調査」によれば，一般労働者の賃金は29万4500円と「月当たり請求」と同水準であることから，調査者の想定通り「月当たり請求」には月額給与が記載されているものと考えられる。

3)　労働審判と異なり，あっせん申請書には「月当たりの請求」，「その他の定額の請求」のような内訳を記載せず，その2つの項目の合計に相当する金額が記入される。これは，労働審判の申立書でいうところの「労働審判を求める事項の価格」にあたる。労働審判の請求額（全体）については，あっせんとの比較のため，「月額請求」と「その他請求」，「問題解決までの期間」を用いてこれを推計した。

4)　II節では，断りが無い限り中央値を示している。中央値とは，値を小さい順に並べたときの中央の値であり，平均値に比べて外れ値（異常値）の影響を受けにくい性質をもつ。例えば，本調査の解決金の最大値は1500万円だが，この値は他の大多数の事件の解決金から大きく乖離している。このような外れ値を含むデータにおいて，中央値は平均値よりも実態に近い値を示す。

5)　事件別には，整理解雇3.5か月，懲戒解雇4.3か月，それ以外の解雇3.9か月，退職強要（勧奨）3.4か月，雇止め3.2か月，本採用拒否3.6か月と，各事件とも3～4か月分の解決水準である。

表2　労働審判と裁判の解決水準（雇用終了事件）

	A 月額請求	B 解決金・認容額	C 問題発生から 解決までの期間	(B/A)/C 標準化した 解決金
労働審判 〔平均値〕	29.5万円 〔46.0万円〕	100.0万円 〔131.4万円〕	6.4か月 〔8.3か月〕	0.53 〔0.70〕
裁判上の和解 〔平均値〕	40.0万円 〔48.2万円〕	300.0万円 〔666.5万円〕	15.6か月 〔21.7か月〕	0.48 〔0.80〕
判決 〔平均値〕	37.3万円 〔49.8万円〕	0.0万円 〔609.9万円〕	28.6か月 〔33.7か月〕	0.00 〔0.39〕

（裁判上の和解・判決の数値は一橋大学経済研究所准教授・神林龍氏による特別集計）

な解決となっている。ただし，労働審判は労働基準監督署や紛争調整委員会あっせんを経由した後に申し立てられることもあり，解雇から申立てまでの期間が4か月と長い[6]。

次に，裁判上の和解，判決と比較する（表2）。解決までの期間は労働審判が6.4か月，裁判上の和解は15.6か月，判決は28.6か月である。解決金は労働審判が100万（平均131.4万）円のところ，裁判上の和解が300万（平均666.5万）円，判決は0（平均609.9万）円と，労働審判の解決金の水準は低い[7]・[8]。しかしな

---

[6] 紛争調整委員会のあっせんは濱口桂一郎統括研究員（労働政策研究・研修機構），裁判のデータは神林龍准教授（一橋大学）に特別集計いただいた。ここに感謝の意を表したい。なお，あっせんデータの詳細は労働政策研究・研修機構編『日本の雇用終了』（労働政策・研究研修機構，2012年），裁判データの詳細は神林龍編『解雇規制の法と経済』（日本評論社，2008年）を参照。

[7] 判決では約7割の事件で解雇が有効で認容額が0円となるため，中央値は0となる。

[8] 裁判では解決までの期間が長い分，労働審判よりも中間収入控除の影響が大きいと予想される。神林編・前掲注6）書の「東京地方裁判所解雇事件調査」の判決の認容額は中間収入控除後の額である。この調査には中間収入の額や再就職の時期は含まれないため，控除前の認容額はわからない。一例だが，神林編・前掲注6）書のデータに含まれる解雇無効判決が出たある事件では，認容賃金が請求賃金よりも12万円程度少なく，この差額を中間収入控除額と捉え，かつ，労働者が被告会社から解雇された直後に他社に再就職していたと考えた場合，中間収入控除なしでこの労働者に認められる賃金支払額は中間収入控除ありの場合と比べると最大で315万円程度高くなる。このため，表2に示した判決の認容額は労働審判と比べるとその分相対的に過少であり，中間収入控除の影響をなくした場合の労働審判と判決の解決金の水準の差はより大きい可能性がある。

がら，裁判は問題発生から解決までの期間が長いため，解決金の水準を正確に比較するには期間の長さも考慮する必要がある。そのための指標が**表2**の4列目に示した「標準化した解決金」である[9]。労働審判が0.53に対し，裁判上の和解は0.48とほぼ同水準である。つまり，絶対額でみれば労働審判の水準は低いが，期間を考慮すれば，裁判上の和解と労働審判は同程度であることが明らかになった。

表2において判決の認容額は中央値と平均値では大きく異なっているが，これは解雇有効の場合は認容額が0円となる一方，解雇無効の場合は比較的高額な認容額を得るという，判決特有の偏った認容額の分布の影響による。このように，解決金等が独特の分布をもつ場合，中央値による水準の比較だけではその特徴を十分に明らかにできないため，ここでは解決金の分布を比較する。まず図1は，解決金の絶対額の分布を表している。労働審判は0-100万円未満が多く46%，100万円以上200万円未満が37.1%である。解決金が500万を超える事件も2.4%とわずかながら存在する。裁判上の和解は500万以上が37.9%と最も多い。判決は0-100万円未満に67.7%が集中しているが，このほとんどが解雇有効判決によって解決金0円とされた事件である。一方で，解雇無効判決を得た事件の多くは500万円以上の解決金を得ている。

労働審判と裁判上の和解の解決金の中央値は，期間を考慮すれば同程度であり，かつその分布の形状も似ている（図2）。つまり，労働審判でもより時間のかかる裁判上の和解でも，期間を考慮した水準という点では得られる結論はほとんど変わらず，この2つの解決金（和解金）の絶対額の多寡は解決までの期間の長さで決まる傾向がある。ただし，ここで注意すべき点は，標準化した解決金が1を超えるものがどちらも2割ずつ存在することである。標準化解決金が1を超えるということは，解雇以降の月額賃金総額（月額請求×解決までの期間）以上の解決金を得ていることを意味する。つまり，労働審判においても，解決までの月額賃金総額を超えて，損害賠償等の要素を加算した解決金が支払われている可能性がある。

---

9) 解決金の標準化の方法は，神林・前掲注6)書242頁の「標準化和解金」に従っている。

シンポジウムⅠ（報告③）

図1　解決金（絶対額）

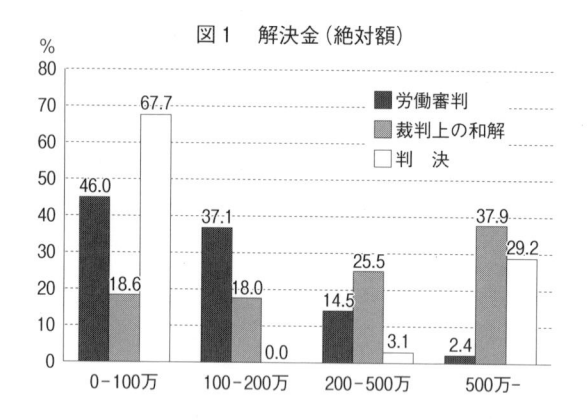

	労働審判	裁判上の和解	判決
0-100万	46.0	18.6	67.7
100-200万	37.1	18.0	0.0
200-500万	14.5	25.5	3.1
500万-	2.4	37.9	29.2

図2　標準化した解決金（労働審判と和解）

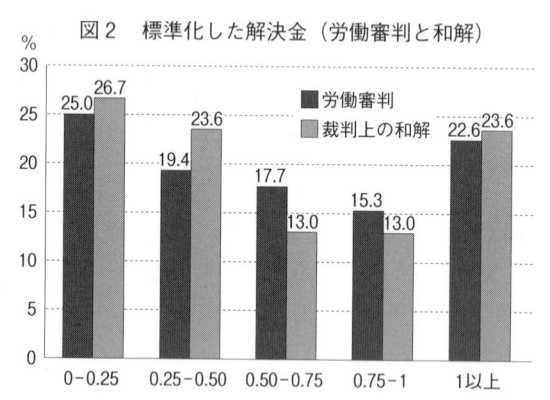

	労働審判	裁判上の和解
0-0.25	25.0	26.7
0.25-0.50	19.4	23.6
0.50-0.75	17.7	13.0
0.75-1	15.3	13.0
1以上	22.6	23.6

図3　月額賃金総額以上の解決金の水準

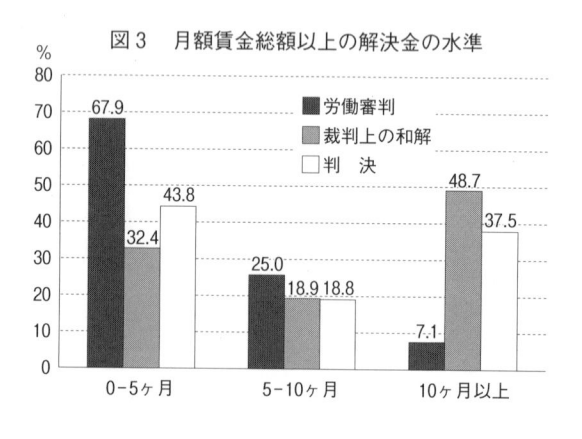

	労働審判	裁判上の和解	判決
0-5ヶ月	67.9	32.4	43.8
5-10ヶ月	25.0	18.9	18.8
10ヶ月以上	7.1	48.7	37.5

損害賠償等が解決金にどの程度考慮されているのかを検証するために，標準化解決金が1を超える事件に限定し，月額賃金総額を超えた分の金額の解決水準（（解決金－月額賃金総額）/月額請求）の分布を労働審判，裁判上の和解，判決で比較したのが図3である。労働審判は0－5か月未満が67.9％と多く，裁判上の和解，判決では10か月以上が多い（裁判上の和解は48.7％，判決は37.5％）。このことから，労働審判，裁判上の和解，判決のいずれも損害賠償等が解決金のなかに加算されている可能性があるが，裁判上の和解や判決に比べ，労働審判においては損害賠償等の水準が低いという特徴がみてとれる[10]。

III　労働審判に対する労使の評価・認識

　本調査で明らかになった重要な結果の一つとして，労働審判の結果の評価が労働者側に比べて使用者側で低いということが挙げられる。調停・審判の結果が「自分の方が有利だった」と考える人の割合が労働者側で61.2％に対し，使用者側はわずか26.6％である。また，調停・審判の結果に満足している割合は労働者側59.5％，使用者側35.5％である。

　なぜ使用者側の結果の評価がこれほど低いのだろうか。本調査には労働審判の結果について具体的にどのように思ったか尋ねた設問がある。この設問に対する回答を，労使別・企業規模別に集計したのが図4である。「公平性」とは「今回の労働審判の結果が公平だと思ったか」について5点満点で評価した結果で，点数が高いほど評価が高い。企業規模100人以上では，労働者と使用者の平均点は3.3点と3点で差が小さい。一方，100人未満では労働者側が3.6点，使用者側が2.5点と差が大きく，企業規模100人未満の使用者側が特に労働審判の結果を公平でないと感じていることがわかる。その他，同様に労働審判の結果が「労働関係の実情をふまえているか」，「当事者双方の事情を偏らずに考慮しているか」という設問でも，企業規模100人以上では労使の差は小さいが，

---

[10]　なお，月額賃金総額を超える解決金（＝損害賠償等）のなかには賞与が含まれており，解決までの期間が長い裁判上の和解，判決では賞与に相当する部分が相対的に大きい分，損害賠償等の水準が高くなっている可能性もある。

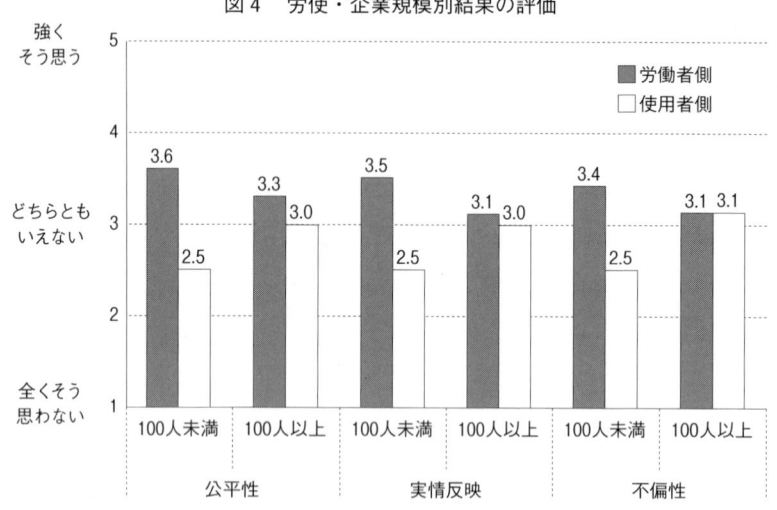

図4　労使・企業規模別結果の評価

[グラフ：縦軸 1（全くそう思わない）〜5（強くそう思う）、労働者側／使用者側の評価]

公平性：100人未満 労働者側 3.6／使用者側 2.5、100人以上 労働者側 3.3／使用者側 3.0
実情反映：100人未満 労働者側 3.5／使用者側 2.5、100人以上 労働者側 3.1／使用者側 3.0
不偏性：100人未満 労働者側 3.4／使用者側 2.5、100人以上 労働者側 3.1／使用者側 3.1

100人未満では使用者側の評価が低い。このことから，特に小規模企業で調停や審判の結果が企業の実情に合わず，企業側の事情を十分に考慮しておらず，公平さに欠けているという認識があることがわかる。

Ⅳ　労働審判における弁護士の意義と役割

　労働審判における弁護士依頼率は高く，最高裁の統計によれば労働者側，使用者側ともに8割を超える。一方で，弁護士の費用が高いという評価は労働者側で46.9％，使用者側で53.3％と，労使ともに弁護士依頼に対する費用面での負担感をもっている。ただし，費用の負担が大きいことがただちに弁護士依頼が割高であることを意味するわけではない。弁護士費用の負担は大きいが，弁護士依頼にはそれを上回る何かしらの効果（便益）があるかもしれない。本節では，弁護士依頼の効果について検証する。

　弁護士依頼の効果としてすでに認知されているのは，弁護士依頼が調停成立率を高めることである。最高裁判所行政局の調停成立率の統計によれば（表3），双方が弁護士を依頼しない場合の調停成立率は53％，双方が弁護士を依

表3　調停成立率 (最高裁判所行政局調べ)

		相手方 (≒使用者側)		
		本人のみ	弁護士依頼	差
申立人 (≒労働者側)	本人のみ	53.0%	68.4%	15.4
	弁護士依頼	47.1%	75.1%	28.0
	差	−5.9	6.7	

頼した場合は75％に達する。さらに使用者側で弁護士を依頼すると調停成立率は15～28％ポイント高くなるが，労働者側が弁護士を依頼すると，相手側も弁護士を依頼する場合は6.7％ポイント上昇，相手側が弁護士を依頼しない場合はむしろ調停率は低下する。つまり，特に使用者側が弁護士を依頼することが調停成立率を上昇させている。

　その他の弁護士依頼効果として，弁護士は労働審判委員会の心証形成の際に必要となる証拠を不足なく提示するなど，その専門性を生かして労働者側で解決金を引き上げ，使用者側では引き下げる効果をもつと予想できる。また，申立書や答弁書などの書類の作成を弁護士が行うことで，依頼人の手間や負担を軽減し，依頼人の労働審判の結果の満足度を高めることが予想される。これら3つの弁護士依頼効果を，本調査結果を用いて検証した。

　まず，労働者側の結果を示す。弁護士依頼によって，労働者側の解決金は高くなるだろうか。ここで一つ問題になるのは，弁護士が依頼されやすい性質の事件があることである。例えばそもそも請求額が大きい事件や解雇などの複雑な事件では弁護士が依頼されやすい。しかも，そのような事件では解決金の額が高くなる傾向があり，単純に弁護士に依頼された事件と依頼されなかった事件で解決金の額を比較すると，弁護士依頼の効果を過大に評価してしまうことになる。

　そこで，特殊な統計手法を用いて，請求額や事件の種類の情報をもとに「弁護士に依頼する性質の事件（相対的に複雑な事件）」と，「弁護士に依頼しない性質の事件（相対的に簡易な事件）」とに事件の種類を2つに分け，それぞれの事件で弁護士依頼によって解決金が増えるのか推定した。結果は表4に示している。複雑な事件で弁護士を依頼すると平均156万円の解決金を得る。一方，弁

シンポジウムⅠ（報告③）

表4　弁護士依頼の解決金上昇効果

	弁護士を依頼	弁護士を依頼せず	差
弁護士依頼の多い性質の事件	156.0万	83.5万	72.5万円
弁護士依頼の少ない性質の事件	78.3万	53.6万	24.6万円

護士を依頼しなかった場合83.5万円である。この差の72.5万円が、複雑な事件において弁護士依頼が解決金を引き上げる効果となる。一方、弁護士を依頼しない性質の事件では、弁護士依頼した場合の解決金の平均額は78.3万円、依頼しなければ53.6万円で、この差額24.6万円が弁護士依頼の効果である。

この差額が弁護士費用を上回っていれば、弁護士を依頼することによる金銭面での便益が生じる。日本弁護士連合会が2008年に実施した弁護士報酬についてのアンケート調査によれば、懲戒解雇の事件での弁護士費用は50万円前後である[11]。つまり、複雑な事件での弁護士依頼効果72.5万円は費用を上回り、弁護士に依頼することは十分な意義がある。一方、簡易な事件については弁護士費用の調査はないが、もし弁護士費用がこの弁護士依頼効果の24.6万円と同程度またはより高いならば、解決金という側面からは簡易な事件で弁護士を依頼する便益はない。

その他、手間や負担への効果、結果の満足度への効果についても、事件の性質ごとに推定した。全体の分析結果は表5にまとめている。労働者側の結果をみると、弁護士を依頼する性質の複雑な事件では、弁護士依頼は書類等にかかる手間や負担感を有意に減らしている。このように、複雑な事件では、弁護士

---

11) 調査結果は日本弁護士連合会「市民のための弁護士報酬の目安2008年アンケート結果版」36-38頁にまとめられている。アンケートは「10年間勤務し、30万円の月給をとっていた労働者を、会社が懲戒解雇したので、労働者が解雇無効の労働仮処分手続きの申立てをし」たが、「その結果、会社は懲戒解雇を撤回したうえで、労働者は退職し、会社都合を原因とする退職金200万円と解決金200万円を労働者が受け取った」場合の、着手金、報奨金をたずねている。労働者側の弁護士費用について、着手金で最も回答が多いのが20万円前後（44.6％）、成功報酬で最も多いのは30万円前後（41.3％）であった。このアンケートでは、手続が仮処分と労働審判では報酬が異なるかもあわせて尋ねており、着手金も報奨金も仮処分と労働審判では異ならないとの回答が9割、労働審判の方がやや安いという回答が1割弱であった。

表5 弁護士効果の結果のまとめ

	労働者側 事件の性質		使用者側 事件の性質	
	依頼する性質	しない性質	依頼する性質	しない性質
解決金	約73万円上昇	約25万円上昇	約72万円上昇	(約17万円低下*)
手間や負担感	減少	―	―	―
結果の満足度	―	―	低下	―

(*統計学的に有意ではない。)

　依頼は解決金の額を約73万円上昇させ，手間や負担を減らす効果があるにもかかわらず，労働審判の結果の満足度には影響を与えていない。この背景には，弁護士依頼の効果が依頼人に十分認識されていない可能性がある。一方，弁護士依頼の少ない事件では，弁護士依頼による解決金の上昇は25万円程度で，これは弁護士費用で相殺されてしまっている可能性がある。また，手間や負担感には影響を与えず，労働審判の結果の満足度も高めていない。

　使用者側の弁護士の効果は表5の右側にまとめている[12]。使用者側で弁護士を依頼すれば，解決金が下がると予想されたが，依頼する性質の事件では逆に72万円解決金を上昇させているという結果が得られた。さらに，手間や負担感には影響を与えず，結果の満足度は弁護士依頼によって低下している。なぜ使用者側で弁護士依頼が解決金を上昇させているのかについては，なお推測の域を出ないが，次のような解釈が考えられる。前述のとおり，使用者側の弁護士依頼は調停成立率を大きく引き上げる。使用者側弁護士は，解決金を平均で72万円引き上げてでも調停を成立させて，労働審判から通常訴訟への移行を回避する行動をとっているかもしれない。このような選択は，通常訴訟に移行した場合の時間や金銭面でのコスト等を考慮し，弁護士としては長期的にみて正しい選択・誘導をしているとしても，依頼人には通常訴訟に移行した場合の結果等が十分に予想できないため，依頼人の労働審判の結果の満足度を低下させている可能性がある。

---

12) 使用者側に分析に利用可能なサンプルサイズは130程度と小さく，この分析の結果の解釈には一定の猶予が必要である。

V 課題の提起

最後に,本稿で分析してきた3点について,今後に向けた課題の提起を行う。

1 労働審判(雇用終了事件の調停・審判)における解決金の水準(Ⅱ参照)をどう評価するか。まず,紛争調整委員会のあっせんと比較すると,労働審判の解決金はより高水準である。その理由としては,労働審判には裁判官が関与し,あっせんより制度的強制力が強い分,高水準となっている可能性がある。今後は,あっせんと労働審判との制度的な連携を図ることにより,あっせんにおける解決水準の改善を図ることが一つの政策課題となろう[13]。

労働審判の解決金の水準は,絶対額でみると,裁判上の和解や判決(平均値)に比べかなり低い。この点については,解雇から解決までの期間の長さが大きく影響している可能性がある。解決金は,おおむね解決までの期間の月額賃金総額に0.4~0.5を掛けた額となっており,解決までの期間が長い裁判上の和解や判決は高く,短い労働審判は低くなっているという傾向がうかがえる。このように,労働審判において事件が早期に解決される分だけ,解決金の額が低くなることを規範的にどう考えるべきか。

この点は,解雇紛争における法的な救済利益のあり方との関係で考えることができる。現行法上,違法な解雇に対する救済利益としては,①解雇期間中の経済的損害の補償(賃金支払い),②違法な解雇に対する精神的損害等の補償(慰謝料等の支払い),③労働関係に復帰させることによる自己実現や関係性の尊重(解雇無効=労働契約上の地位確認)の大きく3つが考えられる。これらのうち,①経済的損害の補償(賃金支払い)のみであれば,早期解決の分だけ解決金が低くなることも相当である。しかし,解雇の態様が悪質であったり,労働者が雇用継続を望んでいるのに雇用を終了させて金銭支払いで解決を図るという事案では,②精神的損害の補償や③労働関係への復帰を閉ざすことへの代償を考慮に入れた相応の救済(単に解雇から解決までの期間の長さから機械的に計算

---

13) この点については,本誌掲載の野田進論文参照。

した解決ではなくこれらの個別の事情を考慮した救済）を行うべきである[14]。

このように，労働審判において，解決までの期間が短くても相応の救済を広く行っていくことになると，労働者側にとっては，早期解決がより促されることになり，通常訴訟で長期的に争わないと相応の救済を得られないことに伴う弊害（社会的コストや不公平さ）を小さくすることができる。これに対し，使用者側にとっては，早期解決なのに相応の負担を負わなければならないとすると，早期に解決するための同意を引き出すことが難しくなるおそれがある。この点は，次の点とあわせて，労働審判制度全体にかかわる重要な課題として検討する必要がある。

2 労働審判の結果について使用者側の評価が相対的に低いこと（Ⅲ参照）に対してどのように対処すべきか。使用者側，特に小規模企業において，労働審判の結果に不利感や不満感が高くなっている要因としては，小規模の企業では，労働法のルールそのもの（労働法規範を適用するとどのような解決となるか）や，労働審判委員会において標準的な慣行として想定されている可能性がある大企業における労使関係の運用等に対して，十分な認識や理解が広がっておらず，小規模企業の実態と労働審判における規範との間にギャップが存在している可能性がある。この実態と規範のギャップを解消していくためには，上から規範を押し付けるだけでなく，使用者側（特に小規模企業）の意見に真摯に耳を傾け，説得するための努力をさらに重ねていくとともに，労働法の基本知識を労働者側のみならず使用者側にも広めていく政策的な努力を積み重ねていくことが重要であろう。労働審判制度が労使双方の理解に基づく社会的な制度としてさらに発展していくための鍵は，このような双方向からの地道な取組みを継続していくことにあると思われる。

3 労働審判における弁護士の意義・役割（Ⅳ参照。ここでは特に有意な分析結果が出ている労働者側）についてどう考えるか。労働者側弁護士については，相対的に複雑な事件（弁護士依頼の多い性質の事件）の解決金を高める効果は高

---

14) 本稿Ⅱ節で検討したように，労働審判においても月額賃金総額を超えた解決金が支払われている例があり，個別の事案に応じた救済が図られている可能性もうかがわれるが，裁判上の和解や判決に比べてその水準は低くなっている（図3参照）。

く，当事者の手間や負担感も軽減させていた。ここでは，争点を整理し法的な主張・立証を行っていくという弁護士の役割が発揮されていることがうかがえる。もっともここでも，弁護士依頼の有無は，当事者の結果の有利・不利の認識や満足度には影響を与えていない。この点では，弁護士が果たしている役割について当事者が十分に認識していない可能性がある。

　これに対し，相対的に簡易な事件（弁護士依頼の少ない性質の事件）では，弁護士依頼が解決金を高める効果は大きくなく，その他のメリット（手間・負担の低減感など）も有意には現れていない。このことからすると，簡易な事件については，弁護士費用のあり方を検討すると同時に，より安価で利用できる労働組合や，労働問題と法的手続に造詣の深い特定社会保険労務士など，弁護士以外の代理人の活用の可能性について，諸外国のこれまでの経験等も踏まえて制度的に検討すべきである。

　　　　　　　　　　　　　　　（たかはし　ようこ・みずまち　ゆういちろう）

〈コメント〉

個別的労働関係紛争解決システムの連携的運用

野 田　　進

（九州大学）

I　システムとしての労働紛争解決

1　個別労働関係紛争の解決システム

　今日の民事紛争の解決においては，ADRを抜きに考えることはできない。そして，ADRを組み込むシステムのもとでは，紛争解決は系統立った流れの中で実現されると解されている。すなわち，紛争の多くは，まず「私的交渉」によって解決され，次に，それにより解決されない一部は「裁判外紛争処理」により解決され，さらに，そこで解決されない一部が「訴訟」により解決されるという，系統的な分担システムである。前者から後者に移行するに従い，私的自治から強制の度合いが強くなる一方，後者は前者に対して，紛争解決のための法的基準をもたらす（図1を参照）[1]。

　個別労働関係紛争も，民事紛争である以上，以上の点で共通と考えられる。実際，諸外国における多くの個別労働関係の制度は，そのような，「私的解決」→「ADR」→「訴訟」という，系統立ったシステムが基本構造となっている。例えば，中国やフランスでは，訴訟に先立って調整的解決を試みることが，法律上義務づけられている（法定の調整前置）。英国（原則として，審判受理後にまずACASでのあっせんがなされる）や台湾，ニュージーランドでは，法定前置ではないものの，事実上の前置がなされており，現実にも有効に機能している（事実上の調整前置）[2]。

　ところが，日本の個別労働関係紛争の解決については，こうした「システム

---

[1]　中野貞一郎『民事裁判入門〔第3版補訂版〕』（有斐閣，2012年）43頁。

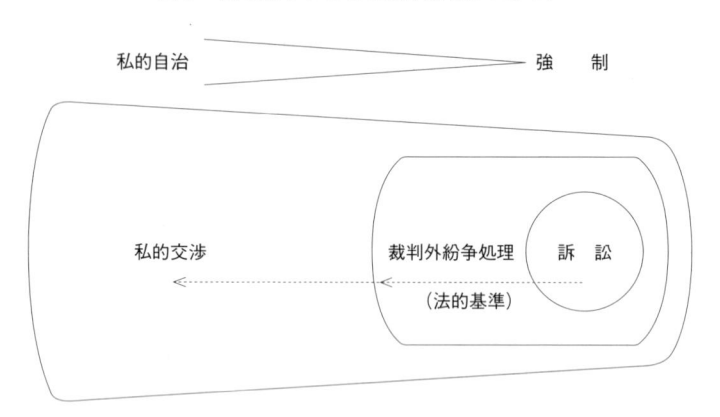

図1　民事紛争における紛争解決システム

（図：私的自治←→強制、私的交渉―裁判外紛争処理（法的基準）―訴訟）

としての紛争解決」を語ることができないのである。たしかに，日本でも解決システムは部分的に意識されていないわけではない。すなわち，個別労働関係紛争解決促進法によれば，紛争解決はまず「自主的な解決を図るように努めなければなら」ず（同2条），この自主的解決に至らないときに，都道府県労働局長による「助言又は指導」（同4条）および「あっせん」（同5条以下）という，行政ADRが実施されるからである。しかし，この日本の制度では，「私的交渉」と行政ADRとの関連づけであり，行政ADRと労働審判や訴訟との間には，何らの関連づけもなされていない。特に，労働審判は，行政ADRによる解決の経過や結果だけでなく，その存在についてさえ完全に黙殺しており，一方で労働審判みずからが積極的な調停を試みる制度となっている。そこには，ADRを活用する「解決システム」の発想は皆無である。

2　伸び悩む日本の労働審判・あっせん制度

労働審判制度は，新受け件数の拡大や運用状況の観点から一般的には高い評

2）諸外国における，個別労働紛争解決システムについては，野田進『労働紛争解決ファイル』（労働開発研究会，2011年）226頁。ニュージーランドについては，新屋敷恵美子「ニュージーランドにおける労働紛争解決システム」季労236号（2012年）34頁を参照。
3）唯一，あっせんと訴訟との関連が意識されているのは，同法16条の「時効の中断」に関する規定である。

価を受けており，各界から注目されている。しかし，労働審判制度の新受け件数をみると，この3年間は微増するにとどまっており[4]，一部の地裁を除くと伸び悩んでいるというしかない。一方，労働局あっせんをみると，その受理件数は，発足当初はめざましく拡大したが，近年は減少傾向である。また何より，これらの日本の新規受理件数は，ヨーロッパ諸国はもちろん東アジア諸国を基準に考えると，比較にならないほど低迷した数字であることも認識する必要がある[5]。結局，日本では，いまだに解決の機会を得ることができない多数の個別労働関係紛争が潜在していると考えるしかなく，制度は十分に活かされていないのである。

本コメントは，こうした日本の制度の発展の限界について，その有力な原因として，上記の「システムとしての労働紛争解決」の不在があるものと考えている。かかる仮説を前提にして，以下では，特に労働局あっせん（個別労働関係紛争解決促進法5条にもとづき都道府県労働局長の委任による紛争調整委員会の行うあっせん）に注目して，それと労働審判との関連性や連携のあり方を検討することにしたい。

II 労働審判の労働局あっせんとの断絶

1 労働局あっせん制度の解決率

まず，労働局あっせんの実情に目を向けてみたい。厚生労働省の発表資料（表1・2）[6]によれば，各機関の行うあっせん制度および労働審判のうち，新規係属件数では各あっせんのいずれもが，頭打ちか低下傾向にある。また，解決率をみると，特に労働局あっせんの場合，労働審判はもとより他のあっせん制

---

[4] 全国地方裁判所におけるこの3年の新受け件数をみると，平成21年には大幅な増加をみて3,468件であったが，同22年には3,375件，同24年には3,586件である。
[5] 例えば，イギリスの雇用審判所の2008/2009年の年間受理件数は約18万件，フランスの労働審判所の2011年の年間受理件数は約23万件である。東アジアの中国，台湾，韓国と比べても大幅に少ない。野田・前掲注2）書226頁を参照。
[6] 厚労省「各機関における個別労働紛争処理制度の運用状況」
http://www.mhlw.go.jp/churoi/assen/toukei/dl/3.pdf を参照。

シンポジウムⅠ（コメント）

表1　新規係属件数

	労働委員会あっせん	都道府県の労政主管部局等のあっせん	労働局あっせん	労働審判
18年度	300	1,243	6,924	1,163
19年度	375	1,144	7,146	1,563
20年度	481	1,047	8,457	2,417
21年度	503	1,085	7,821	3,531
22年度	397		6,390	3,313

表2　解決率（%）

	労働委員会あっせん	都道府県の労政主管部局等のあっせん	労働局あっせん	労働審判
18年度	65.0	72.6	43.0	79.4
19年度	64.4	71.1	41.5	77.1
20年度	61.0	67.8	36.1	78.6
21年度	62.7	66.2	37.4	78.9
22年度	64.9		39.2	79.9

表3　平成19年主要労働局での参加率と解決率

労働局（申請処理件数200件以上）平均

取下げ・不開始（自主解決等）を除く件数	解決	打切り（不参加を除く）	不参加打切り	その他
388件	149件	96件	141件	2件
比率	38.4%	24.7%	36.3%	0.6%

参加率＝63.1%（解決＋参加打ち切り），不参加率＝36.9%（不参加打ち切り＋その他）
参加解決率（解決／参加）＝60.8%，全体解決率（解決／全体）＝38.6%

度よりも低く，しかもあっせんによる解決率が，年々低下傾向にあることがわかる（ただ，平成22年度はやや増加に転じた）。

　この解決率の低さについて，平成19年度という少し古い資料であるが，主要労働局の調査により，表3のような結果が明らかにされている。すなわち，労働局あっせんの解決率は，約38％という低い水準にあり，その原因として，第

1に，被申立人のあっせん参加率が約63％と低く，第2に，開始しても解決率が約61％にすぎないことがあることがわかる。

このように労働局あっせんにおける30数％という解決率の低さは，あっせん（あっせん参加と合意）における任意性によるところが大きい。合意による解決を旨とするあっせんでは，被申立人があっせんに参加するか否か，またあっせんに合意するかは，完全に被申立人の自由であり，そのことがかかる結果を生み出しているとの説明である。もっとも，同じあっせんでも，労働委員会や知事部局あっせんの場合は，より高い解決率となっているから，これらのあっせん制度では何らかの事実上の強制的要素をもたらす制度的工夫（例えば，労働委員会あっせんにおける三者構成）が予想される。労働局あっせんにおいて，こうした任意性の限界を打ち破る方法はとしては，労働審判との連携しかない。すなわち，あっせんそのものは任意であるとしても，これが打ち切られると労働審判の申立がなされうることが，高い蓋然性をもって保障されることである。

労働局におけるこうした徹底した任意性は，解決率の低さという問題だけでなく，その解決の内容・質の問題や，紛争解決の実効性という観点からも，重要な問題を引き起こしている。このことを示すために，以下では，2010年に発表された労働局あっせんに関する調査[7]（以下，「内容分析」という），および2011年に発表された労働審判についての意識調査[8]（以下，「基本報告書」という）をもとにして，さらに掘り下げて検討を進めよう。

2 「典型的な」あっせん事案と「典型的な」あっせん案

これを考えるにあたって，まず，労働局あっせんにおける，「典型的な」あっせん事件の概要と，これに対する「典型的な」あっせん合意を示した仮想事例を設定したい。この事例を「典型的」と称する根拠は，「内容分析」で明らかにされた各種統計のうち，最大グループに属する回答分類から事例を構成し

7） 濱口桂一郎ほか『個別労働関係紛争処理事案の内容分析——雇用終了，いじめ・嫌がらせ，労働条件引下及び三者間労務提供関係』労働政策研究報告書 No. 123 号（2010.6）。
8） 東京大学社会科学研究所編集・発行『労働審判制度についての意識調査基本報告書』（2011.10）。

ているからである(具体的には,以下の事例における注で示した各項目調査を参照されたい)。

> 【事例】 月給22万円のX(35歳・男性・正社員)は,Y運送会社(従業員20名)[9]の乗務員として,期間の定めのない労働契約により,10か月間勤務していたが[10],突然4月末日にA社長に呼び出され,5月末日付けの解雇を言い渡された。会社の3月決算で営業収益が落ちたことと,Xが客との間でトラブルがあったことが理由として告げられた[11](ただし,このことを証明する具体的資料は示されていない)。そこで,Xは,総合労働相談コーナーを介して解雇の取り消しと,それができない場合は6ヵ月分の給与132万円の支払いを求めて[12],労働局にあっせん申請をしたところ,使用者も言い分があるとしてあっせん参加した[13]。
> あっせん員は,双方から事情を聴取した結果,かかる解雇が「解雇権濫用として無効」(労契16条)である可能性が高い点を考慮の上,使用者に解雇撤回か給与3ヵ月分の解決金を求めて説得を試みたが,A社長は自己の非を認めないのと厳しい経営事情から合意は難航し,結局,15万円の解決金の支払いによるあっせん案を提示した[14]。しかし,Xはこの金額に不満を表明し,合意を拒否したため,あっせんは不調となり打ち切られた。

9) 「内容分析」12頁によれば,あっせん請求労働者の属する企業における労働者数の最大区分は,10~29人で,全体の20.1%である。
10) 「内容分析」11頁によれば,請求労働者の就労状況は,「正社員」が最も多く,51.0%であり,また「正社員」のうちでは男性が多く65.7%である。
11) 「内容分析」7頁によれば,「内容的に経営上の理由によるものでも整理解雇ではなく普通解雇となっているものや,非行を理由とするものでも懲戒解雇ではなく普通解雇になっているものが非常に多」い。
12) 「内容分析」17頁によれば,請求金額を就労状況別にみると,正社員の場合1,000,000円~4,999,999円が最大区分で27.8%,次いで500,000円~999,999円が18.7%である。
13) 「内容分析」14頁によれば,あっせん全体の終了区分では,「被申請人の不参加による打ち切り」が42.7%で最も多く,合意成立が30.2%,不合意が18.4%と続く。したがって,使用者が積極的にあっせん参加した点に限っては,本事例は「典型的」とはいえなくなるが,使用者参加によりあっせんを実施するという設定が必要であるという論述の都合を優先させた。
14) 「内容分析」19頁によれば,正社員のあっせん申請でも,解決金額の最大区分は,100,000円~199,999円であり(24.1%),ついで300,000円~399,999円(14.8%),200,000円~299,999円と続く。

3 労働審判の利用には結びつきにくい

(a) 「適正な解決」か　ここではまず，あっせん員の提示した（典型的な金額である）15万円という解決金の提示が，「適正な解決」といいうるかを問題にしておきたい。すなわち，あっせんによる紛争の解決は「適正」であることが求められているが（個別労働関係紛争解決促進法1条），しかし他方で，あっせんは，事案の「実情に即して事件が解決される」よう努めるとされている（同12条2項）。したがって，あっせんでは，相手方（多くは使用者）の意向に即して同意できるような金額を提示するしかなく，それ故解決金が少額であるからといって「適正な解決」であることが疑われることはないといえよう。実際，あっせんに合意しなければ，Xはこの15万円さえ得ることはなかったともいえる。しかし，逆に，Xはあっせん案に同意しなければ，労働審判または訴訟を提起してもっと高額な金銭補償を得ていたかもしれないのであり，その意味ではあっせん制度が解決の適正性のレベルを引き下げる役割を果たしているともいえるのである。

(b) あっせん不調の場合の労働審判制度の利用　次に，この事例のように，適正であるかは疑わしいあっせん案にXが同意せず，不調によりあっせんが打ち切られた場合でも，同人が労働審判で地位確認等の請求をする可能性は高くないのである。労働局あっせんが打ち切られた後に，労働審判での解決を求めるのは，筆者が「基本報告書」をもとに試算したところによれば，あっせん不調事案のうちの，約13％程度にとどまる。[15]

紛争調整委員会のあっせん員としての筆者の経験では，事例のような経過であっせんを打ち切った場合，申立人の多くは「それでは，労働審判でしっかり

---

[15] 「基本報告書」37頁によれば，労働審判手続を利用する前に，「労働局の紛争調整委員会での制度（あっせん）」を利用したのは，20.5％である。この調査がなされた2010年には，労働審判新受け件数は3,375件であるから，概数でこのうち692件が労働局あっせんを利用した（そうしてあっせん合意が成立しなかった）事件であることになる。一方，同じ年の都道府県労働局におけるあっせん処理状況をみると，終了した7,920件のうち，合意が成立したものは2,647件（33.4％）であり（厚労省「平成20年個別労働紛争解決制度施行状況」），残りの5,273件が，あっせん不調で終わっている。とすれば，多少の時期のずれ等を無視して概数計算をすると，この5,273件のうち，労働審判に申請がなされたのは，上記692件，すなわちあっせん不調事案のうち13.1％ということになる。

責任を追及します」と言い残して，退室することが多い。また，筆者の属する労働局では，あっせん打ち切りの場合には，例えば法テラスの案内パンフレットを手渡すなど，さらなる紛争解決に持ち込むための情報提供を行っている。それにもかかわらず，労働審判の申立が約13％という低率にとどまるのは，予想していたとはいえいささかの驚きを感じずにはいられない。あっせんが打ち切られた労働者は，当初は労働審判の申立を考えたとしても，後述の障害に直面することによりこれを断念するのであろう。

なお，パートやアルバイト等の非正規労働者に限定すると，あっせんが打ち切られて労働審判に赴く者の比率は，さらに減少することの予想も働く。というのは，労働局あっせんと労働審判の各申立人における非正規労働者の比率をみると，あっせんの場合より労働審判の方が顕著に低いからである。[16]

III 労働審判への「壁」

1 労働審判の申立の障害

あっせんが打ち切られた場合に，上記事例のXのような状況にある者が，いかなる理由で労働審判に歩を進めないかは，両調査からは必ずしも明らかにはならない。しかし，その原因の一つとして，弁護士代理人に依頼することの経済的負担等があることは想像がつく。

労働審判では，代理人が弁護士であることが義務づけられており（4条1項），現実にも圧倒的多数が弁護士に代理を依頼しているようである。[17]とすると，ここではやはり弁護士報酬の問題を考えざるを得ない。「基本報告書」によれば，労働審判における「労働者側の問題発生前の収入」は，年収200〜300万円の階層が最も多い。[18]そして，労働審判における典型的事案は解雇事案であるから，申請労働者は失職している場合が多いことになる。上記の収入階層では，労働

---

16)「内容分析」11頁によれば，あっせん申請者を就労状況別にみると，直用非正規の者30.2％，派遣労働者である者11.5％（合計42.5％）であるのに対して，「基本報告書」94頁によれば，労働審判の申立者の就労状況別割合は，パート8.1％，アルバイト5.5％，契約社員・嘱託9.7％，派遣社員1.3％（合計24.6％）であって，顕著な違いがある。
17)「基本報告書」38頁によれば，労働者票においても81.2％が弁護士依頼をしている。

者は労働審判に臨むに当たって十分な蓄えがあるとは考えがたく，求職活動に専念しなければならない。弁護士を依頼する経済的・精神的余裕はなく，家族やその他の支援者からの支援，あるいは要件を満たしているならば法テラスの利用でしのぐしかない。

なお，「基本報告書」49頁によれば，弁護士報酬の額について「非常に・やや高い」と解答する労働者の割合は37.5％にとどまり，6割以上の人が必ずしも高額と感じていないようにみえる。しかし，この調査結果は，労働審判をすることのできた人たちの意識である。それ以前の段階で，あっせんが不調に終わって労働審判を考えようとする労働者に対して同じ調査をするならば，相当に異なる結果が出るのではないだろうか。

2 あっせん需要と労働審判需要の分断

紛争解決の多くは解決金の支払いを含むものとなるが，この解決金の額について労働局あっせんと労働審判との間には，著しい差異が見受けられる。すなわち，あっせん（正社員）の場合，解決金の最大区分（24.1％）は100,000～199,999円である。一方で，労働審判では，「平均値が144.9万円，中央値が100万円」とされる[19]。両者の比較はやや難しいが，二つの解決金水準の開きが著しく大きいことは明らかであり，あっせんと労働審判とが連携したシステムとして機能しない「別世界」に位置することがわかる。

この解決金の違いは，両者が追求しようとしている解決の意味の違いによるものと説明されるべきである。あっせんは，「双方の主張の要点を確かめ，実情に即して事件が解決されるように努める」ものであり（個別労働関係紛争解決促進法13条1項），相手方の対応に応じて金額を決定せざるを得ない。これに対して，労働審判は「当事者間の権利関係を……踏まえて」行う判定手続である

---

18)「基本報告書」104頁によれば，200～300万円が25.9％で最も多く，次いで300～400万円の20.3％と続く。

19)「内容分析」19頁によれば，あっせん（正社員）の解決金は，100,000～199,999円が最大区分（24.1％）次いで，300,000～399,999円（14.8％）である。一方，「基本報告書」79頁によれば，「労働者側では，最小値が3万円，最大値が1468万円，平均値が144.9万円，中央値が100万円」とされる。

（労働審判法20条1項）。実際，当事者もそれを期待しており，当事者が労働審判を利用した理由は，上位から「公正な解決」，「シロクロをはっきりさせる」，「事実関係をはっきりさせる」，「強制力のある解決」が挙げられている。当事者は労働審判では，判定的機能による正義の追求・実現による解決を望んでいるといいう[20]。

　労働審判における解決金が，あっせんと比べて大幅に高額となるのは，労働審判に対してこのように判定を求めるからであると思われる。例えば，解雇についていえば，その権利濫用性を法的見地から明らかにすること，「いじめ・嫌がらせ」については，これも法的評価の高みから違法性を明らかにすること，これらの重要な判断を表象する対価として，審判委員会も当事者も，あっせんと比べれば大幅に高額の解決金を妥当とするのである。労働審判の終局事由別既済件数（平成23年末までの全件）では，調停成立によるものが全体の69.9％を占めるが，その調停は，審判という判定作用を背景にした調整であって，実質的には合意や和解とはほど遠い。

　このように，あっせんに対する需要と労働審判に対する需要とは異質なものになっているのが実情である。あっせんを打ち切られた者が，現実には労働審判の申立をなすことが少ないのも，背景にはこうした実態があるといえよう。こうした需要の分断は，あっせんと労働審判とを連携させない日本の制度が作り出したものであることは言うまでもなく，システムを保障されていないことからくる弊害であろう。

3　まとめ

　日本の労働紛争解決制度では，あっせんと労働審判とは，紛争解決システムとして関連づけられることはなく，相互に無関係の制度として存在している。その結果，労働審判は，個別労働紛争における当事者の判定的解決という解決需要を十分に掬い上げていない。すなわち，日本の制度は，一方であっせんを任意的制度として放置し，他方であっせん制度を労働審判制度と連携させるこ

---

[20]　「基本報告書」45頁によれば，労働者が労働審判を利用した理由の上位4位（複数回答）がこれらの項目である。

となく分断しており，このために個別労働紛争の圧倒的多数は，公正さという高みからの判定的解決の光を当てられていない。システムとしての制度連携がないままに放置していれば，結局は，両制度の発展に対して相互に頭を押さえ合うことになり，紛争解決制度全体の信頼性を失うようになるのではないか。それが懸念されるのである。

　まずは，両者の連携を事実上引き起こすような種々の運用を試みるべきであり，その上で法的な連携システムを構築すべきである。

　　　　　　　　　　　　　　　　　　　　　　　　　（のだ　すすむ）

《シンポジウムⅡ》
国際労働法の展開と課題

シンポジウムの趣旨と総括　　　　　　　　　　　　　　　　土田　道夫
国際化と労働法　　　　　　　　　　　　　　　　　　　　　野川　忍
国際労働関係法の展開と課題　　　　　　　　　　　　　　　村上　愛
　　──国際私法学の観点から──
グローバル化と労働法の抵触ルール　　　　　　　　　　　　米津　孝司
　　──法の適用に関する通則法を中心に──

《シンポジウムⅡ》

シンポジウムの趣旨と総括

土　田　道　夫
(同志社大学)

Ⅰ　シンポジウムの趣旨

　社会経済の国際化が進行する中，2006年，法例を全面改正して，法の適用に関する通則法（以下，「法適用通則法」）が成立し，2011年には，国際裁判管轄法制（民事訴訟法及び民事保全法の一部を改正する法律。以下，「改正民事訴訟法」）が成立して，ともに労働契約に関する規定を設けた。
　すなわち，法適用通則法は，法律行為の準拠法について当事者自治の原則を採用しつつ（7条），労働契約について，労働者の意思表示によって最密接関係地法中の強行規定の適用を認める特例を設け（12条1項），明文にはないものの，法廷地の絶対的強行法規を認める趣旨に立っている。また，改正民事訴訟法は，労働者が訴えを提起する場合，労働契約において労務の提供地または雇入事業所所在地が日本国内にあるときは，日本の裁判所に裁判管轄を認める旨を規定し（3条の4第2項），国際的専属裁判管轄の合意については，当事者自治に委ねてきた従来の態度を改め，①労働契約終了時の合意であって，契約終了時における労務提供地の裁判所を指定する合意および②労働者が合意された国の裁判所に訴えを提起し，または，その合意を援用した場合に限り有効とすること（3条の7第6項1号・2号）を規定している。
　このように，近年の国際労働法（国際労働私法）は，特に労働法学の側から観察するとき，労働者保護という実質的考慮を立法に摂取する法政策を採用している。こうした動向は，労働法から見ても，その新たな展開と評価されるべきものであるが，労働法学会における検討は，必ずしも十分に行われていない。

シンポジウムⅡ（報告①）

そこで，学会の議論を喚起すべく，労働法研究者2名および国際私法研究者1名を報告者とするシンポジウムを開催した。

Ⅱ　報告の概要

紙幅の関係上，報告の紹介は最小限にとどめる（詳細は，各報告者の論文参照）。

1　国際化と労働法

野川忍会員は，国際労働法の背景を成す社会経済の国際化の諸相・内実を分析しつつ，そこから提起される労働法上の課題について，総論的に問題提起を行うとともに，国際労働法の体系を整序した。また，今日の国際労働法の特徴として，バイラテラル規範（二国間条約等）の重要性が増していることや，ILO条約・勧告の実効性の低下を背景に登場しているマルチラテラル規範の新たな試み（2006年海上労働条約）を紹介し，その意義について報告した。

2　国際労働関係法の展開と課題——国際私法学の観点から

村上愛氏（非会員）は，法適用通則法および改正民事訴訟法における労働契約規定の成立経緯を紹介し，国際私法学・立法政策の潮流における位置づけを行った。すなわち，村上氏は，国際裁判管轄および準拠法に関する従来のルールと裁判例を紹介し，近年の立法動向を整理するとともに，諸外国の法制度について概観した。その上で，村上氏は，改正民事訴訟法における国際労働裁判管轄規定について詳細に検討するとともに，国際裁判管轄および準拠法の双方の領域に関して，自ら作成した設例をベースに，解釈論上の課題を提示した。

3　国際労働関係法の展開と課題——法の適用に関する通則法

米津孝司会員は，法適用通則法における労働契約規定を取り上げ，伝統的な抵触法理論および労働法学における議論から見た理論的妥当性について，詳細な検討を行った。すなわち，米津会員は，法適用通則法12条1項について，労働者保護という実質法的考慮を摂取したものと評価しつつも，法適用の可否に

ついて契約の一方当事者（労働者）の意思表示を連結点と規定し，法規の重畳適用を認める立法を採用したことに対し，「契約弱者の保護」という法理念によって正当化することへの疑問を提起した。また，法廷地の絶対的強行法規の適用関係について検討するとともに，集団的国際労働関係における抵触法の適用についても，裁判例（中労委〔T 社ほか〕事件・東京高判平成19・12・26労経速2063号3頁）を素材に報告した。

III　討論の概要

まず，村上報告に対しては，尾崎正利会員が，改正民事訴訟法3条の4第2項は労働審判法の対象である「個別労働関係民事紛争」（同法1条）を基礎に管轄対象を画定していることから，適用範囲が広きに失する結果となっているのではないかとの質問を行った。これに対して村上氏は，「個別労働関係民事紛争」は国際私法の観点から独自に解釈する余地があるとの見解を示した。また，古川景一会員が，日本に所在する事業主が外国に居住する労働者に対して訴えを提起するケースについて，国際裁判管轄規定が想定する労働者は，不法行為責任を問われていない労働者に限定されており，契約責任とは別に不法行為責任が争点となる係争については，日本の裁判管轄を認める余地があるとの意見を示したのに対し，村上氏は，退職後の競業紛争については，そうした解釈の余地があると回答した。

次に，米津報告に対しては，古川会員が，通則法12条1項が労働者の意思表示を連結点としたのは，EUと異なり，日本と他国間に相互主義的な多国間共通ルールが存在しないためではないかと質問し，米津会員は，その可能性はあるが，EUにおいても，加盟国間の実質法には相当の差異があると回答した。また，塚原英治会員が，雇止め法理のような判例法理は，通則法12条の「強行規定」に該当するかを質問したのに対し，米津会員は，該当する旨を回答した（村上氏も同意見）。さらに，塚原会員は，中労委〔T 社ほか〕事件に関して，日本の労働組合が日本企業に対して団体交渉を申し入れ，拒否された係争である以上，国際抵触法の問題ではなく，国内法の問題に位置づけるべきではないか

シンポジウムⅡ（報告①）

との重要な論点を提起した。これに対し，米津会員は，国外の労使関係を対象とする紛争であることから，抵触法の問題として扱った上，準拠法に準じたアプローチを行うことが適切であるとの見解を示し，古川会員，野川会員，村上氏を交えて議論を行った。また関連して，尾崎会員は，この種の紛争については，抵触法アプローチのみならず，ILOの国際労働条約等に依拠するソフトロー的な法的解決が可能であり，その探求が今後の学会の課題ではないかとの問題提起を行い，野川会員も，これに肯定的な評価を行った。

さらに，米津報告が提起する法適用通則法12条の理論的正当性について議論が行われた。すなわち，法適用通則法12条1項は，労働者の意思表示に基づく強行規定の適用を認める点で，労働者保護という実質的・労働法的考慮を摂取する一方，国際抵触法理論との整合性を欠いているのではないかという論点に関する議論である。中窪裕也会員は，この点について，国際私法の専門家である村上氏の意見を質し，これに対して村上氏は，一方当事者たる労働者の意思表示による法選択は，労働者の意思による法規の重畳適用という帰結をもたらす点で米津会員が指摘する問題点はあるものの，抵触法理論を直ちに逸脱するものではないとの見解を示した。この論点に関しては，川口美貴会員，古川会員が法適用通則法の法政策を支持する発言を行ったほか，米津会員，野川会員および司会（土田）も議論に参加し，活発な討論を行った。

このほか，労働法分野における絶対的強行法規の画定基準の在り方や，労働協約の規範的効力（労組法16条）をめぐる国際的紛争の位置づけについても質疑応答を行った。

Ⅳ　成果と課題

全体としては，国際労働法の新たな展開に関する情報を十分に共有できなかったことから，やや未消化な面が見られた。しかし，改正民事訴訟法および法適用通則法に関する基本的論点について，具体的紛争の解決方法も交えて議論した点，また，法適用通則法の労働契約規定を中心に，両法令の理論的評価について，労働法と国際私法との対話を含めて活発な議論を行った点で，有意義

なシンポジウムであったと評価することができる。

　今後は，国際労働法が労働法の重要な領域であることを認識しつつ，その理論的深化と適切な解釈論・立法論の構築を進めることが学会共通の課題となろう。

　　　　　　　　　　　　　　　　　　　　　　　　　（つちだ　みちお）

国際化と労働法

野 川　忍
（明治大学）

I　序

　労働法の世界においては，国際的労働関係を直接の対象とした理論的取組みは長い間行われなかった。もともと労働関係は第二次大戦以前には内務省の管轄であったことに象徴されるように，国内において完結する社会関係と認識されており，戦後制定された労働基準法や労働組合法も，国際的な労働関係を想定した規定は皆無であるのみならず，労働関係が国際的に成立し，展開しうるという発想はみられなかった[1]。しかし，その後日本経済の高度成長と国際化とともに，労働関係も実務の世界では国際化が一般的な状況となってくる。それは，日系企業の海外進出にともなう海外勤務や海外出張，現地採用の労働者との関係など国外で生じる国際的労働関係のみならず，外国人労働者の激増や海外企業の日本進出による国内での国際的労働関係という形でも具体化するようになった。

　このような状況を受け，日本労働法学会においては，1995年の第88回大会において国際的労働関係法の理論課題という統一テーマをたて，主として国際的な労働関係の画定基準や，国際的労働関係に対する適用法規の決定基準を検討した。具体的にはまず山川隆一会員により，国際的労働関係の法律問題として，渉外性をともなう労働関係につき，準拠法選択と地域的適用範囲の画定という基準による体系的な処理が提唱された。つぎに米津孝史会員によってヨーロッパ，とりわけドイツの労働準拠法理論について緻密な紹介がなされ，さらに陳

---

[1]　たとえば労基法15条3項は帰郷旅費の支払を使用者に命じているが，ウルグワイから東京に来た外国人労働者を想定しているとは考えられない。

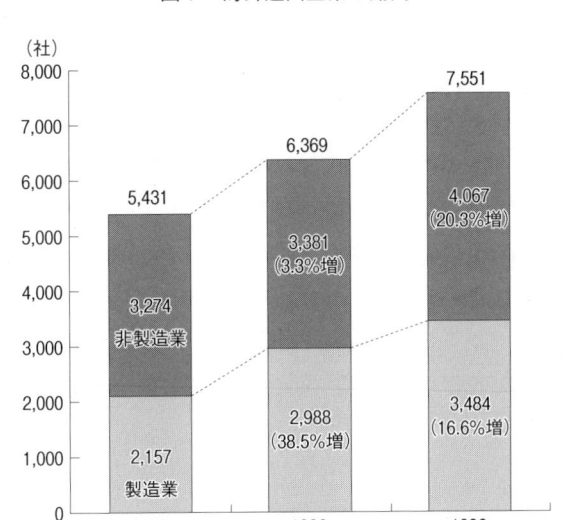

図1 海外進出企業の動向

(社)
- 1996年：5,431（非製造業 3,274／製造業 2,157）
- 1996年：6,369（非製造業 3,381（3.3%増）／製造業 2,988（38.5%増））
- 1996年：7,551（非製造業 4,067（20.3%増）／製造業 3,484（16.6%増））

注1：海外に子会社もしくは関連会社を保有している法人企業数を算出した。
注2：（　）内は製造業・非製造業別の1996年，2001年を基準とした伸び率の値。
資料：総務省「事業所・企業統計調査」再編加工

表1　外国人雇用事業所数及び外国人労働者数（平成20年〜）

(単位：所，人，[%])

各年10月末現在	事業所数	うち派遣・請負事業所 [比率]	外国人労働者数	うち派遣・請負労働者 [比率]
平成20年	76,811	13,395 [17.4]	486,398	163,196 [33.6]
平成21年	95,294	16,300 [17.1]	562,818	162,525 [28.9]
平成22年	108,760	18,830 [17.3]	649,982	181,021 [27.9]

注1：「うち派遣・請負事業所［比率］」欄は，労働者派遣・請負事業を行っている事業所の数及び外国人雇用事業所数に対する比率を示す。
注2：「うち派遣・請負事業所［比率］」欄は，労働者派遣・請負事業を行っている事業所に就労している外国人労働者数及び外国人労働者数に対する比率を示す。
資料：外国人雇用状況の届出状況（厚生労働省）

シンポジウムⅡ（報告②）

一会員よりアメリカの域外適用論など独特の適用法規の決定法理が紹介されて，国際的な動向が検討されている。さらに，これらの基礎理論領域の検討を踏まえて，荒木尚志会員が国内における国際的労働関係をめぐる法的諸問題に，野川が国外における国際的労働関係をめぐる法的諸問題につき，それぞれ具体的検討を試みたのである。この学会報告と前後して，山川会員や米津会員などにより国際的労働関係を正面から検討する業績も現れている。また，国際的労働関係に関する裁判例も徐々に蓄積されつつあり，さらに国際的労働関係に適用されうる実定法の規範も整いつつある。そして今後も，この分野の重要性はますます高くなることが予想される。したがって，現時点で，国際労働法の領域につき，その体系，枠組み，概要を確認することは一定の意義を有するものといえよう。

Ⅱ　国際労働法の体系

労働法の分野において国際労働法という概念が使用される場合，当初は労働国際法が念頭に置かれており，ILO条約・勧告の法源としての位置づけを中心として，労働関係を対象とする国際条約・規範の意義や機能を検討していた[2]。これに対して，国際労働関係法は，外国人労働者に対する人権保障や労働条件の保護等が主要な課題となる国際的労働関係実質法の領域と，当該国際的労働関係に適用される法規の決定基準を探索する国際的労働関係抵触法の領域とに分類することができる[3]。しかし，前者は国内法の適用を前提とした問題であって，狭義の国際的労働関係法からは除外されよう。また，国際的労働関係の紛争処理については国際裁判管轄についても検討される必要がある。こうして，国際労働法は，労働国際法と国際的労働関係抵触法（以後は単に「国際的労働関係法」），そして労働関係をめぐる国際裁判管轄のサブフィールドからなると考えられよう。

このうち，労働法学の分野において必ずしも十分な知見が普及していないの

2）　中山和久『ILO条約と日本』（岩波新書）．
3）　この分類は，山川隆一『国際的労働関係の法理』（信山社，1999年）による．

が国際労働裁判管轄法の分野であると思われるので一言付言しておきたい。2012年に民事訴訟法が改正され，その3条の2以下に国際裁判管轄に関する規定が盛り込まれたが，そこには労働事件についての特別な裁判管轄も規定されている。詳細は村上報告に譲るが，たとえば同法3条の4第二項には，「労働契約の存否その他の労働関係に関する事項について個々の労働者と事業主との間に生じた民事に関する紛争（以下「個別労働関係民事紛争」という。）に関する労働者からの事業主に対する訴えは，個別労働関係民事紛争に係る労働契約における労務の提供の地（その地が定まっていない場合にあっては，労働者を雇い入れた事業所の所在地）が日本国内にあるときは，日本の裁判所に提起することができる。」と規定されている。法適用通則法12条が準拠法選択における労働事案の特例を定めたものとすれば，民事訴訟法3条の4第二項は国際裁判管轄における労働事案の特例を定めたものである。つまり，渉外性を有する労働事件についてどの国の法令を適用すべきかを決定する基準を定めるのが国際労働関係抵触法であるが，実はその前に，そもそもある渉外性を有する労働事案につきどの国の裁判所に訴訟を提起すべきかという問題があるのである。これらを整理すれば，「渉外性を有する労働事件についてどの国の法令を適用すべきかを決定する基準を定めた法律（抵触法）を適用するのはどの国の裁判所であるべきかを決定する基準を定めるのが国際裁判管轄の規定である」ということになる。

Ⅲ　労働国際法

今回の報告では労働国際法については直接の検討対象としないが，簡単に現状を概観すると，二つの特徴がみてとれる。一つは，バイラテラルの規範，すなわち二国間の条約や取決めが労働分野でも重要度を増しつつあるという事実である。近年では，フィリピンやインドネシアとの経済連携協定に基づくフィリピン人看護師・介護福祉士候補者の受入れが実施されているが，これは先進各国ではすでに長い歴史を有する外国人労働者の受入れ先と送り出し国との二国間協定のジャンルに属し，今後もさまざまな形で展開されていくことが予想

される。多彩な二国間協定によって外国人労働者の秩序ある受入れと適正な法的地位の確立，行政の適切な対応を確立する試みは，国際人流が広がる時代にあって当然の措置であるが，日本はこの点きわめて不適切な態度をとり続けており，今後どこまで国際標準に近づけるかが注目される[4]。また，すでに十数か国と締結している年金通算協定も，広い意味ではバイラテラルな国際的労働規範に属するものと位置づけることが可能であり，同様の動きは労働関係・社会保障関係の他の領域にも及ぶことが予想される。バイラテラルな規範の設定による国際的労働関係の処理は国際的にはすでに定着した手法であり，今後日本においてどこまで進展するか，また日本固有のどのような課題が生じうるのかを検討する必要があろう。

　労働国際法をめぐる二つ目の特徴は，マルチラテラルの規範を形成してきた中心的機関であるILOにおいて，新しい試みがみられることである。もともとILO条約・勧告についてはその実効性が疑問視されてきた。1990年から2010年までの平均批准率は10％程度である。この原因としては，ILOという機関が国際機関としては珍しく三者構成によっており，使用者側と労働者側との代表が政府と同一の権限をもって条約や勧告を採択するため政府間の協働が必ずしも十分に反映されないことや，加盟国の多数を占める途上国の政府が労使団体の意向に強く影響されることなどから，具体的な条約の内容は途上国にはハードルが高く，先進国にとっては多くがすでに法制度により対応ずみという場合が多いことなどがあげられる。このため国際機関としてのILOの近年の地盤沈下は著しく，ジュネーブにおいてもWTOの重要性とは比較にならない位置づけをされている。

　この状況を打破するために模索されている試みの中で，きわめて重要な意義を有するのが2006年に採択された海上労働条約である。これは総計60にわたる海事関係の条約と勧告を統合した非常に大規模な条約で，200に迫る数のILO条約のうちで唯一，ナンバリングを付されない特別条約であり，かつ最もボリュームのある条約でもある。その特徴は，これまでのILO条約の上記欠陥を

---

[4]　野川忍『外国人労働者法』（信山社，1993年）参照。

打破するための工夫がちりばめられていることで、国際労働規範の今後の在り方を決定づける内容を有している。まず第一に条約と勧告に分かれていた規範の在り方を総合し、一つの条約の中に強行的部分と任意的部分を併存させている。最重要原則や主要な基準のみを強行的部分とし、具体的実施に係るほとんどの内容を勧告と同様の任意的部分として体系化した。このため、批准国は国際的に承認された一般原則の順守にあたって、具体的な措置については各国の事情に応じた柔軟な対応が可能となる。第二に、実質的同等性や *no more favourable treatment*（未批准国適用）の方式により柔軟さとカバリッジの広さを担保している。実質的同等性とは、当該条項の一般的目的の達成に寄与しているとみなされる場合には、国内法の規定と当該条項とは実質的同等であるとみなされる趣旨であり、たとえば賃金につき毎月一回の支払日が義務付けられる場合、週給制をとっていれば実質的同等とみなされるし、休憩室の設置が義務付けられている場合、批准国の文化的・社会的通念等から労働者の休憩について必ずしも独立した休憩室の設置が一般的でなく、かつ十分な休憩を保障しうる休憩スペースがあれば独立した休憩室がなくても実質的に同等とみなされる。また *no more favourable treatment* とは、批准国が寄港国であった場合、未批准国の寄港船舶に対しても批准国と同様の条約内容適合検査を行えることを意味し、批准しないことのメリットを認めないというシステムである。これにより、本条約が発効した場合には未批准国は批准へのインセンティブを一挙に高められることとなる。第三に、本条約を実効あらしめるために本条約のためのみに特別三者構成委員会を設置し（いわゆる条約勧告適正化委員会とは異なる）、実施状況について検討、勧告を行うとともに条約のうち code の部分についての簡易改正手続きを担当することとしている。このような新しい諸措置により、本条約発効後にその実効性が実際に機能すれば、今後の国際国際規範は大きくその様相を変えることとなろう。

IV 国際的労働関係法

国際的労働関係に関する適用法規の決定基準を対象とする国際的労働関係法

の分野は，前述のように第一に国際裁判管轄，第二に適用法規の決定基準に区分される。このうち国際裁判管轄については後掲村上原稿に譲るとして，適用法規の決定基準をめぐる渉外法としての国際的労働関係法は，国際私法の分野においては折茂豊教授や沢木敬郎教授などによりそれなりの検討がなされていた。しかし労働法の分野では1960年代からの尾崎正利会員の精力的な業績があるほかはまとまった検討はなされていなかった。80年代のプラザ合意による円高基調が定着してから日本企業の海外進出が一挙に進み，海外勤務も一般化するようになると，その国際法上の問題が関心を呼ぶようになり，花見会員の業績がその後の海外勤務に対する法的課題への対応を促すに至った。さらに，陳一会員，米津孝司会員等による比較法的考察も展開されるなどこの分野の研究気運が高まり，88回労働法大会に至ったものである。

　この学会以降，国際的労働関係をめぐる法的課題も労働法学の重要な一分野であることが認識されるようになり，90年代後半以降の一般的なテキストにもこのテーマについての叙述がなされる傾向が定着したほか，このテーマに関する本格的なモノグラフも刊行されるようになり，国際的労働関係法は労働法学の主要な一分野としての地位を確立したものと思われる。そしてこのような動

---

5) 折茂豊「労働契約の準拠法について」法学30巻2号（1966年）211頁，同4号（同年）425頁，沢木敬郎（たかお）「労働契約における当事者自治の原則と強行法規の連結問題」立教法学9号（1967年）145頁。
6) 尾崎正利「労働契約に関する準拠法決定及び労働法規の適用範囲に関する問題1・2」月報三重法経セミナー23号6頁，同24号3頁，「雇用契約の準拠法」三重法経54号（1982年）69頁，「労基法の適用範囲」『現代労働法講座9・労働保護法論』（1982年）132頁，「英国不当解雇規定の空間的適用範囲について」三重法経64号（1984年）1頁，「渉外的労働関係における裁判例とその問題点」月刊三重法経セミナー73号（1985年）2頁。
7) 花見忠「海外勤務労働問題の実態と法理」花見忠編著『海外勤務の実態と法理』（日本労働研究機構，1987年）1頁。
8) 陳一「国際的労働関係の適用法規決定に関する一考察（1）（2）」法学協会雑誌111巻9号（1994年）1374頁，同11号（同年）1666頁，米津孝司「ドイツ連邦共和国における国際労働契約上の個別問題」立命館大学人文科学研究所紀要63号（1993年）65頁。
9) 菅野和夫『労働法〔第五版〕』（弘文堂，1999年），小西国友＝渡辺章＝中嶋士元也『労働関係法〔第3版〕』（有斐閣，1999年），浅倉むつ子＝島田陽一＝盛誠吾『労働法〔初版〕』（有斐閣，2002年）等。
10) 米津孝司『国際労働契約法の研究』（尚学社，1997年），山川隆一『国際労働関係の法理』（信山社，1999年）。

向が，日本における抵触法ルールの統一法であった法例が法適用通則法に全面改正されるにあたって，労働契約に関する特別規定（12条）が盛り込まれる経緯にも反映したことは周知のとおりである。

　以上のように，国際労働法は，個別的労働関係法，集団的労使関係法，労働市場法とならぶ一つの重要な一分野として位置づけられるべきときを迎えている。今後この領域での研究がいっそう進むことを期待したい。

（のがわ　しのぶ）

国際労働関係法の展開と課題
——国際私法学の観点から——

村 上 　 愛
（北海学園大学）

I　はじめに

　国際労働関係法を構成する国際裁判管轄と抵触法の2つの領域において，ここ数年，法改正が相次いだ。

　国際裁判管轄に関する規定を整備した「民事訴訟法及び民事保全法の一部を改正する法律[1]」は，「個別労働関係民事紛争」を対象とする規定を設け，労働者が原告のときは原則として労務提供地にも管轄権を認める一方，事業主が原告のときは労働者の住所地にしか管轄権を認めず（3条の4第2項・第3項），紛争発生前の管轄合意の効力も制限している（3条の7第6項）。「法の適用に関する通則法[2]」（以下，「通則法」と略称する。）は，「労働契約の成立及び効力」について，当事者による法選択を認めながらも，基本的に労務提供地法中の強行規定による保護の可能性を労働者に保障している（12条）。

---

[1]　平成24年4月1日施行。国際裁判管轄法制の立法の経緯および解説として，道垣内正人「日本の新しい国際裁判管轄立法について」国際私法12号（2011）186頁，日暮直子＝小島達朗＝北村治樹＝福田敦＝齊藤恒久「民事訴訟法及び民事保全法の一部を改正する法律の概要」NBL 958号（2011年）62頁，959号（2011年）102頁，日本弁護士連合会国際裁判管轄規則の法令化に関する検討会議編『新しい国際裁判管轄法制——実務家の視点から——』別冊NBL 138号（商事法務，2012年），佐藤達文＝小林康彦編著『一問一答　平成23年民事訴訟法等改正』（商事法務，2012年），古田啓昌『国際民事訴訟法入門』（日本評論社，2012年）などを参照。

[2]　平成19年1月1日施行。通則法の立法過程における議論については，別冊NBL編集部編『法の適用に関する通則法関係資料と解説』別冊NBL 110号（商事法務，2006年）を参照。通則法の逐条的な解説として，小出邦夫『逐条解説　法の適用に関する通則法』（商事法務，2009年）を参照。

法改正の意味は，新たな規定を設けたことにとどまらない。国際裁判管轄と抵触法の双方の領域において解釈論上の視点に影響を及ぼすものであり，次の2点において，従来の解釈をそのまま維持することを困難にしているように思われる。

　第1に，国際裁判管轄に関する民訴法3条の2以下の規定は，外国判決の承認要件である間接管轄（民訴法118条1号[3]）への影響を念頭に置いた内容となっている。自国裁判所に提起された訴えについて判決をするのに必要な管轄権は直接管轄権と呼ばれるのにたいして，外国判決の承認に必要な当該外国裁判所の管轄権は間接管轄権と呼ばれる。間接管轄の基準は，直接管轄の基準と同一であるとみられてきた[4]。しかし，従来の判例は，直接管轄の判断にあたって，これが間接管轄の基準にもなることをかならずしも十分に考慮していなかった[5]。これにたいして，新たな規定は，直接管轄の基準という形をとりながらも，間接管轄の基準にもなることを念頭に置きながら作られている[6]。

　第2に，通則法12条の規定は，日本法の適用確保のみを視座にいれた国際的強行規定（絶対的強行法規）の性質決定の妥当性を問い直すことになろう。従来は，準拠法が外国法であっても適用されるべき日本の労働法規が国際的強行規定と性質決定されてきた[7]。しかし，日本の裁判所が日本の強行規定を国際的強

---

[3] 118条1号は，判決をした外国裁判所が国際法上の裁判権および国際民訴法上の国際裁判管轄権（間接管轄権）を有することを要求している（松浦馨ほか『条解民事訴訟法〔第2版〕』(2011年) 628頁〔竹下守夫〕）。

[4] 最三判平成10・4・28民集52巻3号853頁。学説上，これは「鏡像理論」と呼ばれる（松浦ほか・前掲注3）628-629頁〔竹下守夫〕）。

[5] 民訴法の土地管轄の規定に定める管轄原因が日本にあるときは，日本の裁判所の管轄権を否定すべき「特段の事情」がないかぎり日本に国際裁判管轄があるとされる（最二判昭和56・10・16民集35巻7号1224頁，最三判平成9・11・11民集51巻10号4055頁）。

[6] 佐藤＝小林・前掲注1）18頁，松浦ほか・前掲注3）629頁〔竹下守夫〕。竹下は「判例も，少なくとも原則的には，両者の判断基準は一致すると解する方向に進むことが予想される」とする（630頁）。

[7] 労働法学の立場から検討したものとして，荒木尚志「国内における国際的労働関係をめぐる法的諸問題——適用法規の決定を中心に——」日本労働法学会誌85号（1995年）105頁以下，野川忍「国外における国際的労働関係をめぐる法的諸問題」日本労働法学会誌85号（1995年）120頁以下，米津孝司『国際労働契約法の研究』（尚学社，1997年），山川隆一『国際労働関係の法理』（信山社，1999年）を参照。

行規定とすることは，次の2点においてジレンマを抱えていた[8]。第1に，日本国外で労務が提供されるなど事案が当該規定の適用範囲外のときに，準拠法たる日本法の一部としてこれを適用できなくなるという点[9]，そして第2に，外国裁判所による通常の適用が期待できないという点である[10]。これにたいして，12条の規定の定立は，こうしたジレンマに陥ることなく，日本法の適用を確保することを可能にする。つまり，この規定は，当事者により外国法が選択されても，さらに国際的強行規定とされなくても，基本的には日本法が労務提供地法であるかぎり日本の労働法規の適用可能性を保障する。通則法の下でも，法廷地の強行規定を国際的強行規定と性質決定することは妨げられない[11]。けれども，日本法の適用確保という要請が立法的に手当てされた12条の規定を前提に，個々の規定の国際的強行性を決定しなければならない。

本稿では，以上の解釈論上の視点を踏まえて規定を検討し，設例の解決をつうじて紛争処理のあり方を示したい。以下では，国際裁判管轄（Ⅱ），準拠法規（Ⅲ）の順に検討する。

Ⅱ 国際裁判管轄

労働者が，法令や言語の異なる外国で訴えを提起しまたは応訴するのは困難である。改正民訴法は，労働者保護の観点から，労働者にとってアクセスしやすい地での裁判を可能にしようとしている。同法は，労働者が原告となるときは，労働者の希望を尊重して，日本の裁判所の管轄権を肯定しやすくする一方，

---

[8] 国際的強行規定は抵触規定の送致範囲に含まれないと解されるため，このようなジレンマが生じる（横山潤『国際私法』（三省堂，2012年）30頁以下，拙稿「法の適用に関する通則法12条と労働法規の抵触法的処理」国際私法11号（2010年）156-157頁およびそこに掲げた参考文献を参照）。

[9] 山川・前掲注7）161頁は，当事者が日本法を選択したときには，民事法規としての労基法についての黙示の実質法的指定が含まれると解しうると説明する。しかし，この構成にはやや無理があるように思われる（拙稿・前掲注8）155頁を参照）。

[10] 外国の国際的強行規定は，契約準拠法の枠組みの中で考慮されるか，または一定要件の下でのみ「特別連結」されるにすぎない。櫻田嘉章＝道垣内正人編『注釈国際私法第1巻』（有斐閣，2011年）40頁以下〔横溝大〕，横山・前掲注8）190頁以下を参照。

[11] 別冊NBL編集部編・前掲注2）235-236頁。

事業主が原告となるときは，労働者の応訴の負担を考えて，有効な合意がないかぎり，労働者の住所地が日本にあるときにのみ日本の裁判所の管轄権を肯定する。日本の原告の利益のために直接管轄権を広げると，これと連動して，間接管轄権も広がる。このことを意識しながら，間接管轄権が肯定されても，日本の被告にとって過度の負担とならないかを考慮して規定は作られた。以下では，労働者が原告の場合（1），事業主が原告の場合（2）にわけて規定を検討する。

1 労働者が原告の場合

次のような事案において，国際裁判管轄の有無が問題となりうる。

【設例1】
　X（日本に住所地を有する日本人）は，Y（カリフォルニア州に本店を有する法人）の本社との間で雇用契約を締結した。この契約には，紛争の際はカリフォルニア州裁判所にのみ訴えを提起できるとする専属的な管轄合意が存在した。XがYの日本事務所へ派遣され日本で労務を提供していたところ，YはXの業績不良を理由にXを解雇した。これにたいして，Xは，本件解雇が組合活動を理由とする不当労働行為または解雇権の濫用であるとして，解雇無効の確認を求めて東京地裁に訴えを提起した。日本の裁判所は管轄権を有するか。

【設例2】
　Xら（日本に住所地を有する日本人）は，Y（ドイツに本店を有する航空会社）の本社との間で雇用契約を締結し，Yの東京営業所を配属ベースとする極東ルートの客室乗務員として勤務していた。XらとYとの間においては，国際裁判管轄について明示の合意はなかった。東京ベースの客室乗務員については5年契約制とされており，契約期間満了前に中途解雇されたXらは，解雇無効の確認を求めて東京地裁に訴えを提起した。日本の裁判所は管轄権を有するか。[12]

いずれの設例も，外国法人たる事業主にたいして労働者が日本の裁判所に訴えを提起する事案である。これまでの裁判例の大半はこの類型に属するものであった[13]。以下では，民訴法の規定をみたのち（(1)），設例の解決を考えたい（(2)）。

---

12)　東京地判平成9・10・1労民集48巻5・6号457頁をモデルとした。

(1) 民訴法の規定

民訴法は，労働者が原告となるときは，管轄原因を付加し（(a)），その真意にでない合意によって管轄権が否定されることのないよう，管轄合意を制限する（(b)）。

　(a) 3条の4第2項（管轄原因）　3条の4第2項の規定によると，労働者が原告となるときは，3条の2，3条の3に規定する管轄原因にくわえて，「労務の提供の地又はこれが定まっていないときは労働者を雇い入れた事業所所在地」のいずれかが日本にあれば，日本の裁判所が管轄権を有する。これらの規定に適用順序はない。[14]

同一の職場で働く同僚と同等の権利を労働者に保障するという趣旨で，労務提供地が第一次的な基準とされている。労務提供地は，紛争原因の発生地として証拠の所在が期待できるうえに，相手方である事業主にとっても予見可能であるから，当事者間の公平および裁判の適正・迅速という観点からも，この基準は正当化されよう。労務提供地が定まっていないとき，つまりこれが実際にまだない場合や不明な場合には，雇い入れ事業所所在地という副次的な基準による。[15]

3条の4第2項にいう「労務の提供の地」は，契約上定められた労務を提供すべき地ではなく，現実に労務を提供する地と解される。[16] たとえば国際線航空機の乗務員のように複数国にまたがり労務を提供する労働者については，労務提供地が複数存在する可能性がある。[17] 職務内容や労務提供の態様など個別的・具体的な事情に応じて，労務提供地を認定する必要があろう。また，労務提

---

13) これまでは，労働関係に関する訴えも，財産関係一般に関する訴えと同一の枠組みで処理されてきた。従来の裁判例および学説の詳細は，芳賀雅顯「労働事件の国際裁判管轄」法論77巻6号（2005年）145頁以下を参照。比較法的には，ブラッセルⅠ規則やハーグ条約準備草案など労働関係に関する訴えにつき特則を設ける例がいくつかみられる（これらの規定については，国際裁判管轄研究会「国際裁判管轄研究会報告書（5）」NBL 887号（2008年）119頁を参照）。
14) 佐藤＝小林・前掲注1）17頁。
15) 松浦ほか・前掲注3）61頁〔髙田裕成〕，佐藤＝小林・前掲注1）97-98頁。
16) 松浦ほか・前掲注3）61頁〔髙田裕成〕。
17) 佐藤＝小林・前掲注1）97頁，松浦ほか・前掲注3）61頁〔髙田裕成〕，澤木敬郎＝道垣内正人『国際私法入門〔第7版〕』（有斐閣，2012年）293頁を参照。

地が時間の経過とともに変更するときは，訴え提起時（契約が終了しているときは終了時）のみならず紛争発生時の労務提供地にも管轄権が認められると解される。この地は紛争との関連性が強く証拠の所在が期待できること，事業主による（裁判を回避する目的での）労務提供地の恣意的変更の可能性もあることが，その理由である。[18]

　(b)　3条の7第6項（合意管轄）　3条の7第6項の規定は，将来において生ずる個別労働関係民事紛争を対象とする合意を制限する。紛争発生後の合意であれば，労働者も合意の意味を理解しており，その真意にでたものと考えられるので，とくに制限されていない。後述のように，事業主の利益に配慮して，合意可能な時期および国を限定して紛争発生前の合意が認められてはいるものの，当該合意は付加的合意とみなされる。また，この要件をみたさない合意であっても，合意された国での裁判を労働者が希望するときは，労働者によるいわば追認があったものとして，合意はその効力を有する。3条の7第6項第2号の規定によると，労働者が当該合意に基づき合意された国の裁判所に訴えを提起したとき，合意は有効とされる。

　なお，個別労働関係民事紛争にも3条の9の規定が適用されるので，上記の各規定により管轄権が肯定される場合であっても，これを否定すべき特別の事情があるときは訴えが却下されうる。

(2)　設例の解決

【設例1】においては，雇用契約中に存在するカリフォルニア州裁判所にのみ訴えを提起できるとする専属的な管轄合意は，無効である（3条の7第6項）。日本が労務提供地なので，管轄権が肯定されよう（3条の4第2項）。

【設例2】の労働者は，複数国にまたがり労務を提供する国際線航空機の乗務員である。労務提供地が定まっているか否かが問われよう。3条の4第2項にいう労務提供地は，現実に労務を提供する地と解され，職務の内容等によっては複数存在することもありうる。配属ベースである日本で現実に労務を提供していれば，日本が労務提供地とされる可能性が高いと思われる。日本に労務

---

18)　研究会報告書においても，請求の目的が発生したときの労務提供地と現在の労務提供地と理解されている（国際裁判管轄研究会・前掲注13）118頁）。

提供地または3条の3に規定する管轄原因のいずれかがあれば，管轄権は肯定される（3条の4第2項）。

2 事業主が原告の場合

次のような事案において，国際裁判管轄の有無が問題となりうる。

【設例3】

X（日本に住所地を有する日本人）は，Y（日本に本店を有する電機メーカー）の本社との間で雇用契約を締結し，本社に配属された。XはYの研究開発部門のリーダーとして研究に従事していたところ，Yのライバル会社である中国法人Aにより引き抜かれ，中国に住所地を移した。現在，Xおよびその家族は中国に住所地を有する。Yは，Xの行為が競業避止義務に違反するとして東京地裁に損害賠償を求める訴えを提起した。日本の裁判所は管轄権を有するか。1）雇用契約中に競業避止条項が存在し，この契約中に紛争の際は日本の裁判所にのみ訴えを提起できるとする管轄合意が存在する場合と，2）退職時に競業避止契約が締結され，この契約中に紛争の際は日本の裁判所にのみ訴えを提起できるとする管轄合意が存在する場合とではどうか。

【設例4】

【設例1】において，XはYの本社に配属されカリフォルニア州で労務を提供していたが，現在はYを退職して日本に帰国している。Xの退職後，Xが在職中に行った不正行為が発覚したため，Yはカリフォルニア州裁判所に損害賠償を求める訴えを提起し，X欠席のままY勝訴の判決が下されて同判決は確定した。Yは，日本での同判決の執行を求めて東京地裁に訴えを提起した。カリフォルニア州裁判所の判決は，民訴法118条1号（間接管轄）の要件を充たすものとして日本で承認・執行されるか。

いずれの設例も，退職後に住所地を外国に移動した労働者にたいして，事業主が移動前の住所地において訴えを提起する事案である。【設例3】においては直接管轄が，そして【設例4】においては間接管轄が問題となっている。以下では，民訴法の規定をみたのち（(1)），設例の解決を考えたい（(2)）。

(1) 民訴法の規定

民訴法は，事業主が原告となるときは，労働者の住所地のみを管轄原因とし（(a)），紛争発生前の管轄合意に関しても，合意可能な時期および国を限定して付加的合意にかぎり認めている（(b)）。

(a)　3条の4第3項（管轄原因）　3条の4第3項の規定によると，事業主が原告となる場合には，被告たる労働者の住所地が日本にあるときにのみ日本の裁判所は管轄権を有する。

　この規定の対象となる「個別労働関係民事紛争」であるかぎり，3条の3に定める管轄原因が日本にあっても，日本の裁判所の管轄権は否定される[19]。もっとも，個別労働関係民事紛争の外延はかならずしも明確ではない。たとえば，労働者の不法行為（契約上の競業避止義務違反をこえた不正競争防止法違反や在職中の横領行為など）を理由とする請求がこれに含まれるかを一律に決定することはできない[20]。個々の不法行為の性質等に照らして判断する必要があろう[21]。

　なお，事業主が原告となる個別労働関係民事紛争について，3条の6に定める主観的併合および客観的併合は認められないと解される。併合によって本来管轄権が認められない訴えにつきこれが肯定されると，有効な合意がないかぎり労働者の住所地以外に管轄権を認めないとする保護の趣旨に反しかねないからである。これにたいして，労働者からの本訴に事業主が（日本の裁判所に管轄権のない）反訴を提起する場合には，146条3項の規定に基づき反訴の提起が認められうると解される。主観的併合や客観的併合の場合とは異なり，労働者側が法廷地を決定しているため，この規定の適用を認めても，労働者にとってアクセスしやすい地での裁判を保障するという保護の趣旨に反しないと考えられるからである。

　(b)　3条の7第6項（合意管轄）　3条の7第6項第1号の規定によると，将来において生ずる個別労働関係民事紛争を対象とする合意は，労働契約の終了の時にされた合意であって，その時における労務提供地の裁判所に訴えを提

---

19)　「個別労働関係民事紛争」の意義については，佐藤＝小林・前掲注1)95-96頁を参照。個別労働関係民事紛争に該当するか否かを精査して，個々の請求について規定の適用があるかを考える必要があろう（日弁連検討会議編・前掲注1)17-18頁〔古田発言〕）。

20)　これらは労働関係に関する紛争というよりは不法行為に関する紛争であり，個別労働関係民事紛争に含まれないとみる見解として，牛嶋龍之介「労働関係に関する訴え」日弁連検討会議編・前掲注1)61頁。

21)　個別労働関係民事紛争の外延については，最終的には解釈の問題であり，不法行為として行為の性質等にもかんがみて決めることになる（国際裁判管轄法制部会第13回会議議事録6頁〔佐藤発言〕）。

起することができる旨を定めたものにかぎり有効とされる[22]（専属的な管轄権を付与する旨の合意であっても，当該合意は付加的合意とみなされる。）。立法過程においては，仲裁法附則4条と同様に紛争発生前の合意を原則として無効とする案も検討された[23]。けれども，退職後に住所地を外国に移動した労働者を競業避止義務違反などで訴えるケースに備えて，事業主の利益に配慮して，紛争発生前の合意が認められることとなった[24]。もっとも，合意可能な時期が契約終了時に限定されているため，労働者が終了時に合意に応じることなく外国に住所地を移動させるケースも生じよう[25]。

この要件をみたさない合意であっても，合意された国での裁判を被告たる労働者が希望するときは，合意はその効力を有する。3条の7第6項第2号の規定によると，事業主が日本もしくは外国の裁判所に訴えを提起した場合において，労働者が当該合意を援用したとき，合意は有効とされる。

また，3条の9の規定にしたがって例外的に訴えが却下される可能性があるという点は，労働者が原告の場合と同様である。

(2) 設例の解決

【設例3】の紛争が個別労働関係民事紛争に該当するならば，1）雇用契約中に存在する専属的な管轄合意は無効である（3条の7第6項）。労働者の住所地は中国にあるので，労働者が応訴しないかぎり（3条の8），管轄権は否定される（3条の4第3項）[26]。2）退職時の合意であり，かつ退職時の労務提供地であ

---

22) これまでは管轄合意も，財産関係一般に関する訴えと同一の枠組み（最三判昭和50・11・28民集29巻10号1554頁）で処理され，労働関係に関する訴えについて外国裁判所を指定する専属的な管轄合意を有効とした裁判例も存在する（東京高判平成12・11・28判時1743号137頁）。新規定によれば，このような専属的な管轄合意は無効である。合意可能な時期を終了時に限定したのは，契約締結時および契約中とは異なり，契約終了時であれば，当事者間の交渉力の格差は比較的小さいと考えられるからである（佐藤＝小林・前掲注1)152頁）。
23) 国際裁判管轄法制部会第4回会議議事録23頁以下を参照。
24) 佐藤＝小林・前掲注1)151頁，澤木＝道垣内・前掲注17)294頁。
25) 契約締結時の合意を認めると労働者に不利になるおそれがあるため，このような難点はやむを得ないものとして，契約終了時の合意のみを認めることとなった（立法の経緯は，国際裁判管轄法制部会第15回会議議事録1－7頁を参照）。
26) もっとも，仮に事業主が中国の裁判所において勝訴判決を得ても，中国との間には民訴法118条4号の「相互の保証」がないため，中国の裁判所の判決を日本で承認執行することはできない。

る日本の裁判所を指定する合意は可能であるから（3条の7第6項第1号），その他の合意要件をみたせば管轄権は肯定されよう。

【設例4】のカリフォルニア州裁判所に間接管轄権が認められるか否かは，民訴法の規定により判断される。在職中の不正行為（不法行為）に基づく損害賠償請求が個別労働関係民事紛争に該当するならば，管轄合意は無効であり（3条の7第6項），労働者の住所地も日本国内にあるので，同州裁判所は間接管轄権を有しない（3条の4第3項）。

III 準 拠 法 規

日本の国際裁判管轄が肯定されると，つづいて請求の準拠法が問題となる。次のような事案において，準拠法はどうなるか。

【設例5】
　【設例1】において，Yの日本事務所に派遣されて日本で労務を提供していたXの雇用契約中には，カリフォルニア州法を準拠法とする合意が存在した。解雇が組合活動を理由とする不当労働行為または解雇権の濫用にあたるとして解雇無効の確認を求めるXの訴えは，いずれの国の法により判断されるか。

【設例6】
　【設例2】において，Xら客室乗務員の雇用契約中には準拠法の明示的な合意はなかった。契約期間満了前に中途解雇されたとして解雇無効の確認を求めるXらの訴えは，いずれの国の法により判断されるか。なお，Xらの労働条件の内容は本社の締結する労働協約に依拠するとの合意が存在し，右労働協約はドイツの労働法等の法規範に基づいていた。

労働契約に関する特則のない法例の下では，契約一般に関する7条の規定が労働契約にも適用されてきた。[27]この規定は，当事者による法選択つまり当事者自治の原則を認め（1項），法選択がないときは行為地法によるとしていた（2項）。しかし，この規定の適用を認めると，労基法をはじめとする日本の労働法規の適用が当事者の意思により回避されてしまう。この点が問題視され，日

---

27) 法例の下での裁判例については，拙稿「法の適用に関する通則法12条と労働契約の準拠法」一橋法学7巻2号（2008年）341頁以下を参照。

本の労働法規の多くは，準拠法とは無関係に，その固有の適用範囲に入る事案にたいしてかならず適用される国際的強行規定と性質決定されてきた。[28]通則法12条の規定の下では，このような従来の解釈をそのまま維持するのは困難になると思われる。以下では，12条の規定を検討したのち（1），設例の解決を考えたい（2）。

1 通則法12条

通則法12条の規定によると，当事者による法選択があるときにおいても，労働者は労働契約の最密接関係地法中の特定の強行規定の適用を求めることができ（1項）[29]，法選択がないときは最密接関係地法による（3項）。労働契約においては，労務提供地の法（これを特定することができない場合には，労働者を雇い入れた事業所の所在地の法。）が最密接関係地法と推定される（2項）[30]。

12条の規定は，当事者による法選択を認めるものの，情報・交渉力において劣位にたつ労働者を保護するために，これを制限する[31]。黙示的な選択を含め法選択の有無が確定されると[32]，法選択がないときは準拠法として適用され，そしてこれがあるときも保護の最低基準として機能する最密接関係地法を決定する必要がある。労働契約の最密接関係地法は，第一次的には労務提供地法と推定される。この基準は，同一の職場で働く同僚と同等の権利を労働者に保障する

---

28) 前掲注7）に掲げた文献を参照。
29) 複数の法秩序の法規が適用される結果「いいとこ取り」となるとしても，この解決は必ずしも不当ではないと考えられる。このような解決を望まないのであれば，使用者は準拠法を選択しなければよいからである（横山・前掲注8）186-187頁を参照）。
30) 諸外国の法制度については，櫻田＝道垣内・前掲注10)273-275頁〔高杉直〕を参照。
31) 12条は当事者自治の原則を制限する一態様といえる。ローマⅠ規則8条（ローマ条約6条）が採用する優遇原則を採用せず，最密接関係地法の適用を労働者の意思に委ねるルールが理論的にどのように説明されるかについては，当事者自治の原則の根拠とその限界という観点からの検討が必要であろう。当事者自治の原則の妥当範囲と正当化根拠について，中野俊一郎「当事者自治原則の正当化根拠」立命339・340号（2012年）301頁以下を参照。なお，労働者の意思表示の方法については，櫻田＝道垣内・前掲注10)287-288頁〔高杉直〕を参照。
32) これまでどおり黙示の法選択も認められるものの，法選択がないときは最密接関係地法によるという柔軟な基準に変更されたことにより，その認定は従来よりも厳格になると考えられる（通則法の下での黙示の法選択の認定については，横山・前掲注8）169頁以下を参照。労働契約における黙示の法選択の認定について，拙稿・前掲注27)329頁以下を参照）。

とともに，属地的に適用される公法的労働法規と準拠法の一部として適用される個別的労働法規（両者の区別はときに困難である。）との一致も実現する[33]。なお，民訴法3条の4第2項とは異なり，12条は「労務を提供すべき地」としており，準拠法の基準たるこの地は1つに特定されなければならない。これを特定できないときは，雇い入れ事業所所在地という副次的な基準による。

　12条の規定は，国際的強行規定に関するこれまでの解釈の前提を変更するため，国際的強行規定と性質決定される労働法規の範囲を従来よりも狭める可能性が高いと考えられる[34]。法例7条の規定の下では，当事者の意思にその適用いかんを委ねるべきではない強行規定を国際的強行規定と性質決定して，日本の労働法規の適用を確保する必要があった。通則法12条の規定は，基本的に労務提供地法が日本法であれば労働者にその強行規定の適用可能性を保障していることから，国際的強行規定という法技術によって日本法の適用を確保する必要性は低下するとみられる。日本の裁判所が日本の強行規定を国際的強行規定とすると，準拠法たる日本法の一部としてこれを適用できなくなり，外国裁判所による通常の適用も期待できなくなるという冒頭で述べたジレンマに配慮して，12条の規定による処理に移行すべき労働法規を考えなければならない。その際には，12条にいう強行規定はその適用いかんが労働者の意思に依存するのにたいして，国際的強行規定は裁判所の職権により適用されるという，抵触法上の法律効果の相違が手掛かりとなろう[35]。

2　設例の解決

【設例5】においては，カリフォルニア州法が選択されているので，同州法が適用されうる。もっとも，12条1項の規定によると，労働者は最密接関係地法中の強行規定の適用を求めることができる。本件では，労務提供地である日本の法が最密接関係地法と推定される。この推定が覆ることなく日本法が最密

---

33)　拙稿・前掲注27)314，335頁を参照。
34)　拙稿・前掲注8)156頁以下を参照。これにたいして，国際的強行規定も含めて一国のすべての強行規定が12条の対象となるとの見解として，西谷祐子「消費者契約及び労働契約の準拠法と絶対的強行法規の適用問題」国際私法9号（2008年）40頁。
35)　拙稿・前掲注8)158-159頁を参照。

接関係地法の場合，労働者は日本法中の強行規定を特定し，その適用を求めることができる。なお，法廷地である日本の国際的強行規定は，12条の枠組みとは別に適用されうる。労組法7条1号の規定が国際的強行規定と評価されるならば，労働者の主張いかんにかかわらず，裁判所の職権により適用されよう。

【設例6】においては，まず黙示の法選択の有無が確定されなければならない。本件では，労働条件の内容は本社の締結する労働協約に依拠するとの合意があり，この協約はドイツの労働法等の法規範に基づいていたという事実に照らすと，ドイツ法を選択する黙示の意思が認定される可能性がある。つづいて，法選択がない場合は準拠法として（12条3項），そしてこれがあるときは保護の最低基準として（同条1項）機能する最密接関係地法を特定する必要がある。配属ベース地である日本が労務提供地として特定されるか否かを判断するためには，個々の事案における就労の形態や配属ベースがもつ意味などの事実認定が考慮されなければならない。ドイツ法の黙示的選択が認定され，日本法が最密接関係地法の場合のように，選択された法と最密接関係地法が異なるときは，選択された法にくわえて，労働者による主張をまって最密接関係地法中の強行規定も適用されうる。法選択がないか，または選択された法と最密接関係地法が一致するときは，最密接関係地法のみが適用されよう。

Ⅳ　おわりに

本稿では，国際裁判管轄と準拠法という国際労働関係法を構成する2つの領域に新設された労働者保護を目的とする規定の解釈および適用を検討した。

いずれの領域の規定も，労務提供地を第一次的な基準とすることにより，同一の職場で働く同僚と同等の権利を労働者に保障しようとしている。たとえば，労働者が日本で労務を提供する場合には，雇用契約中に外国裁判所を指定する専属的な管轄合意および外国法を選択する条項が存在しても，労働者は日本で訴えを提起し，日本法中の強行規定の適用を求めることができる。

もっとも，労務提供地の概念については，解釈論上の問題が残されている。労働者がもっぱら一国で労務を提供するときは，その地を「労務提供地」とす

ることに異論はあるまい。これにたいして，労働者が複数国で労務を提供するときは，労務提供地が基準になるのか，それとも雇い入れ事業所所在地が基準になるのかが問題になる。さらに，規定の文言からもわかるように，民訴法と通則法とでは労務提供地の概念はかならずしも一致しない。その結果，管轄権の基準としての「労務提供地」は日本にあっても，準拠法の基準としての「労務提供地」は日本にないとされる可能性もあろう。国際線航空機の乗務員など特定の職種の労働者であれば一律に労務提供地がないと評価するのではなく，個別的・具体的な事情に応じて，その有無を判断する必要があろう。

　法改正の意義は，規定の新設にとどまらない。解釈論上の視点に影響を及ぼすものであり，従来の解釈はかならずしもそのまま維持できないと思われる。第1に，民訴法の国際裁判管轄に関する規定は，間接管轄を考慮にいれたものとして理解する必要がある。規定の解釈を考えるうえでも，この点が意識されなければならない。第2に，通則法12条の規定は，基本的に日本が労務提供地であるかぎり日本の労働法規の適用を確保する。これまでは，国際的強行規定と法例7条の対象となる強行規定という2分法を前提に，法例7条の規定によるべきではないとして，労働法規の多くが国際的強行規定と性質決定されてきた。しかし，日本法の適用確保という要請が立法的に手当された通則法12条の規定の下では，国際的強行規定という法技術に依拠すべき場面は従来よりも少なくなると思われる。

　今般の法整備は，個別的労働関係のみを対象としており，集団的労働関係の領域は手つかずのままである。この問題に取り組むためには労働法学と国際私法学の協働が不可欠であり，国際私法学の立場からの検討を今後の課題としたい。

　[付記]　本稿は，平成23年度北海学園学術研究助成金による研究成果の一部である。

（むらかみ　あい）

グローバル化と労働法の抵触ルール
——法の適用に関する通則法を中心に——[1]

米 津 孝 司

(中央大学)

I 通則法における労働抵触規則

1 当事者自治原則の前提

　国際的な労働契約関係における抵触法ルールとして、法律行為に関する一般規定である当事者自治の原則（法選択の自由）が妥当する（通則法7条）。この場合、当該の労働関係において渉外的要素が唯一当事者による法選択のみである場合、すなわち法選択以外はもっぱら内国関係性しか有しない事案においても適用法規についての当事者自治原則が妥当するか、という問題がある。一般の契約準拠法について国際私法学上議論のあるところであるが[2]、少なくとも労働契約準拠法については、法選択以外に外国的要素が存在しない事案については、法選択についての当事者自治は妥当せず、日本法が適用されると解すべきである。たとえば、米国会社の日本法人において、もっぱらに日本における就労を予定しつつ日本人とのあいだで日本語により労働契約を締結するような場合、米国法選択の合意は許されない、という理解になる。

---

1) 以下、通則法と表記する。通則法上の労働契約準拠法ルールについては、西谷裕子「消費者契約及び労働契約の準拠法と絶対的強行法規の適用問題」国際私法年報9号（2007年）、村上愛「法の適用に関する通則法12条と労働契約の準拠法」一橋法学7巻2号（2008年）309頁以下参照。

2) 通則法の適用対象に関する渉外的法律関係説と法律関係全般説については道垣内正人『ポイント国際私法総論〔第2版〕』（有斐閣、2007年）1頁以下。

2 労務給付地法の適用と最密接関係国法の適用

　法選択がない場合，通則法12条3項に基づき，労働契約については，原則として労務給付地法が適用される。これは，法改正前の法例適用下，黙示の法選択というかなり無理のある構成をとりつつ，通説・判例が採用していたルールであり，今回，これが客観的連結ルールとして，無理のない形で整備された。

　通則法12条3項における労務給付地への連結は，推定規定で，事案の具体的事情から，より密接な関係性を有する地が確定可能である場合，同推定が覆され，後者に連結される。一般的には，労務給付地が最密接関係地である場合が多いとはいえ，とくに海外に進出する日本企業の海外事務所・支社で就労する日本人従業員のケースでは，長期間にわたる海外就労で通常の労務給付地は当該外国であっても，より密接な関係が日本国内との間に存在するケースは少なくない。とくに解雇された後に日本に帰国し，日本の裁判所で当該解雇の有効性が争われるようなケースでは，労務給付地である外国の法を機械的に適用すべきではない。労務給付地が複数国にまたがる場合，雇入れ事業所所在地への連結というルールが採用されているが，この場合の「雇入れ」の意味については，労働契約の締結ではなく，基本的に労働者が現実に事業組織・労働組織に組み入れられることを意味すると解されるが，日本企業とその従業員に関しては，より密接な関係を慎重に検討すべきことについては上記のとおりである。

3 抵触法上の「労働者保護」と最密接関係地法の適用

　通則法は，労働契約準拠法について，当事者による法選択の自由を許容しつつ，選択により適用すべき法が当該労働契約に最も密接な関係がある地の法以外の法である場合，労働者が当該労働契約に最も密接な関係がある地の法中の特定の強行規定を適用すべき旨の意思を使用者に対し表示したときは，その強行規定をも適用する旨を定めた（通則法12条1項）。労働契約準拠法について，当事者自治の原則を採用しつつ，その弊害をいかに除去すべきかについて，EU諸国は，法選択は，客観的連結によって適用される法の強行規定における保護を奪うことができない旨のルールを確立しており，最密接関係地法における強行的労働法規の適用を確保し，労働者保護をはかる趣旨において，我が国

も基本的にこの立法政策を採用したものとみることができる。国際的労働関係における抵触ルールにおいて，労働者保護という実質法的な考慮を入れることは，それ自体は妥当であり，今回の通則法の定めは，その限りにおいて積極的に評価されてよい。

　しかし他方でなお看過できない問題が残っていることも指摘せざるをえない。我が国においても，従前より，公法の属地的適用原則や公序原則あるいは強行法規の特別連結論など，学説上様々に議論されてきたが，今回の通則法は，これらの議論やEU諸国のルールと同様に，労働者保護の観点から法選択の自由を制限するという点では共通性をも持つ一方，それらがいずれも「裁判官は法を知る」の原則に基づき，裁判官の職権で客観的連結国法の適用を確保する点で共通しているのに対して，契約当事者である労働者の意思に法の適用を係らしめている点で，それら従来の議論とは決定的に異なっている。

　これは一見するところEU法やドイツ法よりもさらに一層労働者保護に資するように見える。しかし，第一に，これが現実の裁判においてはたして本当に労働者保護に資することになるのかどうか，第二に，仮にそうだとして，これがいわゆる「良いとこ取り」の結果をもたらす可能性が大きいことをどのように考えるべきなのか，さらに第三に，準拠法の決定を，契約の一方当事者の主観に委ねることが，我が国の国際私法が採用してきた大陸型の国際私法の原則に照らして，いかなる意味をもつのか，など，検討すべき多くの問題をはらんでいる。

　第一の論点：これについては，労働者の側で最密接関係地国法の内容についてどこまで主張を行わなければならないかが問題となろう。最密接関係地国が日本である場合はとくに問題はなかろうが，これが外国法である場合，労働者の側で，その内容を調査し，要件・効果を正確に主張立証することは容易なことではない。通則法12条は「最も密接な関係のある地の法中の特定の強行規定を適用すべき旨の意思を使用者に対して表示したときには」と規定しているが，これを適用すべき外国強行規定の具体的内容についても完全に弁論主義に委ねる趣旨と理解すべきではない。また条文中の「表示したとき」について，当該の「意思表示」が撤回を許容しない最終的な連結点の確定を意味すると解すべ

きではない。

　第二の論点：仮に第一の問題がクリアされるとしても，今度は逆に，強行規定の適用を労働者側の「意思表示」に連結させる結果として，法選択された法が労働者に付与する保護と最密接関係地国が労働者に付与する保護の重畳の問題が生じる。例えば当事者の法選択によって適用されるA国法が，違法解雇について，法律行為としては有効とする一方で，損害賠償の支払いを使用者に求めているとして，これとは別途，労働者の主張によって，解雇の無効を定める最密接関係地であるB国法が重畳的に適用されるのであろうか。この場合，B国法により解雇が無効とされ，未払い賃金の支払い請求が認められる結果，A国法が適用されても，得べかりし賃金についての損害が発生しないから二重取りは生じない，とも言えるが，こうした適応・調整が常に功を奏するとは限らないし，それは通則法の立法過程において「実務上の困難」を根拠に採用がなされなかった有利比較における実質法の比較検討に比べて容易といえるかどうかは疑わしい。

　例えばA国法の損害賠償が懲罰的な慰謝料であれば，A国法とB国法の重畳的適用においては，損害賠償の名目が異なる以上，B国法に基づく解雇の無効及び未払い賃金請求とA国法に基づく多額の慰謝料請求は両立しうるということになるはずである。こうした適応問題について，国際私法学上は実質法的基準での妥当をはかることは本来予定されておらず，基本的には公序によるチェックにとどめるべきであるとの見解が有力である。こうした法の重畳的な適用の問題は，通則法のように最密接関係地国法の適用確保を労働者の主張に係らしめる場合だけではなく，EU法やドイツ法のような職権主義に基づく客観的な連結方式においても生じる問題である。そしてEU法やドイツ法においては，この問題について基本的には裁判官の有利性比較を前提とする最低基準保障原則に従って，重畳的適用の弊害を除去する実務が行われている。国際私法におけるいわゆる適応問題については，本来，単位法律関係の大きさを調整することで実質的な妥当性を確保するべきであるとされるが，EU法・ドイツ法におけるこの有利比較に基づく最低基準保障原則は，まさにこの単位法律関係の大きさの調整によって，重畳的適用による「良いとこ取り」の弊害を回避

シンポジウムⅡ（報告④）

する努力が行われているのである。上記の例でいえば，違法解雇における無効を定めるB国法と（懲罰的な慰謝料名目としての）損害賠償を定めるA国法は，いずれも解雇の効力に関わる法律関係として単一のものであると理解し，もっぱら法選択されたA国法を適用したとしても，解雇の効力に関わる法律関係としてみれば，客観的連結に基づくB国法上の労働者保護が奪われる結果にはならない，として法選択されたA国法のみが適用されるとの結論が導かれるのである。

　第三の論点：上記のような実質的妥当性，実務上の問題に加えて，法適用の可否が，契約における一方当事者の「意思表示」によって決まることが，伝統的な抵触法学上の原則との関係で，さらに「裁判官は法を知る」という司法制度上の原則との関係で，いかに正当化可能であるのか，という問題がある。確かに契約準拠法の決定規則においては，伝統的抵触法学においても当事者による法選択自由という主観的連結規則を許容している。しかしこれは近代市民法における大原則である私的自治と深い関係をもつことは間違いないが，客観的連結を基本とする抵触法の原則の例外というよりも，契約関係においては渉外的要素が複雑多様である場合が多く，客観的連結点・最密接関係の確定が必ずしも容易でないことを踏まえ，むしろ契約当事者こそが当該の法律関係にもっとも密接な関連を有する地の法を知っており，その適用を欲するはずである，との理解があると思われる。いわば「基本権としての私的自治」を介しつつ最密接関係地国法の適用確保という抵触法上の正義を実現することが目指されていると理解すべきである[3]。すなわち契約準拠法の決定において当事者の意思を連結点とすることは，抵触法学上あくまで例外的なものであると同時に，その例外的ルールもまた最密接関係地への連結という基本原則と矛盾するものではなく，むしろその実現を確保する手段として理解されるのである[4]。

　契約の一方当事者による法適用の「意思表示」への連結という例外ルールは，

---

[3] ここでは大陸型国際私法理論の創始者であるサヴィニーの私的自治の法思想が，Volksgeist という客観的な自律性をもつ法倫理的秩序に基礎づけられていたことを想起すべきであろう。もっともこの点は，サヴィニーの抵触法理論の厳密な検討をまたなければならない。

[4] 米津孝司『国際労働契約法の研究』（尚学社，1997年）198頁以下。

「弱者保護」という法理念をもって正当化することは可能であろうか。通則法は、法選択にもかかわらず、それとは異なる適用を労働者が「意思表示」できるその対象として、あくまで最密接関係地法に限定することで、客観的連結規則との接続を維持している。だが、日本法がこれまで依拠してきた伝統的な大陸型抵触法理論からの乖離について、「弱者保護」というだけでは、正当化の論理としてあまりに弱いとの印象が否めない。

通則法においてEU法・ドイツ法における最低基準保障原則（有利原則）が採用されなかったのは、比較対象国法間の有利不利の比較は容易ではなく、裁判官のなしうることには限界があることがその主要な理由とされる。だが立法の過程においては、最低基準保障原則の具体的内容、とくに当事者によって選択された法と最密接関係地法との比較の方法について十分な検討が行われた形跡はみられない。詳細を論じる余裕はないが、比較単位の適切な設定と、実際の裁判における外国法の調査・立証に関する職権主義と弁論主義の適宜の分配によって、上記の問題は十分に克服可能である。[5]

II 絶対的強行法の適用

1 準拠法アプローチと法適用領域確定アプローチ

以上述べてきた国際的労働関係における適用法規についての準拠法確定アプローチに対して、我が国においては労働法学においてはもちろん、国際私法学においても、むしろ法規から出発し当該法規の適用領域を確定するアプローチが優位してきたように思われる（いわゆる公法の属地的適用原則や特別連結理論）。確かに準拠法のいかんにかかわらず法規自体が国際的な法律関係においてもその適用を欲する強行法規、いわゆる絶対的強行法規（介入規範 Eingriffsnorm、強行的適用法規とも呼ばれる）ものが存在する。今回の通則法によって、抵触法上の「弱者保護」の法整備が行われた結果、私法的な意味における労働者保護については、通則法12条の準拠法確定アプローチに基づくルールによって処理

---

5) 米津・前掲注4) 書203頁以下。

すれば足り，ことさら絶対的強行法規を云々する必要はもはやなくなった。[6]

　しかし他方，狭義の意味における（私法的な）労働者保護にはとどまらない，より強い国家的利益を体現した労働関連法規が存在し，それらは通則法12条の射程を超え，したがってその適用範囲を個別に検討・確定する必要が生ずる。公法の属地的適用の原則や「属地的に限定された効力を有する公序」の考え方は，いずれも法廷地国である日本の労働法規の適用を確保する根拠として日本の判例・学説において主張されてきたものであるが，これに対していわゆる絶対的強行法規の特別連結理論は，契約準拠法でもなく，また法廷地法でもない第三国の（絶対的）強行法規の適用を確保するもので，準拠法決定とは別のルートで，法規の側からその適用の可否を問題とする（法規分類説的）発想に基づいている。従来，学説で同理論の主張はなされてはきたものの，日本の判例がこれを採用していたかどうかは定かではなく，また通則法も，同理論を明文化することはせず，解釈に委ねた。留意すべきは，通則法12条による準拠法決定ルールとしての労働強行法規の適用とは異なる次元で，この絶対的強行法規の特別連結は問題となるという点である。当事者が選択した法がＡ国法であり，かつ最密接関係地国がＡ国である場合，通則法12条によればこれと異なるＢ国法が適用されることはないが，通則法12条とは別のルートにおいて，なおＢ国法の絶対的強行法の適用がありうることになる。多くの場合，法廷地国法の属地的適用の原則による説明で処理可能であることから，これら属地的適用原則から区別される絶対的強行法の適用問題として独自に労働法規の適用が論じられることは従来あまりなかったが，概ね，刑罰によって実効性が担保されている労働基準法の多くがこの絶対的強行法規に属するとみられてきた。だが労働基準法のすべての規定がはたして絶対的強行法規といっていいかは検討を要するところであろう。とくに労働基準法における公法的側面と私法的側面を区別し，もっぱら後者の側面からその要件効果を論じ得るとする有力見解の立場にたてば，罰則の有無・軽重とは関わりなく労働基準法の各規定の私法的効力について，準拠法アプローチに基づく判断があってもよいということに

---

6)　もっとも絶対的強行法規としての性格をもつ労働法規は，たとえその適用について労働者の意思表示がない場合であっても，裁判官は職権でこれを適用しなければならない。

なる。最密接関係地国法と選択された労働契約準拠法のいずれもが外国であるA国法であるときに，例えば日本の年次有給休暇に関する労基法39条の適用をなお確保しなければならないかは微妙である。最密接関係地法上の労働者保護が確保されたうえで，さらにそれを凌駕する国家の政治的・社会的・経済的秩序の維持の必要性が果たしてどこまで肯定できるのか，各法規の趣旨・目的に即して慎重に検討する必要がある[7]。

さらに，ある労働法規が絶対的強行法規であるとされた場合，これは労働契約準拠法と重畳的に適用されるのか，それとも労働契約準拠法の適用を排除し絶対的強行法規が適用されるのかという問題が残る[8]。難問であるが，一律に通則法7条及び12条に基づく労働契約準拠法を排除すると考えるべきではなく，問題となる絶対的強行法規が，当該事案において，労働契約準拠法の適用を排除して自らの適用を欲しているか，労働契約準拠法の適用を排除しなければ，当該絶対的強行法規の趣旨・目的が実現できないのかどうかを事案ごとに判断すべきであろう。

2 第三国絶対的強行法規の「適用」？

以上のように，絶対的強行法規の適用については未解明の部分がなお残るが，それが日本法である限りは，大きな問題は生じない。これに対して，法廷地法でも契約準拠法のいずれでもない第三国の絶対的強行法規の適用については，その理論的根拠や実務的な妥当性をめぐり賛否があるところで，EU法・ドイツ法においても明確なルールは存在していない。その可否について一般的に論じる準備はないが，最近我が国において，これに関連する興味深い判例が登場した。職務発明による外国で特許を受ける権利の移転対価の請求に関する日立製作所（光ディスク）事件・最高裁判決[9]がそれである。職務発明について，外国の特許に関する部分も含めて特許を受ける権利を使用者に譲渡する旨の契約

---

7) 村上愛・前掲注1）論文309頁以下は，「公法的効果を伴い」「その適用が個別的・具体的な事案における労働者の利益につながらない」かどうかで絶対的強行法規性を判断すべきとする。
8) 山川隆一「国際的労働関係と労働基準法」季労173号（1994年）64頁は後者の立場にたつ。
9) 平成18・10・17民集60巻8号2853頁。

が締結され、会社の「発明考案等取扱規則」等に基づき対価として240万円足らずの補償金が支払われたが、これが（旧）特許法35条3項所定の「相当の対価」としては不十分であるとして争われた。最高裁は、外国の特許を受ける権利の譲渡に伴って譲渡人が譲受人に対しその対価を請求できるかどうか、その対価の額はいくらであるかなどの特許を受ける権利の譲渡の対価に関する問題は、譲渡当事者間における譲渡の原因関係である契約その他の債権的法律行為の効力の問題であると解され、その準拠法は、（法例7条1項により）当事者の意思に従って定められるとし、当事者の黙示の合意によって日本の法律が当該譲渡契約の準拠法となるとした。そして日本の特許法35条3項、4項の規定を（類推）適用し、同条項における「相当な対価」に外国特許を受ける権利の譲渡を含めてこれを決定すべき旨を判示し、合計1億6300万円余りの支払いを命じた原審を維持した[10]。職務発明に係る外国の特許を受ける権利の譲渡において、特許法35条の適用があるかどうかについては、従来から対立があったが、最高裁は、これに一応の決着をつけたわけである。これに対しては、職務発明に関する法律関係も特許権準拠法によって規律すべきとの立場、あるいは特許法35条の属地主義的適用原則に基づくべきとの学説からの批判がある[11]。これら学説は、特許法35条における「相当の対価」に外国特許を受ける権利の譲渡を含めるべきとする判例の見解は、第三国を含む外国特許法の「適用」を意味し特許権に関する抵触ルールに反する、とする。しかしながら、私見によれば、外国の特許を受ける権利の譲渡に対する対価請求権の規律については、契約準拠法あるいは属地的に適用される日本の特許法35条に拠らしめつつ、同条にいうところの「相当な対価」に、第三国の特許を受ける権利の譲渡に対する対価請求権を含んで理解したとしても、そのことによって直ちに、日本の裁判所が対価請求権をめぐる法律関係に当該第三国の特許法を「適用」したことにはならないと思われる。日本の特許法35条にいう「相当な対価」に外国の特許を受ける権利の譲渡を含めるとの理解は、あくまで特許法35条における「相当の対価」をいかに理解するかというもっぱら日本法の解釈・適用の問題であり、それは

---

10) 東京高判平成16・1・29判時1848号25頁。
11) 桜田嘉章・ジュリスト1332号（平成18年度重要判例解説）292頁。

高権的な拘束を伴う外国特許法の「適用」というよりも，ある職務発明が外国の特許法に基づき特許権を取得した結果として使用者に利益が生じた場合，日本法上の私法的請求権の可否の判断においてこれを事実として「考慮する」というに過ぎない[12]。

一般に，準拠法でも法廷地でもない第三国の外国強行法規を適用することについては，基本的には慎重であるべきであろう。しかし，上記の日立製作所（光ディスク）事件のように，外国強行法規が事実関係における所与の事実となっているなど，これをまったく無視することもできないケースもある。こうした場合に，あえて第三国絶対的強行法規の特別連結という大上段の議論を持ち出す必要は乏しく，通常の準拠法ルール・抵触法ルールに従いつつ，無視できない外国強行法規について，これを「考慮する」というスタンスで処理をすれば足りる。

Ⅲ　集団的国際労働関係における法の適用

我が国においては，国際的な集団的労働関係について，双方的な連結規則としての準拠法ルールを問題にする発想に乏しく，日本の労働組合法の適用範囲を確定するアプローチがとられてきており，原則として属地的な適用原則に服すると論じられてきた[13]。これまで国際的な労働紛争事案において労働組合法の

---

[12] 最高裁は「我が国の特許法が外国の特許又は特許を受ける権利について直接規律するものではないことは明らかであり（略），特許法35条1項及び2項にいう「特許を受ける権利」が我が国の特許を受ける権利を指すものと解さざるを得ないことなどに照らし，同条3項にいう「特許を受ける権利」についてのみ外国の特許を受ける権利が含まれると解することは，文理上困難であって，外国の特許を受ける権利の譲渡に伴う対価の請求について同項及び同条4項の規定を直接適用することはできないといわざるを得ない。」とのべつつ，日本の特許法35条をあくまで「類推」適用する趣旨にたつ。しかしこうした迂遠な論理は不要であり，原審のようにシンプルに特許法35条の適用を前提としつつ，同条項における「相当の対価」についての解釈（外国特許を受ける権利の譲渡を含むかいなか）の問題として処理すれば足りる。

[13] 労働協約の債務的効力に関わる事項などを除いて集団的労働関係について準拠法選択のアプローチは妥当しないとする見解として，山川隆一『国際労働関係の法理』（信山社，1999年）198頁以下。

適用が問題となったのは不当労働行為，とりわけ支配介入・不利益取扱いの事案であり，とくに解雇の効力が争われるケースで，労働委員会や裁判所は，集団的労働関係の準拠法についてとくに吟味することなく，日本法の適用を肯定してきている[14]。

従来の事案が，労務給付地あるいは紛争の発端が国内にあったのに対して，海外に端を発する国際的な労使関係紛争事案について，日本の労働組合法が適用されるかどうかをめぐって争われたのが，トヨタ自動車外一社団交拒否事件である。この事件では，フィリピントヨタ自動車と現地労働組合の団体交渉拒否および組合員の解雇をめぐる紛争について，現地労働組合が，日本の労働組合（全造船神奈川労組）に支援を求め，同労組が，日本のトヨタ自動車外一社に団体交渉を申し入れたところこれが拒否され，神奈川県労委に不当労働行為の救済申立てが行われた。神奈川県労委は，日本の労働組合法は，日本における労使関係に適用されるのが原則であり，本件のような外国における労使関係には，同法を適用しなければ公平さに欠けるとか不合理であるなどの特段の事情がない限り適用されず，申立人には不当労働行為手続における申立人適格を認めることはできない，として不当労働行為の正否について判断することなく本件申立てを却下した[15]。ほぼ同様の見地から労組の再審査申立てを退けた中労委の決定に対する取消訴訟において[16]，東京地裁は，不当労働行為の救済に関する我が国の労働組合法の規定は，我が国に存在する労使関係に対して適用されるのであり，本件は，フィリピン共和国におけるフィリピントヨタ社とその労働者又はフィリピントヨタ労組との労使関係において生じた労使紛争の救済を求めるもので，国外の労使関係を対象としたものというべきである，として労組側の主張を退けている[17]。この判断は高裁[18]，最高裁[19]においても維持された。

---

14) 東京都労委命令・昭和40・2・23命令集32＝33集62頁，東京地決昭和40・4・26判例時報408号14頁，東京都労委命令・平成6・2・15労経速1524号14頁等。
15) 不当労働行為事件命令集135集666頁。
16) 不当労働行為事件命令集136集1258頁。
17) 平成19・8・6労経速2063号6頁。
18) トヨタ自動車外一社事件・東京高判平成19・12・26別冊中時1358号71頁，労経速2063号3頁。
19) 平成21・7・17上告棄却・不受理。

これら命令・判決は，集団的労働法全般についての抵触法ルールあるいは日本の労組法についての領域的適用範囲についての一般的ルールについての判断を示したというよりも，不当労働行為の行政救済制度に限って「国外の労使関係」については行政法の属地的適用原則にたってその適用を否定したものと理解すべきかと思われる。純粋に外国的な事案について，我が国の労働委員会があくまで行政的な権力行使である不当労働行為の救済命令をもって介入することはできないのは当然である[20]。しかし，本件が本当に「国外の労使関係」といいうるかどうかは問題である。本件における救済申立てがフィリピントヨタにおける労使紛争に端を発していることは間違いなく，その意味において本件を「国内的な事案」ということはできない。しかし，日本の労働組合法はもちろん，不当労働行為の行政救済制度に限っても，はたして労働委員会は，国内的な労使関係に限定して救済命令を行いうるのかどうかは必ずしも自明のことではなく，むしろ，純粋に外国的事案でもなくまた純粋に国内的事案でもない，国境をまたがる，すなわち本来的な意味において「国際的な」労使紛争について，労組法の適用はいかにあるべきかが問われたのが本件なのであった。

　不当労働行為法を含め集団的労働関係法の適用について準拠法アプローチを採用する場合は，当該事案における法的関係の重点（最密接関係）がいずれの国に所在するのかが問われ，その確定のためには慎重な事実関係の吟味が必要となる。命令・判例のように準拠法アプローチを否定し，適用範囲確定アプローチに基づきつつ属地的適用原則を採用する場合でも，内国関連性が希薄で一見明白に「日本国外の事案」である場合を除いて，準拠法確定に準じた事実関係についての慎重な認定を行う必要がある。役員派遣や出資関係によって日本籍の親会社の強い影響下にある外国現地法人における労使紛争に端を発し，当該現地法人の外国労働組合が日本の労働組合と連帯関係を築き，そのうえで日本の親会社に団体交渉を申し入れこれが拒否されたという上記事件の事実関

---

[20] 本件について労組法の適用領域確定アプローチの立場から労働委員会・裁判所の結論を肯とする学説として，Ryuichi YAMAKAWA, Transnational Dimension of Japanese Labor and Employment law: New Choice of Law Rules and Determination of Geographical reach, *Comparative Labor Law & Policy Journal* Vol. 31（2010）p. 370.

係は，これを単純に「国外の」労使関係というべきではなく，あくまで「国際的な」集団的労働紛争というべきであり，その認識のうえにたったうえで，改めて不当労働行為の行政救済制度の適用の可否を吟味すべきであったと思われる。[21]

　不当労働行為の行政救済をめぐる法の適用が，その公法関係的性格から属地的適用原則に傾くのはやむを得ない一方で，団体交渉や労働協約，不当労働行為をめぐる実体法規範の適用については，むしろ一般の私法関係と同様に，準拠法アプローチを採用することに大きな障害はないものと思われる。この場合の連結ルールも，最密接関係地国法（当該労使関係の重点が所在する地の法）の適用が原則となろう。

　　　　　　　　　　　　　　　　　　　　　　（よねづ　たかし）

---

21)　米津孝司「本件批評」中央労働時報1111号（2010年）19頁。

《シンポジウムⅢ》
大震災と社会法の課題

シンポジウムの趣旨と総括	盛　誠吾
大震災と労働法──休業手当，解雇，労災問題を中心に──	早川智津子
大震災と被災者の生活保障──雇用保障を中心に──	嵩　さやか
原発労働者と労働安全衛生	佐藤　正明

《シンポジウムⅢ》

シンポジウムの趣旨と総括

盛　誠　吾
(一橋大学)

Ⅰ　シンポジウムの趣旨・目的

1　経　緯

　2011年3月11日の東日本大震災と，そのことに起因する福島原発の事故は，それ自体が未曾有の出来事であっただけに，多くの関連する領域や分野に対して多様な対応を迫り，課題をもたらすことになった。そしてそのことは，学術の分野においても例外ではない。日本学術会議は，大震災直後から緊急提言などを相次いで公表してきたほか[1]，法学的視点からの緊急提言なども相次いだ[2]。日本労働法学会においても，2011年5月の理事会においてこの問題が取り上げられ，学会としての対応が検討された。その結果，大震災に伴う労働法学会としての取組をミニシンポにおいて取り上げることになり，浅倉むつ子会員と盛が担当理事となり，このたびのミニシンポ開催となったものである。

　なお，ミニシンポのテーマを「大震災と社会法の課題」としたのは，議論の対象を狭い意味での労働法上の問題に限定せず，広く雇用や被災者生活などの問題をも検討の対象に含めようとの趣旨によるものである。

---

1)　日本学術会議は，大震災直後の2011年3月25日付の「東日本大震災に対応する第一次緊急提言」をはじめとして，最近では2012年4月9日付の「被災地の求職者支援と復興法人創設──被災者に寄り添う産業振興・就業支援を──」の提言を公表している。詳しくは，同会議のホームページを参照。

2)　法律関係雑誌の特集として，「(緊急特集)東日本大震災への緊急提言」法律時報85巻5号(2011年)，「[特集]大震災に伴う労働問題」労働法律旬報1744号(2011年)，「特集・東日本大震災　法と対策」ジュリスト1434号(2011年)，「〈小特集〉東日本大震災と労働問題」季刊労働法235号(2011年)などがある。

2 趣旨・目的

　東日本大震災から1年以上が経過し，これまで社会法関連分野においても様々な対応がなされてきた。とりわけ，大震災直後から迅速かつ広範な対策を示した厚生労働省の活動には目ざましいものがある。法令の適用猶予措置をはじめ，雇用保険・労災保険の適用問題，雇用助成金，職業紹介など，多くの労働・雇用関連の緊急対策が講じられた。しかもその特徴は，新たな立法によるのではなく，多くのことが既存の制度を前提とした運用によりなされたこと，そのための通達やQ&Aの方法が活用されたことにある[3]。

　このような対応について，かつての阪神・淡路大震災のときの経験が大きな意味をもったことは確かである[4]。労災認定や雇用調整助成金の支給など，そのときの経験が迅速な対応を可能にした。しかし，今回の大震災が，阪神・淡路大震災のときよりもはるかに広範で多様な問題への対応を必要とするものであったことはいうまでもない。たとえば，①震災の被害にとどまらず，津波による大規模な被害，さらには原発事故による直接・間接の被害や影響があったこと，②震災や津波による直接の被災地域が広範囲であるだけでなく，部品調達の途絶や，原発事故に伴う節電・計画停電の影響が，それ以外の地域の生産活動や就労条件にも及んだこと，③被災3県の雇用問題についていえば，被災直後と比べて雇用状況の改善は見られるものの，現在もなお地域や業種，年齢・性別による格差は大きいことなどである。

　そこで，本シンポジウムでは，大震災後1年を経過した現時点における社会法分野における諸課題を検討することを主たる目的とすることとした[5]。具体的

3） 厚生労働省の取組については，その都度同省のホームページで公表されてきたほか，厚生労働省職業安定局「『日本はひとつ』しごとプロジェクトの1年の取組」（2012年）などがある。

4） 浜田冨士郎「震災のもたらした労働法上の諸課題と労働行政」法時67巻9号（1995年）50頁，品田充儀「大震災にみる社会保障・ボランティアの課題」法時67巻9号（1995年）54頁。

5） 震災後1年を経て，これまでの取組を振り返るとともに将来を展望する試みもなされている。「［特集］震災後1年――取組と見えてきた課題」労働法律旬報1763号（2012年），野川忍「東日本大震災とこれからの労働法」日本労働研究雑誌622号（2012年）60頁，今野順夫「復旧・復興に向けた雇用問題の現状と課題」法律時報84巻6号（2012年）16頁など。

には，第1に，これまでの制度運用・通達などによる緊急対応について，それらの問題点や整合性を検証することである．第2に，大震災後1年を経て，雇用保険や雇用調整助成金の特例措置など，当面の緊急対策が終了することに伴い，現時点において社会法が直面する課題について検討することである．そして第3に，被災地域の実情に即した雇用創出・雇用対策のあり方など，今後の中・長期的課題の検討である．

3 報告の構成・内容

シンポジウムは，浅倉むつ子会員及び鎌田耕一会員による司会で進められ，前半の報告では，盛による趣旨説明に続き，まず早川会員が，労基法の解釈・適用上の問題や，解雇，労災補償に関わる問題など，労働法上の主要な課題について報告した．次いで，嵩報告では，社会保障法の観点から，雇用保障や雇用政策等の問題を取り上げた．報告者である嵩先生は本学会員ではないが，専門的立場からのご報告をお願いしたものである．また，大震災に伴って発生した原発事故に関しては，特に原発で働く労働者の安全衛生問題について独立した報告として取り上げることにし，仙台在住の佐藤弁護士が担当した．

II 討論の概要と総括

1 討論の概要

シンポジウム後半の討論では，まず，廣石忠司会員から早川報告に対し，被災地の店舗から他店に転勤・応援させた労働者が転勤先でハラスメントに遭った例や，労働者がサバイバル・シンドロームに罹ってメンタル不調に陥った例などがあり，今後も労災問題については継続した対応が必要ではないかとの質問があり，報告者からは，いわゆるPSTDについては，昨年12月に公表された心理的負荷による精神障害の労災認定基準に従い，柔軟な認定がなされることになろうとの回答などがあった．また，岩手県における労災認定の実際についての補足説明がなされた．

次の嵩報告に対しては，細谷越史会員から，第1に，宮城県で再就職が決ま

シンポジウムⅢ（報告①）

っていない基本手当終了者のうち，職業訓練受講者は2％弱にとどまるとのことであるが，その理由は何か，第2に，2011年12月12日の生活保護制度に関する「中間的取りまとめ」には「合理的理由なく訓練の申込みをしない」という文言があるが，この「合理的理由」とは何か，第3に，今後望まれる産業復興についてどのような業種や職種の復興に重点が置かれるべきか，との質問があった。これに対して，第1点については，訓練内容と訓練者能力とのマッチングの問題，給付・保険金等の需給中であること，年齢により給付金終了後は年金に移行すること，訓練場所と住居間のアクセスの問題などが考えられるとの回答があった。詳細は，この点を含めて報告論文で触れられる。

嵩報告に対しては，柳澤会員から，再就職未定者が74％とのことであるが，そのうち生活保護受給者はどの程度に上るのかという質問があり，次の佐藤報告に対しても，電離則の改定により放射線被曝の限界が100ミリシーベルトから250ミリシーベルトに引き上げられたことに伴い，原発労働者に対してはその限度まで業務命令を出すことができることになるのか，それとも新たな労働契約の合意が必要なのかとの質問があり，詳細は報告論文で取り上げられる。このほか佐藤報告に対しては，廣石会員から警察官や自衛官らのPSTDに関する質問などがあった。

2 総括に代えて

本シンポジウムは，東日本大震災への社会法分野における対応についての検証や，今後の課題についての検討を目的とするものであり，特定の問題についての結論や方向性を得ようとしたものではない。その意味では，本シンポジウムは議論そのものに意義があるのであり，必ずしも「総括」にはなじまないとも言える。いずれにせよ，課題を課題のまま終わらせることなく，その解決や実現に向けて引き続き議論していくことこそが重要である。

（もり　せいご）

大震災と労働法
―― 休業手当,解雇,労災問題を中心に ――

早 川 智 津 子

（岩手大学）

I　はじめに

　大震災によって起こりうる労働問題として,解雇,雇止め,内定取消,休業,賃金不払,労災事故等を挙げることができる。[1]東日本大震災の場合も,津波の直接の被害を受けた沿岸部では多くの解雇や労災問題が発生し,内陸部では,大震災によるサプライチェーンの寸断などによる休業の問題が発生した。[2]

　自然災害に関する労働法上の規整として,労基法25条の賃金の非常時払や,同33条1項の災害その他避けることのできない事由による時間外・休日労働等も挙げうるが,本稿では,まず,休業手当および解雇の問題を検討し,次に,労災保険および安全配慮義務の問題を取り上げる。

　なお,本稿は,東日本大震災を契機に,自然災害が労働法上の取扱いに及ぼす問題を理論的に検討しようとするものであり,同震災で生じた問題への対応のみに限るものではない。

---

1) 浜田冨士郎「震災のもたらした労働法上の諸課題と労働行政」法律時報67巻9号（1995年）50-53頁,野川忍『Q&A 震災と雇用問題』（商事法務,2011年）,水谷英夫『実践労働相談入門』（民事法研究会,2011年）参照。
2) 被災地の雇用の現状について,今野順夫「東日本大震災と労働法」季労235号（2011年）54-67頁参照。

シンポジウムⅢ（報告②）

Ⅱ　労働基準法・労働契約法と自然災害

1　休業手当と自然災害
（1）　労基法26条の「帰責事由」

　労務が履行不能となった場合，使用者に，故意，過失または信義則上これと同視すべき事由があるときには，民法536条2項の「債権者の責めに帰すべき事由」にあたり，労働者は賃金請求権を失わない。これに対し，労基法26条は，「使用者の責に帰すべき事由による休業」の場合に，休業期間中，平均賃金の6割以上の休業手当を支払うことを使用者に義務付けている。

　そこでの労基法26条の「使用者の責に帰すべき事由」とは，不可抗力は除かれるが，民法536条2項の「債権者の責めに帰すべき事由」よりも広く，使用者側に起因する経営，管理上の障害を含むと解されている（ノース・ウエスト航空事件・最二小判昭和62・7・17民集41巻5号1283頁参照）。

　その具体的内容につき，まず裁判例をみると，金融難ないし営業不振による経営障害の休業（国際産業事件・東京地決昭和25・8・10労民集1巻4号666頁，カルケット食品事件・大阪地決昭和30・12・17労民集7巻1号115頁）や，得意先の業務停止による休業（扇興運輸事件・熊本地八代支決昭和37・11・27労民集13巻6号1126頁）について，使用者の帰責事由が認められている。これに対し，波部製作所事件判決（大阪地判昭和28・6・12労民集4巻4号374頁）は，停電日に旋盤を使用できなかったため旋盤工の就業を拒否した事案において，使用者の帰責事由を否定している。

　次に，行政解釈では，親会社の経営難のために下請工場が資材資金の供給を受けられず休業した場合に，使用者の帰責事由による休業にあたるとしている（昭和23・6・11基収1998号）。他方，法令遵守のための休業は，労基法26条にいう使用者の帰責事由はないとされている。たとえば，労基法33条2項の代休命令により休業した場合（昭和23・6・16基収1935号）や，労働安全衛生法66条による健康診断の結果に基づき休業した場合（昭和23・10・21基発1529号，昭和63・3・14基発150号）はこれにあたる。

(2) 自然災害時の適用

　(a) 行政解釈　以上を踏まえ，自然災害時における労基法26条の適用についての行政解釈をみると，自然現象によるものという理由のみでは，不可抗力による休業とみなすべきではなく，客観的にみて，通常使用者として行うべき最善の努力を尽くしてもなお就業させることが不可能であったか否かにつき，諸事情を総合勘案のうえ判断すべき（昭和41・6・21基発630号（港湾労働者の雨天による休業））とするものがある。

　また，厚生労働省は，「東日本大震災に伴う労働基準法等に関するQ&A〔第3版〕」（平成23年4月27日版，事務連絡平成23年4月27日）において，不可抗力とは，要件①「原因が事業の外部より発生した事故であること」，かつ，要件②「事業主が通常の経営者として最大の注意を尽くしてもなお避けることのできない事故であること」，との2つの要件を備えたものでなければならないとしている（同Q&A 1-4）。

　このような行政解釈は，従前からのものであり，不可抗力の概念については，主観説，客観説および折衷説があるなか，厚生労働省は，要件①につき客観説と，要件②につき主観説を加味して折衷説を採用したものとしている。[3]

　Q&Aは，そのうえで，使用者の帰責事由について，取引先への依存の程度，輸送経路の状況，他の代替手段の可能性，災害発生からの期間，使用者としての休業回避のための具体的努力等を総合勘案して判断するとしている（同Q&A 1-5）。

　以上のように，行政解釈は，使用者の帰責事由の判断について，まず，不可抗力にあたる場合を示し，次に使用者の帰責事由の検討を行うという構造を採っている。

　具体例をみると，まず，地震・津波により事業場の施設・設備が直接被害を受けたことを理由とする休業については，不可抗力によるものと認められ，原則として，使用者の責に帰すべき事由による休業には該当しないとしている。

　次に，地震・津波による間接被害（たとえば，取引先の被害や，原材料の調達不

---

3) 厚生労働省労働基準局編『労働基準法(上)〔平成22年版〕』（労務行政，2011年）369頁。

能等）を理由とする休業については，原則として，使用者の責に帰すべき事由による休業に該当するとしている。

なお，自然災害そのものによるものではないが，原発問題を原因とする電力不足に対応するための計画停電による休業について，行政解釈は，計画停電の時間帯の休業については使用者の帰責事由はなく，休業手当の支払を不要としている（平成23・3・15基監発0315第1号）。ただし，その前後の時間の休業については，計画停電の時間のみを休業とすることが経営上著しく不適当と認められる場合に限って，休業手当の支払を免れるとしている。

　(b)　私　見　　上記のQ&Aの要件②では，主観的要件が入るため，不可抗力の範囲が恣意的に判断されるおそれがある。そこで，同要件が理論的にみて妥当かどうかを検討してみたい。

民法536条2項と異なり，労基法26条には事故回避の注意義務という主観的要件（またはそのように理解されるおそれのある表現）を取り入れるべきではないと考える。主観的要件が入ることにより，注意の対象がなにかによっては使用者の免責の範囲が広がり，労働者の救済の範囲が狭まるおそれがある。具体的には，昨年3月11日に巨大津波が襲来すること自体についての注意義務違反を考えることは困難である。それを最大の注意と表現しても，注意と最大の注意との間にどのような区別があるのかも不明である。したがって，行政解釈の基準では，不可抗力が認められやすく，使用者の帰責事由の範囲が不当に狭まるおそれがある。また，ここで注意を払うべき対象は，津波なのか，休業の原因（たとえば，建物倒壊）なのか，休業それ自体なのかも不明瞭である。

労基法26条の使用者の帰責事由を基礎づけるのは，同条では，民法536条2項のように，使用者の過失が前提とはなっていないことからも，行政解釈のいうような注意義務ではなく，むしろ客観的な回避可能性と捉えるべきものである。もちろん，ここで問題になるのは，津波被害の回避ではなく，被災の結果，休業が回避できるかどうかである。そう解すれば，自然災害であっても，休業の回避可能性を認めうる場合がでてくる。とはいえ，自然災害など外部要因があまりにも大きいときには，回避を社会通念上期待しえないこともありうる。その場合には，労基法26条の使用者の帰責事由は否定されると考える。

そこで以上を踏まえ，要件①「休業の原因が事業の外部より発生したものであること」，かつ，要件②「社会通念上，事業主に休業を回避させることが合理的に期待しえないこと」，という2つの要件を備えた場合は，不可抗力として使用者の帰責事由が否定されると考えることを提案したい。

これによれば，自然災害の場合，要件①は満たすことになる。そして，自然災害による直接被害の場合は，要件②も認められることが多いと考える。たとえば，地震・津波等で，事業場の施設・設備が直接的な被害を受けて倒壊し，その結果，労働者を休業させる場合には，休業を回避させることが合理的に期待しえないのが通常であるので，休業は不可抗力によるものと認められる。

他方，間接被害では，要件②につき，休業以外の他の手段の選択肢は相対的に広くなる。たとえば，取引先が自然災害の被害を受けたため，原材料の仕入れが不可能になり，その結果労働者を休業させる場合でも，他の取引先からの仕入れが合理的に期待しうるときには，使用者の帰責事由が認められると考える。

私見でも，大災害において使用者がなしうることは限られることが多いと思われる。この点については，東日本大震災では，震災に伴う経済上の事由の発生等を条件として，雇用調整助成金や，中小企業緊急雇用安定助成金等の行政支援が講じられている。復興における産業・雇用政策の中のこのような諸施策も合わせ，休業手当の支払を実際上も促進すべきであると考える。

2 解雇と自然災害

(1) 問題の所在

労基法上，19条の業務災害・産前産後の解雇制限や，20条の解雇予告義務といった解雇規制がある。しかし，自然災害の場合，それによって事業の継続が困難になったときに，労基署長の認定を条件にこの解雇規制が解除されることにより，労基法の観点からは通常の場合に比べ解雇がしやすくなる。他方，そのような場合にあっても，労働契約法上，一定の解雇回避の途を探ることを使用者に求めうるかは別の問題である。

一般に，期間の定めのない労働契約においては，民法627条1項が，2週間

の解約期間を置いて解約ができる旨定めているが，これに対し，労契法16条は，解雇が，客観的に合理的な理由を欠き，社会通念上相当と認められない場合は，権利濫用として無効となると規定している。[4]

なお，整理解雇については，①人員削減の必要性，②解雇回避努力，③人選の合理性，④手続の相当性の4要件（ないし要素）が基準となるとされている。

(2) 自然災害と解雇権濫用法理

(a) 裁判例等　そこで，震災を契機とする解雇が争われた裁判例をみていくと，まず，長栄運送事件決定（神戸地決平成7・6・26労判685号60頁）は，阪神・淡路大震災による19日間の無断欠勤を理由とする懲戒解雇について，震災地の異常な諸事情を考慮すべきとして解雇を無効と判断した。

次に，コンテム事件決定（神戸地決平成7・10・23労判685号43頁）は，阪神・淡路大震災の影響による経営業績の悪化を理由に適格性がないと判断した労働者を解雇した事案において，会社は震災の直接の被害を受けておらず，取引先の被害であったこと等から，業績悪化は恒常的なものとはいえないとして解雇を無効とした。

さらに，北越製紙事件判決（新潟地判昭和44・10・7労民集20巻5号1257頁）は，昭和39年の新潟地震の被害からの会社再建を理由に行われた整理解雇につき，人員削減の必要性は肯定しつつも，人選の合理性が認められないとして解雇権濫用と判断した。

なお，自然災害と解雇回避義務について，学説では，他の事業所への配転や出向を検討すべきとするもの[5]や，職種転換の打診が求められるとするもの[6]がある。また，解雇回避策として，緊急避難的な雇用危機回避型ワークシェアリングを提唱するものがある。[7]

(b) 私　見　普通解雇については，自然災害時においても，個別・具体的な事情を前提として解雇権濫用法理の判断がなされることから，災害直後の

---

4) 期間の定めのある労働契約について，民法628条，労契法17条1項参照。
5) 皆川宏之＝原昌登「雇用契約と大規模災害」ジュリ1427号（2011年）79-86頁，中井智子「震災時の人事労務管理と労働法」労経速2117号（2011年）9-25頁。
6) 本庄淳志「個別的労働関係法上の諸問題」法学教室372号（2011年）38-39頁。
7) 和田肇「災害と雇用の法」法学セミナー686号（2012年）19-22頁。

出勤を強制できず，欠勤を理由とする解雇が制約されるなど，災害により労働者がおかれた状況に対する使用者の特別の配慮が要求されると考える（前掲長栄運送事件決定参照）。

次に，自然災害による整理解雇では，人員削減の必要性は肯定されうるとしても直ちに解雇の効力が認められるとはいえない。たとえば，たまたま被災地の事業所に配転されていた労働者につき，他への配転を考慮せずになされた解雇は合理性がないといえる（高嶺清掃事件・東京地判平成21・9・30労経速2058号30頁参照）。また，雇用調整助成金等の申請なども解雇回避努力の一環として考慮されうると考える。

これに対し，事業主には事業廃止の自由があるため，事業全体の廃止に伴う全員解雇については，偽装廃業である場合を除き，整理解雇の4要件（要素）で争うことは一般には困難な場合が多いと思われる[8]。しかし，近い将来，復旧・経営再建が見込まれる状況下で，それまでの間に業務がない場合については，再雇用予約つき解雇という単純な解雇よりも影響が少ない手段の利用も考えられる（解雇回避努力に類するものとして考慮されうる[9]）。ただし，それが休業手当の回避のために脱法行為として利用されるおそれにも留意するべきと考える。

Ⅲ　労災補償と自然災害

1　労災保険と自然災害

(1) 一般論

一般に，死亡や負傷・疾病が業務上災害と認められるには，業務起因性を要する。学説においては，業務との関連性があれば業務起因性を認める有力説もあるが[10]，判例は，業務に内在する危険の現実化を業務起因性の内容と考えている（地公災基金東京都支部長（町田高校）事件・最三小判平成8・1・23労判687号16

---

[8]　例外として，グリン製菓事件・大阪地決平成10・7・7労判747号50頁参照。

[9]　再雇用において，労働条件を引き下げる場合には，変更解約告知の問題を生じうる（スカンジナビア航空事件・東京地決平成7・4・13労民集46巻2号720頁参照）。

[10]　水野勝「保険事故」窪田隼人教授還暦記念論文集『労働災害補償法論』（法律文化社，1985年）所収168-169頁参照。

(2) 自然災害時の適用

　(a) 行政解釈　　行政解釈は，業務遂行中であっても，業務と無関係な自然現象によるものであるならば，業務起因性は否定されるとしている。ただし，自然災害を被りやすい業務上の事情があって被災した場合には，業務に伴う危険が現実化したものとして業務起因性が認められるとの立場を採っている。

　具体例として，自然災害を被りやすい業務上の事情から業務起因性を認めたものとして，台風による漁船乗組員の遭難（昭和24・9・5基発985号）や，暴風雪の中での倒木による山林労働者の死亡（昭和25・4・12基収469号），落雷により誘発されたダイナマイト爆発による採石労働者の負傷（昭和30・3・28基収225号）等がある。

　これに対し，業務内容自体とは直接関係のないようにもみえる自然災害による死傷事故をめぐっては，事業場内での業務遂行中に旋風によるガラス戸の破損によって負傷した事案において，旋風が何の不備もない事業場施設と接触して災害を発生せしめたにすぎないとして，業務外としたものがある（昭和37・4・3基収523号）一方で，事業場など施設の脆弱性に基づく災害について，業務災害と認定するものがあり，たとえば，暴風雨の中での工事現場の宿舎の流失による死亡を業務上と認定したものがある（昭和32・12・14基収6974号）。これらのほか，とくに大規模災害をめぐって次の行政解釈がみられる。

　まず，伊豆半島沖地震の際の行政通達は，「天災地変による災害の場合にはたとえ業務遂行中に発生したものであっても，一般的に業務起因性は認められない。（中略）しかしながら，当該被災労働者の業務の性質や内容，作業条件や作業環境あるいは事業場施設の状況などからみて，かかる天災地変に際して災害を被りやすい事情…（業務に伴う危険）があり，それが天災地変を契機として現実化したものと認められる場合に限り，…業務起因性を認めることができる…。（中略）天災地変が非常な強度を有していたためかかる要因の有無に関係なく，一般に災害を被ったという場合（たとえば関東大震災等による災害）には業務起因性が認められない」（昭和49・10・25基収2950号の2）としている。

　次に，阪神・淡路大震災の際の行政通達は，「地震により，業務遂行中に建

物の倒壊等により被災した場合にあっては，作業方法や作業環境，事業場施設の状況などの危険環境下の業務に伴う危険が現実化したものと認められれば，業務災害となる」（平成7・1・30事務連絡4号）とした。なお，以上について，同通達は，「従来の考え方に基づくものであり，変更したものではない」とも述べている。

そして，東日本大震災の際の行政通達では，「業務遂行中に，地震や津波により建物が倒壊したこと等が原因で被災した場合にあっては，作業方法や作業環境，事業場施設の状況などの危険環境下の業務に伴う危険が現実化したものとして業務災害として差し支えない」（平成23・3・24基労管発0324第1号・基労補発0324第2号）との方針が示された。とくに，津波による事業場の水没については，事業場の立地環境等の危険が現実化したものとして業務災害と認める取扱いがなされている。[11]

これら3つの行政解釈を比較すると，いずれも業務に伴う危険の現実化を業務起因性の内容とする点で共通性を有している。しかし，伊豆半島沖地震の通達では，自然災害について一般には業務起因性が認められないとの原則を示しつつ，自然災害を契機として業務に伴う危険が現実化した場合に限り，業務起因性が認められるとしている。また，阪神・淡路大震災の通達では，この一般原則を明示していないが，業務に伴う危険の現実化が認められれば，との前提のうえで業務起因性を認める取扱いをしている。これに対し，東日本大震災の通達では，業務遂行中の地震・津波被害について業務災害と認める対応がなされており，3つの行政解釈はニュアンスの変遷があるようにも思われる。

とはいえ，実際の認定において，伊豆半島沖地震の通達のもとでも，地震による土砂崩れによる事業場の倒壊について，もともと建物の強度が不足していたとして，業務災害の認定がなされている。このことから，実際の運用面では，自然災害に際して起きた業務遂行中の事故について，業務災害を広く認定する

---

[11] 同通達の考え方は，心的外傷後ストレス障害（PTSD）といった精神障害についても個体側要因によるものと認められなければ同様に扱われている。平成23・12・26基発1226第1号では，消極要因と評価される業務以外の心理的負荷に天災を挙げていることから，課題が残る。

傾向が従来からあったともいえる。問題は，とくに，施設の倒壊や水没による事故につき，自然災害は一般には業務起因性が認められないとの一般原則を理論上維持し続けるのかどうかという点にあるように思われる。

今回の震災での行政の対応について学説では，労災保険の救済範囲につき社会保障的運用が図られているとの指摘がある[12]。他方で，既存の制度の活用による対応を肯定的に評価したうえで，通常の労災保険法とは別に労災特例法の制定を提唱するものもみられる[13]。

なお，今回の震災で，厚生労働省により，メリット制（労働保険徴収法12条3項，20条1項）の適用除外（平成23・8・11省令105号，同日告示第284号，同日基発0811第1号）や，故意・重過失により保険手続を行っていなかった期間や保険料滞納中に生じた事故の費用徴収（労災保険法31条1項1号・2号）を行わない（平成23・6・8基発0608第1号）とする特例措置が採られた。これらは，労災保険の弾力的運用により使用者に跳ね返る不利益を回避しようとしたものともいえる。

（b）私　見　今回の大震災への対応として，労災保険では業務に内在する危険の現実化という業務起因性の判断にあたっての弾力的運用が行われているようである。ただし，そこには大震災だけを特別扱いする不公平感もなくはなく，自然災害に伴う業務遂行中の死亡や負傷等につき，業務起因性を大震災と一般の自然災害とを区別することなく一般化する理論を検討すべきではないかと思われる。

この点については，業務遂行中の建物等の倒壊や水没による死傷事故については，自然災害によるものであっても建物等がそれに耐えうる強度を備えていなかったという業務に内在する危険が現実化したものとして業務起因性が認められる傾向がある中，それを原則とすることを検討してはどうかと思われる[14]。

また，今回の大震災でとられたメリット制の適用除外といった特例措置につ

---

12) 本庄・前掲注6）論文参照。
13) 安西愈「大震災一括特例法に完全雇用給付と労災特例法を」労務事情1206号（2011年）巻頭頁参照。
14) 一定要件のもとで自然災害による建物倒壊等に業務起因性を認める上記の解釈が採られる場合には，労働保険徴収法にそれに対する規定を置くべきであろう。

いては，厚生労働省令等によって対処がなされたが，通常の労働保険関係法令とは別に，今回の労災保険の特例を参考に，大規模災害の際の特別法のような形で恒常的な立法措置を検討してもよいかもしれない。[15]

2 安全配慮義務と自然災害

(1) 一般論

労契法5条において，使用者が労働者の生命，身体等の安全への配慮をすることが義務付けられている。この安全配慮義務については，一般に，予見可能性が前提となると考えられている。

(2) 自然災害時の適用

自然災害時においては，安全配慮義務の内容として，被害を最小限にくいとめる義務が使用者にあるかの検討が必要となる。たとえば，使用者が労働者を避難させることを怠った場合には，安全配慮義務違反の問題が生じうる。具体的には，避難指示や，避難場所・災害情報等の情報提供，あるいは日頃の防災訓練などの措置が不十分であったために被害を回避できなかったといった場合には，安全配慮義務違反となりうると考える。[16]

また，予見可能性については，今回の東日本大震災の教訓から，今後の地震・津波災害についての予見可能性は認められやすくなったといえるように思われる。たとえば，昭和53年に起きた宮城県沖地震をめぐる裁判例においては，仙台市内では過去の地震を踏まえ工作物が備えるべき耐震強度が震度5と判断されていた。[17] 今後は，予見可能性については震度6強を想定することも考えられる。また，沿岸部での津波の高さなども，そのような高さの津波が来ることの予見可能性を根拠づけるといえる。しかし，沿岸地域の使用者すべてに，津波に備えた高さのビルを建てさせるレベルまでの対応などは合理的には期待しえない。そこで，ここで使用者が採るべき行動の中心は，上述のとおり，避難

---

15) 雇用保険の求職者給付の特例措置と同様に激甚災害法に規定を置くこと等が考えられる。
16) 豊浜トンネル国家賠償請求訴訟判決・札幌地判平成13・3・29判時1755号135頁参照（岩盤崩落事故を起こしたトンネル内の緊急通報設備の利用方法等について，周知体制に欠陥があったことから，被告国による管理に瑕疵があったとして，損害賠償責任を認めた）。
17) 工作物責任をめぐる事例として，仙台地判昭和56・5・8判時1007号30頁など。

シンポジウムⅢ（報告②）

指示や，避難場所・災害情報等の情報提供などであり，その場合，過去の災害経験に基づく被害回避措置が，安全配慮義務の内容として重要になると考える。

　［付記］　本稿のもととなったミニシンポジウムの報告にあたって，事前に厚生労働省，岩手・宮城の各労働局にヒアリングを行った。ご協力いただいた関係者に感謝申し上げる。

（はやかわ　ちづこ）

大震災と被災者の生活保障
―― 雇用保障を中心に ――

嵩　さやか

（東北大学）

I　はじめに

　東日本大震災は東北地方の太平洋沿岸部を中心に人的・物的に大きな被害を与え，1年以上経った現在でも，津波被害を受けた市町村等の復旧・復興にはまだ時間がかかりそうである。こうした今回の震災は人々の仕事にも大いに影響を与えている。

1　宮城県の雇用の現状

　例えば宮城県では，有効求職者数が2011年2月に約5.6万人であったが，同年4月以降急増し，同年6月には7.0万人にまで達した。このように震災を契機に多くの人が失業したことがわかるが，他方で同県全体の有効求人倍率は震災後から上昇傾向を示し，2012年4月には1.04倍を示した。この数値は，2008年度〜2010年度に比べるとむしろ高く，震災後に求人数も大きく増加していることがわかる。
　産業別で見ると，どの産業でも新規求人数は増加しているが，復旧工事などの需要の高まりから，建設業での新規求人数の増加率が非常に高く，産業によるばらつきがある。また公共職業安定所別で見ると，2012年2月には多くの安定所管内で求人倍率が対前年同月比で増加しているが，津波被害の大きかった気仙沼所管内では，回復傾向にあるもののまだ僅かながら前年同月に比べ低い水準を示し，地域によっても雇用情勢にばらつきがあることがうかがえる。気仙沼所管内で求職者数が最も多いのは「製造の職業」のうちの「食料品」の分

野であるが、この分野での有効求人倍率（常用）は0.28と非常に低い。これは、津波によって大きな被害を受けた水産加工業の復旧が遅れているため、この分野での求人数が少ない一方、こうした仕事にこれまで従事してきた労働者（特に中高年の女性労働者）は、従来の職種で求職することが多いためである。気仙沼管内は全体的な有効求人倍率も高くないが、それでも一部の産業（建設業、サービス業、福祉関連など）では1.0を超える有効求人倍率を示していることから、求人と求職のミスマッチが起きているといえる。こうしたミスマッチは、宮城県全体でも見られ、労働者の再就職支援における現在の大きな問題となっている。

2　本稿の目的

本稿は、こうした被災地の雇用情勢を念頭に、東日本大震災により職を失った労働者への生活保障（とりわけ失業時の所得保障や雇用保障）を中心に検討する。具体的には、雇用保険の役割と限界、雇用保険給付満了後（あるいは雇用保険以外）の生活保障の方法と有効性などを取り上げる。

II　東日本大震災における雇用保険の運用

東日本大震災においては、被災した労働者に対する雇用保険の基本手当の給付に関し、様々な特例措置が実施されている。

1　休業の場合の特例措置

東日本大震災においては、「激甚災害に対処するための特別の財政援助等に関する法律」25条に基づき、震災に伴って事業所が休業した場合でも[1]（つまり離職していなくても）基本手当が支給されることとされた。

---

[1] 当該特例措置が適用される休業とは、労働基準法26条にいう「使用者の責に帰すべき事由による休業」にあたらない場合と考えられる。同法26条については、早川論文を参照。

2　一時的な離職の場合の特例措置

また，災害救助法の適用地域にある事業所が災害により事業が休止・廃止したために，一時的に離職を余儀なくされた労働者は，事業再開後の再雇用が予定されている場合であっても，雇用保険の基本手当が受給できるようにされた。

3　基本手当の延長措置

さらに雇用保険の基本手当については，所定給付日数の延長の措置が3つ採られた。第1は，雇用保険法附則5条に基づく個別延長給付の適用である。これにより，災害救助法の適用地域（東京都を除く）の事業所に雇用されていた労働者について，60日の延長がなされる。第2は，「東日本大震災に対処するための特別の財政援助及び助成に関する法律」82条に基づく特例延長給付である。これも，上記個別延長給付と同じ労働者について，60日の延長が認められている。第3は，雇用保険法25条に基づく広域延長給付の適用である。これは，岩手県・宮城県・福島県の沿岸地域等の市町村に居住する労働者を対象に，90日の延長を行うものである。

Ⅲ　被災者の生活保障についての検討

1　東日本大震災における雇用保険の運用の検討

以下，上記の基本手当の受給における特例措置について検討する。

(1) 休業・一時離職者への基本手当の支給について

雇用保険（とりわけ基本手当）は，金銭給付を一定期間行うことにより，失業時の所得を保障すると同時に，それによって求職活動を容易にして再就職を支援することを目的としている（雇用保険法1条）。こうした基本手当の目的と，東日本大震災において行われた休業中の労働者や一時的離職者に対する特例的な基本手当の給付との整合性を検討すると，これらの特例措置は，失業と同様に賃金を得られない状況（休業，一時的離職）において一定の所得を保障するという第1の目的には沿っているが，それにより再就職を支援するという第2の目的には沿わないものと思われる。というのも，基本的には休業中も一時的離

職中も，新たな職を求めて活動するわけではないと考えられるため，そうした期間中の基本手当は，賃金がない期間における単なる代替所得の保障という意義を有するに過ぎなく，再就職の促進という第2の目的との関係は希薄と考えられるからである。

もっとも，こうした期間にも基本手当を支給することで，使用者が休業の実施や再雇用の約束をしやすくなると考えれば，失業の予防に一定程度資するともいえるかもしれない。また，東日本大震災に関していえば，休業中や一時離職中であっても，なかなか事業再開の見通しが立たないため，実際には求職活動をするケースも少なくないようであることから，上記の基本手当の目的との不整合は，現実にはそれほど問題でないともいえる。ただそうだとしても，震災以外の場合の休業や一時的離職には基本手当が支払われないことから，なぜ震災の場合にのみ基本手当が支払われるのかという他のケースとの均衡の問題は理論的には残る。

(2) 基本手当の延長措置について

震災による失業者は，被災地の産業が大打撃を受けたことから再就職が困難なことが多い。また求人数は増えているとはいえ，建設業など求職者のスキルと必ずしも合致しない業種であることも少なくない。そのため所定給付日数の延長措置は，失業期間が長期化しやすい被災地の労働者にとっては必要な措置と思われる。ただ広域延長給付の適用については，やや検討が必要と思われる。

広域延長給付は，雇用情勢が悪い地域の求職者のうち，他の地域での就職を促進するために，公共職業安定所において広域職業紹介活動による職業のあっせんを受けることが適当であると同所長が認定する受給資格者について，所定給付日数を延長するというものである（雇用保険法25条参照）。今回の広域延長給付の適用は，地域の復興に時間がかかるなか，個別延長給付・特例延長給付を受けても就職が困難なケースが多いと考えられたことから実施されたものであり，基本手当の支給終了者を救済することが大きな目的とされていたようで

---

2) 広域延長給付の適用を発表した2011年9月27日の厚生労働省職業安定局雇用保険課による趣旨説明参照（http://www.mhlw.go.jp/stf/houdou/2r9852000001pgxa.html, last visited 15 June 2012）。

ある。また，実際の運用においても，基本的には広域的な求職も視野に入れた活動を行う求職者のみを対象としているが，地元での求職活動を優先する場合も含むとされ，本来の広域延長給付より広範囲の者を対象としているように思われる。

　他方で，今回の広域延長給付の適用者はある程度本来より広いとしても，これらの者には当然居住地域外についての職業紹介も行われる。こうした広域的な職業紹介は，当該求職者にとっては雇用の安定に資するものといえるが，震災の被災地にとっては必ずしも良いことだけではないと思われる。つまり，東日本大震災の被災地，なかでも津波被害の大きかった沿岸部は，震災前から過疎化が進んでいるところが多く，また今回の震災で人口の流出が大きい[4]。こうした地域の復興には地元産業の復旧・復興が不可欠であるが，それを支える労働者（とりわけ熟練した技術をもつ労働者）が他の地域に移動してしまうと，産業の復興はさらに困難になってしまうだろう。雇用保険は，個々の求職者に対する所得保障と就職支援というミクロの視点で基本的に機能しており，そこには当然のことながら地域産業の維持や復興というマクロ的視点はない。今回の広域延長給付の適用においては，それほど強力な広域職業紹介活動は行われていないのかもしれないが，一般的には広域延長給付にともなう広域職業紹介活動は，求職者にとっては望ましいものであったとしても，今回の震災のようなケースでは，被災地からの労働者の減少を助長しかねないと思われる。人口流出をこれ以上加速させないために，雇用保険とは異なる枠組みで，地元での雇用・生活を支援することも必要だろう。

3）厚生労働省職業安定局雇用保険課・前掲注2）発表資料参照。
4）2011年2月と2012年5月の市町村ごとの人口の推移を見ると，宮城県の気仙沼市や石巻市では死亡による減少も含め人口が両市とも約7％減少し，同じく津波被害の大きかった同県女川町や南三陸町ではそれぞれ約19％，約14％人口が減少している。他方で仙台市は約0.8％人口が増加している（宮城県市町村別推計人口（http://www.pref.miyagi.jp/toukei/toukeidata/zinkou/jinkou/suikei_top/suikei_top.htm, last visited 15 June 2012）参照）。

2 求職者支援制度の有効性

(1) 雇用保険支給終了者の状況

雇用保険の基本手当は，東日本大震災では最大210日の延長がされているが，基本手当は有期給付であるため，再就職先が決まらないままに支給が終了する受給者が出ている。2012年5月の報道によると，岩手県・宮城県・福島県で基本手当受給終了者9,686人のうち，給付終了時で就職した者は2,133人，求職活動中の者は6,379人，職業訓練を受講している者は150人，求職活動をしていない者等は1,024人であり，基本手当終了者のうち約78％が再就職できていない。こうした数値は，地域の産業の復興が遅れていることだけでなく，求人と求職とのミスマッチが深刻であることを示すものといえる。

(2) 求職者支援制度の課題

基本手当終了者で再就職が決まっていない者への就職支援としては，2011年10月に導入された求職者支援制度の活用が考えられる。同制度では，特定失業者（雇用保険の基本手当の受給資格者でない求職者であって，職業訓練などを行う必要があると公共職業安定所長が認める者）は受講料無料で認定を受けた訓練（求職者支援訓練）を受けることができ，また要件を満たせば職業訓練受講給付金（月10万円）が受給できる。

こうした求職者支援制度は，求職者に対し現在の求人にあった職業訓練を行えば，求人と求職のミスマッチを緩和することになるため，震災による失業者にも一定程度有効であろう。ただ上記のとおり，基本手当受給終了者のうち職業訓練を受講中の者は非常に少なく，求職者支援制度などの職業訓練が十分に活用されていない現状がうかがえる。

その理由の1つとして，例えば現在求人数が多い建設業などの職業訓練は，被災地ではそれほど多く実施されていないなど，提供されている職業訓練が必ずしも求人の動向に沿っていないことが考えられる。他方で，現在被災地で求人数が多い職種は，復興需要に支えられていることが多く，長期的に安定した雇用につながらないという不安が求職者にもあるようである。また，東日本大震災による失業者のなかには，年齢的に新たな技能を身につけることが困難な者も多いのではないかと思われる。したがって，今回の震災では求人の推移に

あわせて職業訓練が提供されたとしても、それが活用されない可能性があろう。

そこで、今回の震災のような場合でも求職者支援制度を活用して就職を支援するには、当該地域での労働者層も加味しながら、長期的な雇用の安定を望める産業復興策との連携を図ることが必要だろう。

3 生活保護の受給の可能性

(1) 稼働能力活用の要件

失業者の最終的な生活保障としては生活保護がある。生活保護を受給するには、補足性の要件（生活保護法4条）を満たす必要があるが、本稿で取り上げている失業者の生活保障との関係では、稼働能力活用の要件が問題になる。同要件の判断について、裁判例（名古屋地判平 8・10・30判時1605号34頁、名古屋高判平 9・8・8 判時1653号71頁等）も行政実務も、これが受給開始要件であることを前提に、①稼働能力の有無、②稼働能力活用の意思の有無、③稼働能力活用の場の有無によって判断している。行政実務では①の判断にあたり、「年齢や医学的な面からの評価だけではなく、その者の有している資格、生活歴・職歴等を把握・分析し、それらを客観的かつ総合的に勘案して行うこと」とされ、こうして具体的に把握された本人の稼働能力を前提に②③の審査がなされている。

こうした解釈・運用は、被災者についても妥当するものと思われる。実際のあてはめは一概にはいえないが、震災による失業者については、①②があるとしても、産業が壊滅的被害を受けた地域については、本人の現在の具体的稼働能力を前提とすると③がないというケースも少なくないのだと思われる。

(2) 生活保護と求職者支援制度との関係

近年求職者支援制度が導入されたことにより、上述のような生活保護の能力

---

5) 同様の指摘は、日本学術会議・東日本大震災復興支援委員会産業復興・就業支援分科会『提言　被災地の求職者支援と復興法人創設――被災者に寄り添う産業復興・就業支援を――』（2012年4月発表）(http://www.scj.go.jp/ja/info/kohyo/pdf/kohyo-22-t-shien3.pdf, last visited 19 June 2012) 12頁でもなされている。
6) 『生活保護手帳〔2011年度版〕』（中央法規、2011年）163頁。
7) 前掲注6)書163頁。

活用要件の解釈にも変化が生じる可能性がある。その可能性は，2011年12月に発表された「生活保護制度に関する国と地方の協議に係る中間とりまとめ」において，「求職者支援制度の創設に伴い，一定年齢以下で稼働能力及び一定の就労意欲を有する生活保護受給者であって，職業訓練による就職実現が期待できると判断された者について，合理的理由なく訓練の申込みをしない，又は訓練に出席しない場合には，稼働能力不活用として，保護の実施機関は事前説明や指導指示等所定の手続の上で保護の停廃止を検討することが適当」としていることに端的に見られる[8]。

こうした見解については，以下のような説明が可能だろう。すなわち，職業訓練という可能性も考慮に入れた場合，生活保護法にいう「能力の活用」には，「就労による具体的な稼働能力の活用」だけでなく，「職業訓練による潜在的な稼働能力の活用」をも含まれると解するのである。こうした理解に立つと，従来の「能力の活用」の判断は，具体的稼働能力の判断にいわば限定していたと捉えられよう。

(3) 潜在的稼働能力と生活保護給付

ただし，「能力」に潜在的稼働能力が含まれる可能性があるとしても，潜在的稼働能力の活用を受給開始要件として取り扱えるかは検討の余地がある[9]。

潜在的稼働能力を活用した結果としての職業訓練は，将来的な収入の確保にはつながりうるとしても，それ自体としては収入を生み出すものではない。生活保護法4条が補足性の要件として「最低限度の生活の維持のために活用すること」を求めていることからすれば，同条で受給開始要件として活用を求めて

---

8) http://www.mhlw.go.jp/stf/shingi/2r9852000001xvq6-att/2r9852000001xvrn.pdf, last visited 19 June 2012.
9) なお，具体的稼働能力の活用についても，これを受給開始要件と捉える裁判例・行政解釈に対し，学説からはこれは保護受給の要件ではないとして，「生活に困窮する」（生活保護法1条）場合には受給権が発生し，稼働能力の活用は発生した受給権を消滅させる要件あるいは受給制限要件と解すべきとの主張がある（木下秀雄「最低生活保障における稼働能力活用義務と扶助支給制限──ドイツ連邦社会扶助法を手がかりとして」賃金と社会保障1270号（2000年）58頁以下。なお，石橋敏郎「生活保護法と自立──就労自立支援プログラムを中心として──」社会保障法22号（2007年）45頁参照）。また，稼働能力要件について，丸谷浩介「能力活用要件の再検討」週刊社会保障2554号（2009年）44頁以下参照。

いるのは、生活の維持に資するもの（例えば、生活費を生み出すもの）と捉えるのが妥当だろう。同条で活用が求められる資産は、処分・貸与などにより比較的容易に収入に結びつくため、資産の活用は受給開始要件となる。これに対し潜在的稼働能力は、活用しても（職業訓練をしても）直接には収入を生み出さないため、4条で受給開始要件として活用が求められる能力にはあたらないと解することもできるように思われる。もっとも、求職者支援制度のもと職業訓練を受講することで職業訓練受講給付金が受給できる場合については、職業訓練が収入を生み出すことになるため、そうした潜在的稼働能力の活用は受給開始要件と捉えることができるだろう。そうした場合でも、同給付金の受給目的でどんな職業訓練でも実施することが求められると解するのは、当事者の将来的な安定した自立助長の観点から望ましくなく、当事者の職歴等にも配慮しながら、将来の自立助長に資する職業訓練の実施を求めることが必要と思われる。

　一方で、同給付金を受給できない場合には、その他の要件を満たせば受給権が発生するが、その場合でも、潜在的稼働能力の活用は生活保護法60条により、被保護者に求められるものと解される。つまり、同条にいう「能力」にやはり潜在的稼働能力を含めて解釈することが可能と考えられ、そのような解釈は法の目的である自立助長に資するものと思われる。もっとも同条は被保護者に努力義務を課すものであり、同義務に違反しても直接の制裁は課されない。ただ、同条の義務を、程度を超して怠る被保護者については、実施機関が指導・指示を行うことがありえると解されており、指導・指示違反に対しては保護の変更・停止・廃止の不利益処分を課しうる[10]。もっとも、指導・指示においては被保護者の自由を尊重し、被保護者の意に反して指導・指示を強制してはならないのであるから（法27条2項・3項）、適職選択権というか否かは別にしても、いかなる職業訓練を受講するのかについてはある程度被保護者の意向を尊重することが望ましい。ただ、生活保護は自立助長をも目的とする制度であり、その制度下で受給している以上、被保護者には自立を拒否する自由は認められないと思われ、上記の「被保護者の自由」とはそうした自由は含まないと解され

---

10)　小山進次郎『改訂増補　生活保護法の解釈と運用（復刻版）』（全国社会福祉協議会、2004年）（初出は1951年）640頁。

る。したがって，適当な職業訓練を受講しないということが自立の拒否として捉えられる場合には，自立助長の趣旨から指導・指示を行うことができると解される。

(4) 被災者と潜在的稼働能力の活用

以上では震災の問題を超えて一般的な検討を行ったが，震災に引きつければ，震災による失業者についても，受給開始要件としてにせよ，受給後の指導・指示としてにせよ，潜在的稼働能力の活用として職業訓練を求められることはありうると思われる。その場合，当事者の能力等に照らしてより適した職業訓練を，実際に提供されている職業訓練の中から選択し受講することになるが，職業訓練の提供に関する上述の問題点がここでも浮上する可能性がある。

IV 震災における雇用政策等の限界と課題

1 失業者への支援における限界

上記のとおり，東日本大震災に際しては雇用保険を最大限活用して，失業者等に対する当面の所得保障は一定程度図られた。ただ，雇用保険のもう1つの目的である再就職の支援はいまだ十分には達成されていない。すでに検討したように，その原因としては，求人と求職のミスマッチが大きく，そのミスマッチを埋めるための職業訓練も十分には活用されていないことが指摘できる。失業者の早期就職を実現するためには，現在の求人の動向に合わせた職業安定所による職業あっせんや，現在求人が多い職種に必要な技能を身につけるための職業訓練の充実が必要だろう。ただ，東日本大震災の被災地の求人の動向は，多くの場合復興需要に支えられたものであるため，長期的に安定した雇用につながるのかという個人レベルでの不安もある一方で，復興しつつある産業からの労働者の流出を助長させないかという産業レベルの懸念もあると思われる。

このように現在では，早期就職の要請と長期的な安定雇用の要請とのジレンマ，さらには雇用の保障と産業の復興とのジレンマがあると言える。こうしたジレンマは，東日本大震災の被災地に特有のものかもしれないが，ハローワークによる就職支援や職業訓練は，基本的に現在の求人を基準に個人の雇用保障

のためになされるものであり，そこでは産業の復興・発展までも視野に入れた支援を行う仕組みが欠けているという限界がある。

2　今後の課題

こうした限界を克服するためには，今回の震災に関しては，産業の復興と雇用の保障とを組み合わせた取り組みが重要であり，そうした取り組みはすでに，厚生労働省からの交付金を財源とした県の基金事業などでなされているところである[11]。今後こうした事業を促進していくことが肝要であり，また，こうした事業と職業訓練とを組み合わせて行うことも必要になってくるだろう。

また，大規模な事業への支援だけでなく，雇用創出につながる小規模の起業を支援する枠組みも必要かも知れない。とりわけ，東日本大震災では小規模の自営業者も大きな被害を受けたが，事業の再開を目指すこうした自営業者への生活保障の仕組みはない。しかし，自営業からも雇用創出効果が期待できるため，自営業者の生活と事業の再開を保障する仕組みの充実も望まれる。

さらに，国や地方自治体が直接失業者の雇用の場となる事業を提供することも考えられる。実際，複数の自治体では被災者を雇用するところもあるが，短期雇用が多く安定的な雇用にはつながりにくい。こうした取り組みの重要性を，今後，政策的に検討するだけでなく，その理論的な位置づけを明らかにすることが必要だろう。

　　　　　　　　　　　　　　　　　　　　　　　　　（だけ　さやか）

[11) 例えば，「事業復興型雇用創出事業」では，グループ補助金などの対象となっている復興を目指した民間企業に対し，再雇用者も含み人件費を，3年で1人あたり225万円まで助成することとされている。

原発労働者と労働安全衛生

佐 藤 正 明

(弁護士)

I はじめに

 1 昨年3月11日の大地震，大津波，そして福島第一原子力発電所からの放射能汚染が東北3県を中心に襲う。そして日本はおろか世界中に放射能の被害を与えた。そして，この大震災は，原発の安全神話を崩壊させるとともに，価値観の転換をもたらした。

 私は，当日午後2時46分に，地震に遭った。宮城県沖地震も体験しているが，それよりも長く，大きな地震であった。恐ろしい津波の現地を見た。この体験も踏まえ，また私は福島市が故郷であることを思って報告したい。

 2 国内の原子力施設の中で働く原発労働者は，平成21年度で被ばく線量をカウントされている人で7万5988人と公表されている。この多数の原発で働く労働者の労働の実態については，労働者自身の体験報告をはじめ，取材等に基づく著作等が多数公表されている。

 目に見えない放射能の環境の中で，健康被害が出ないように放射線管理手帳で管理されながら働く。東京電力などの事業者の従業員は少数の正社員であるが，現場で働く大半の労働者は，電気系統の装置の点検，配管工事，計測装置点検，格納容器内定期点検作業など原発内部の実労働に従事している。

 この仕事は，元請会社の大企業から数次の下請業者に下請され，果ては，いわゆる「人出し会社」に至るまでの労働者によって行われている実態である。

 労働者は，働く原発は一箇所だけということはなく，数箇所の原発で働くことになり，「渡り歩く」という意味で「原発ジプシー」と呼ばれている。

このような労働環境の中で働いている原発労働者の労働安全は現在どのようになっているのか，その安全基準は大丈夫なのか，実効性ある措置がとられているのか，さらに多重下請け構造の中で働いている下請労働者はどのように保護され，安全は確保されているのかを主たるテーマとして検討することとしたい。

また，福島第一原発の破壊により，高度で広範囲の放射能汚染が発生した。この汚染された職場環境下で，労働者が安全に働くためにどのような法的問題が生ずるのか，さらには，日常的に放射能汚染と向き合う中で，国，自治体，事業者の，労働者のみならず国民に対する情報開示の責任は大きいので，その点を検討したい。

II 原発労働者の労働安全衛生

1 原発労働者の安全基準の問題点

(1) 日本における放射線被ばくの規制

この規制の規則は，原子炉等規制法による実用炉規則，労働安全衛生法による電離放射線障害防止規則，国家公務員の労働安全については人事院規則がある。

この中で，電離放射線障害防止規則（以下電離則という）を中心に検討する。

原子炉施設で放射線作業をする職業人の被ばく線量の規制をいう形で規制を行っているが，現行では5年間で100ミリシーベルト以下，いずれの1年間でも50ミリシーベルトを超えてはならないとの規制を基本としている。

この規制内容を法律で定めるための諮問機関は，放射線審議会であるが，放射線に関する医学，生物学，防護学などの専門家と事業者役員などによって構成され，放射線障害防止の技術的基準を検討する。この日本の放射線審議会の審議は，基本的には，「国際放射線防護委員会（ICRP）」の見解に依拠し，ここで出される主勧告を日本の法令に取り入れるための検討をしているといわれている。5年間に100ミリシーベルト，1年間で50ミリシーベルトの被ばく線量を許容限度としているのも，ICRPの主勧告に準拠している。1年間50ミリ

シーベルトは1977年勧告で，5年間で100ミリシーベルトというのも1990年勧告に準拠しているとのことである。電離則第4条で，この基準を掲げ，この基準を超えてはならないと規定している。

　緊急事態の発生時の規制について，電離則に定めがあり（第42条），放射性物質が多量に漏れたりこぼれたりした状況下で，実効線量が15ミリシーベルトを超える怖れのある区域では，労働者を直ちに「退避させなければならない」と定め，このような退避区域での緊急作業について，特別な被ばく限度として「実効線量については100ミリシーベルトを超えないようにしなければならない」と規定している。つまり，緊急事態下での退避区域での緊急作業は100ミリシーベルトが限度である，との規制内容である。

(2) 福島第一原発事故での原発事故緊急作業

　3月12日福島第一原発で水素爆発が起き，この緊急事態が発生した。そして，この事態を受けて，この100ミリシーベルトの限度の引き上げが行われた。それは，原子力緊急事態解除宣言がなされる日まで，緊急事態対応対策実施区域（原発から半径30キロメートルの圏内）において，事故の制御と即時かつ緊急の作業について，緊急作業時は100ミリシーベルトが許容限度としていた規制を250ミリシーベルトへ引き上げた。

　この規制改定のためには，法律上放射線審議会の諮問が必要であるので，緊急なため，メールによる方法で会議を開いたと伝えられる。そこでもICRPの2007年勧告が議論された。しかし，今回の放射線審議会の250ミリシーベルトへの引き上げはこの勧告と整合性がないのではないか，勧告では「情報を知らされた志願者」が前提となっているのに，今回はかかる要件をはずしてしまったのではないかとの議論が提起されている。

　緊急事態が発生し，その区域から退避させねばならない場所での緊急作業を，労働者に対する指揮命令作業としておこなうという電離則の規定の仕方からみて，ICRPが「志願者」について250ミリシーベルトとしていることとの整合性，さらに作業従事の際労働者の意思を必要とするか，との問題が課題として残ったと思われる。

　放射線による健康被害について，特に低線量被ばくの人体への影響について

は、決定的な論文や調査結果が出ておらず、分からないといわれている。ICRPの立場は、100ミリシーベルト以上の被ばくについては、その量が多ければ多いほど発がん性が高まることに異論がないようである。ICRPでは、分からないから無害だというのではなく、基本的には発がん性が高まると考えるのが正しいとしているとみるべきであり、分からないからとか、検出しないから大丈夫である、との安全論議は危険というべきである。

(3) 放射線障害の労災認定基準

喫緊の課題は、放射線障害の労災認定基準である。現行基準は昭和51年のもので、相当量の被ばく線量があること（5ミリシーベルト×従事年数の累積）、被ばく開始後少なくとも1年を超えた後に発病していること、病名が骨髄性白血病又はリンパ性白血病であることを業務上であることの要件としている。平成22年労働基準法施行規則別表1の2の改正により、「電離放射線にさらされる業務による白血病、肺がん、皮膚がん、骨肉腫、甲状腺がん、多発性骨髄腫、または非ホジキンリンパ腫」と改正された。

これまで労災認定となったのは厚生労働省の発表では8例とされている。そのうち1例は累積被ばく線量が100ミリシーベルトを超えているが、そのほかはこれ以下である。この実例からすると、前述の許容限度を100ミリシーベルトとしていることが規制値として妥当なのか改めて考えなければならないところである。

厚生労働大臣は、今回の事態を受けて、発がん性ついて新たな専門検討会の設置を発言している。

2 安全の実効確保の問題点

放射性物質に曝される労働現場でいかに労働者の安全を実効的に守るか、その制度の現状について、いくつかの問題点を指摘する。

(1) 原子炉施設労働者の被ばく線量の登録制度

原子炉等規制法の適用を受ける事業所の原子力施設で働く放射線作業者について、昭和52年被ばく線量登録管理制度が始まり、作業者個人ごとに一元的に管理することとし、その作業者個人が被ばく管理手帳を所持して、従事した原

子力施設，働いた期間，被ばく線量等を記録し，その作業者個人毎の記録を一元管理する機関として「放射線従事者中央登録センター」が設置された。この総量の記録が，労災認定の累積線量として利用される。

この被ばく管理手帳によって，労働者も事業者も，被ばく線量を把握し，健康管理を行う仕組みになっているが，命にもかかわる放射線被ばくのリスク管理について，実効性があるものかどうか疑問がある。

まず，この制度自体，法律上の根拠をもっていない。原子力・放射線利用の先進国では，被ばくの一元管理を国レベルで行う国が多いし，原子力施設で作業した被ばく前歴を信頼性の高いものにするためにも法律上の根拠が必要である。そうしなければ国際的にも通用しない。現在は，財団法人放射線影響協会が管理運営しているが，この財団は原子力施設の事業者が資金提供して運営している。事業者がこの被ばく管理手帳の管理者であることから，労働者の在職中は事業者が管理することとなり，自分がどれだけ被ばくしているか個人的にいつも確認できる仕組みではない。退職後にセンターへの開示請求によって自分のデータを照会するシステムになっている。制度的に不完全であることは否めない。

放射線管理手帳の管理の問題については，浅倉むつ子教授からいただいた資料があり，それが日本学術会議基礎医学委員会・総合工学委員会合同　放射線・放射能の利用に伴う課題検討委員会の2010年7月の「放射線作業者の被ばくの一元管理について」の提言である。この提言は，原子炉等規制法適用の事業所の放射線作業者の被ばく管理だけでなく，放射線障害防止法・医療関係法の事業所の放射線作業者の被ばく管理に関するものですが，全放射線作業者について，一生涯にわたる線量を，信頼性の高い国レベルで一元的に管理するというものである。このシステムの確立は，放射線作業者の安全確保の観点ばかりでなく，国際的にも互換性のある線量確認システムが求められ，国際化する経済活動の要請でもあると指摘されている。現行制度では，被ばく前歴の確実な把握が事業者に義務付けられているのに，健康診断の際の問診で聞いて確認を行うというあいまいさがある。これでは，放射線従事者の被ばく線量を厳重に管理するシステムとはいえない。

原発労働者の被ばく放射線量の規制を行う放射線審議会の委員の構成についても，委員の多くは医学者であるが，使用者の立場の人がいるのであるから，労働者の安全衛生基準を審議することを重要な課題としている同審議会には労働者の代表も入るべきである。

(2) 放射性物質の処理作業での労働者の健康管理

原発施設で働く労働者だけでなく，放射性物質に汚染された汚泥とか災害廃棄物の処理作業，除染作業での労働者の被ばく問題がある。電離則等の準用やガイドラインによって被ばく線量限度を定めており，マスクなどの保護具の着用を義務付け，放射線の関する教育の実施，健康診断などを指示している。ここでも，法的な強制力のない放射線障害防止措置であり，電離則の法制化が検討されるべきであろう。

さらに，今回の原発事故による放射能汚染は，長期的な汚染であるために長期的健康管理体制が求められるとともに，また広範囲なためにこれまで想定外とされた自営業者，ボランティの人など広範囲及ぶ。放射能汚染に対する国民の長期的健康管理システムの構築は重要な課題である。あまりにも大きな問題であるので，これ以上立ち入ることはできない。

(3) 原発労働者の多層下請構造と下請労働者に対する原発事業者の元方責任

原発の現場で働く労働者は，多層の下請労働者であり，その雇用形態が，非正規労働であることは，周知のことである。健康被害，労災問題，偽装請負や派遣，非正規労働，ピンはねや強制労働，原発で働くことを隠して労働者を募集するなど，その報告は深刻な問題を提起している。この中で，原発労働者の安全衛生の観点から，労働安全衛生法29条の問題を検討する。労働安全衛生法は，「労働災害の防止のための危害防止基準の確立」「責任体制の明確化」等により「職場における労働者の安全と健康を確保」することなどを目的にしているところ，同法は，重層的下請構造をもって仕事をすることを想定して多数の規定をおいている。同法29条は，「元方事業者の講ずべき措置等」として「元方事業者は，関係請負人及び関係請負人の労働者が，当該仕事に関し，この法律又はこれに基づく命令の規定に違反しないよう必要な指導を行わなければならない」（第1項）と規定している。この29条には罰則規定はないが，同法30条

の建設業や造船業の特定元方事業者については、労災防止措置について下請と調整しないと罰則（50万円以下の罰金）が適用されている。30条の2では製造業の特定元方事業者について、同様に罰則が適用される。原子力事業は、この製造業には入らないので罰則はないということになる。そうすると、通達によって法令順守の指導をするようにしているようであるが、実際に何重もの下請業者に指導が徹底できるかは極めて問題である。罰則の適用もなく、指導という形で規制することは、事の重大性、他の事業との比較から考えても検討すべき問題である。さらに、この下請構造は、末端において職安法に違反する「人出し業」の実態しかないと指摘されている。人の命と健康にかかわる放射性物質を取り扱う業務に従事するのであるから、元方事業者には、かかる事態を放置することは出来ない大きな義務が存するところである。

III　原発事故被災地域の労働問題

　このテーマは、原発の放射能汚染によって、福島第一原発周辺区域への立入禁止措置や制限措置、避難や屋外退避などが取られたが、その区域の事業者そして労働者は、放射線被ばくから回避しなければならないという事態とその地域で留まって生活し再生させなければならないという事態に直面する。この進退極まる、相反する事態に直面した事業者とその労働者の問題を検討したい。本件のテーマである、原発労働者の労働安全衛生の問題とは、放射線被ばくと労働者の労働安全という意味で共通性があり、現地では大きな課題である。

1　被災地域での事業禁止や制限下での（雇用）継続と労働者保護の問題

　原発事故で大量かつ広範に放射性物質が拡散し、原子力緊急事態宣言が発令された。現在、国会の事故調査委員会において、当時の首相も対象とした調査が行われているが、被災地域は、避難指示の不適切により被ばくが拡大する事態となった。

　原発からの広がりにより、警戒区域、計画的避難区域、緊急時避難準備区域、特定避難勧奨地点（ホットスポット）、避難区域外と区分され、立入禁止や制限

がなされた。そうなると、事業が出来ない、例外的に認められるなど、具体的状況によりさまざまな労働問題が生じる。その具体的内容は未だ把握できていないが、事業が出来ない区域での労働の継続は困難であり、かかる場合、労働者の配置転換によって対応したり、やむを得ない場合には解雇することとなるであろう。また例外的に事業継続が認められる区域では、町の基盤となる最低限度の雇用を確保する必要があって雇用を維持したり、例えば介護施設入所者の移動負担の回避をするために同じ場所で介護の仕事に従事する必要がある場合など、安全のために一定条件の下で事業継続を認めることになるであろう。この区域については、厚生労働者から通知が出され、建物内の空間線量の規制や、従業員個人ごとの放射線管理、適切なる労働環境の提供を事業者に求める措置などを指導している。

この放射線被ばく区域で事業を行う場合、労働者の放射線による健康障害を防止するためのいくつかの措置がとられた。略述すると、測定した被ばく線量は1日ごとに記録すること、これを適切に保存すること、労働者の求めに応じ累計の被ばく線量を労働者に知らせること、事業者や従業員にセミナーを通じ放射線に関する知識、リスク情報、健康への影響などに関する情報を十分に提供すること、放射線被ばくの有害性、線量計やマスク等保護具の性能や取り扱い方法なども指導することなどを求めている。また労働する場所の空間線量を規制し、労働場所の建物の遮蔽を確保すること、自動車で通勤させるようにすることなども指導している。

これらの事業所は、それまで放射線業務とは無関係な事業所であり、労働者の被ばくなど考えたこともないところであり、原発事故で労働者の被ばくという問題に直面したものである。今後の大きな課題である。

2 被災地域での就労命令

被災地域での就労は放射線被ばくの危険に曝される。前述のとおり、被災地域での就労にあたり、その労働安全が確保されるべきところであるが、万全ではない。業務自体が放射線被ばくを前提とし、労働安全衛生法規による保護がある労働について、これに同意して労働する場合には、就労させる業務命令が

可能であろうが，業務自体に放射線被ばくの前提もなく，労働安全衛生法規による保護もない仕事に就労命令が発しうるというのは極めて疑問である。前述の厚生労働省の通知では，計画的避難区域での事業継続にあたり，「従業員に対し放射線に関する知識，当該事業者における放射線の状況，リスク情報など十分に提供した上で，従業員から当該事業所での勤務について同意を書面で得るものとする」と指導している。低線量の放射線被ばくの科学的検証もなく，法規による安全基準も確立していない現状のなかで，地域の存続の条件となる事業を存続させようという地域住民，労働者に困難な選択をさせなければならない局面である。

　前記通知は，「従業員の書面による同意」をもって就労の可否を決するという考え方をとった。そこで，この同意を拒否した場合，労働者に不利益処分がなされるか，が問題となる。

　放射線による健康被害が科学的に検証されず，安全基準もないというのであるから，これに同意するかどうかは，全く労働者の自由意思と思われる。もし同意すれば危険覚悟でその仕事に従事するのであるから，防護措置を求めるとともに，危険手当的な措置をとるなどそれにふさわしい条件下で仕事に従事することになるであろう。したがってこれに同意しない労働者には，不利益を課さない制度にするのが妥当であると思われる。しかし，それにもかかわらず，同意しないものに就労命令を出すとすると，全電通千代田丸事件・最三小判昭43・12・24の例が参考にされる。しかし，この事件では，危険業務に従事する労働者にとって当該危険が具体的で特別な危険か否かいう事実の評価が問題となったところがあり，放射性物質による被ばくを労働者自身も判断し得ないのに，その意に反して強制することとは事例を異にしているようである。就労するがどうかについて労働者の同意を得るという本件の場合には，同意しない労働者に就労命令をすることは出来ないというべきである。

3　就労不能損害の賠償

　原発事故に伴う損害については「原子力賠償の損害に関する法律」に基づき補償され，現在東京電力は，同法18条の原子力損害賠償紛争審査会の策定した

中間指針を踏まえ,「補償の具体的算定基準」を定めて補償事務を行っている。ここではその内容に入ることは出来ないが労働者の就労不能の損害は, 3月11日現在で避難等対象区域に住む者または勤務地・勤務予定地がある者のうち, 避難指示等により就労が困難となり, 失業又は減収となった給与所得者など請求出来るとし, 対象になる損害は, 減収額等や転居費用, 通勤費の増額分というものである。この紛争審査会での解決をまず進めているが, これから原賠法の適用と求める法的紛争は多く生じるものと思われる。

Ⅳ　ま　と　め

福島原発事故による大規模な放射線被ばく発生はわが国では初めての経験である。広島・長崎の原爆, そして福島原発事故による放射能被害, 私たちは人類史上例を見ない事態に直面している。あまりにも大きな事態に直面して整理できないままに論じ, 原発労働者の被ばく問題の持つ大きさにあらためて気付かされた。そしてこれまで広く論ずることのなかった問題は明るみに出てきている。私の報告は, 多くに先人の努力を整理する程度のものだが, この問題の深刻さを実感している。

国, 自治体, 事業者の情報管理, 情報開示責任については, 論ずる時間がなかったのであるが, 次のことを言いたい。すなわち, 福島の住民は, 放射能と日常的に直面した生活をしている。近所の役場に行くと野菜や米等日常食べる食料の放射能を測る器械があり, 住民は心配でここに来て測り,「安全」とみて食べる。学校の校庭の土を剝がし汚染が低下したとして子どもたちが遊ぶ。本当に大丈夫なのか, これから何十年もきちんと対応していけるのか, 責任を持ってその情報を一人一人の住民が知りうるような体制を作ろう。

（さとう　まさあき）

個 別 報 告

企業の再建と労働関係　　　　　　　　　　　　　　　　　　　池田　　悠
　　──再建型倒産手続における労働関係処理の日米比較を通じて──

最低賃金と法規制・労使自治・生活保障　　　　　　　　　　　神吉知郁子
　　──日英仏の最低賃金規制の比較法的検討──

フランス労働医が有する就労可能性判定機能の史的形成と現代的展開　　鈴木　俊晴

ストレス関連疾患の労災認定　　　　　　　　　　　　　　　　田中　建一
　　──厚生労働省労働基準局「精神障害の認定基準」を踏まえて──

イギリス労働法における労務提供契約の成立の二重構造　　　　新屋敷恵美子

企業の再建と労働関係
—— 再建型倒産手続における労働関係処理の日米比較を通じて ——

池 田　　悠

（北海道大学）

I　問題の所在

1　再建型倒産手続における労働者

　近年，日本の倒産法制においては，10年にも満たない僅かな期間に，制定以来の抜本的法改正が立て続けに行われた。なかでも，和議法に代わる1999年（平成11年）の民事再生法制定，2002年（平成14年）の会社更生法改正を通じた「再建型倒産手続」の整備によって，「清算」を中心とした従来の倒産法秩序から，「再建」を清算と並ぶ二本柱とする新たな倒産法秩序への転換が顕著に方向づけられている。

　この再建型倒産手続においては，債務者の解体・清算を目的とした清算型倒産手続とは異なり，債務者事業の再建を目指す倒産処理手続としての性質上，倒産処理の過程でなお事業が本格的に継続される。そこで，実際の事業活動に従事する労働者の取扱いは，再建型倒産手続の手続過程における極めて重要な一局面を構成し，その意味で労働者は単なる一債権者集団にとどまらない特別な法的地位に立つ。もちろん，使用者の指揮命令下で労務を提供していたに過ぎない労働者が，使用者の倒産について法的な責任を問われるいわれはないので，倒産手続に伴う経済的な打撃から労働者は保護される必要がある。そして，再建目的の達成に向けて必要不可欠な「労働者の協力」を獲得する手段としても，労働者の保護は有用と言える。

　しかしながら，再建型倒産手続における労働者は，単に事業継続のために不可欠な存在という一面だけではなく，経済状況の悪化した使用者において，事

個別報告①

業継続そのものを妨げ得る主要なコスト要因としての一面を，多くの場合に併せ有しているため，再建型倒産手続における労働者保護には自ずと限界があることもまた明らかである。特に，再建型倒産手続においては，事業継続を目的にした労働関係の処遇という場面で，解雇や労働条件変更によって労働者保護の限界が顕著に現れざるを得ない。

このように，倒産処理手続でありながらなお本格的に事業が継続されることで，一面では労働者保護を必要としながら，他面で労働者保護の限界が顕著に現れざるを得ない再建型倒産手続においては，労働法の適用に当たって特別な考慮を要するかが問題になる。

2　日本法の状況

この点，日本では，そもそも再建型倒産手続を労働者にとって一個の独立した利益状況として捉える発想がほとんど存在しないものの，一連の倒産法改正に伴う見直しも含めて，再建型倒産手続における労働者の存在が，これまで全く無視されていたというわけではない。たとえば，一連の倒産法改正の結果，再建型倒産手続の手続過程においては，労働者代表からの意見聴取をはじめとした手続的な関与が，倒産手続を管轄する裁判所との関係で随所に規定されるに至った。[1]しかし，たとえ労働者代表が裁判所との関係で手続的に関与したとしても，その結果を労働者と使用者との間で展開される労働関係に反映させるような制度的担保は存在しない。そのため，労働者代表の手続的な関与は，倒産手続を管轄する裁判所の指揮権発動に当たって影響をもたらす可能性はあるものの，労働関係の展開に直接の影響をもたらすような仕組みとは言えない。また，再建型倒産手続においては，しばしば「労働者の協力」を得るという観点から，清算型倒産手続よりも広範な労働債権について倒産手続下での分配上の優先権が規定されている。[2]しかし，倒産手続下での債権の優先権は，労働者

---

[1]　新谷眞人「倒産法制における労働者代表関与の意義と課題」日本労働法学会誌113号（2009年）62頁以下。

[2]　菅野和夫『労働法〔第9版〕』（弘文堂，2010年）265頁以下，荒木尚志『労働法』（有斐閣，2009年）132頁。

と使用者との関係において意味を有するものではなく，労働者と他の債権者との関係で分配上問題となるに過ぎない。そのため，労働者の債権が優先して弁済されることによって労働者の辞職を回避できる可能性はあるものの，やはり労働関係の帰趨に直接的な影響を及ぼすものではない。

そして，日本の再建型倒産手続において，倒産手続開始時点で存在する労働関係は，管財人や再生債務者をも拘束するものと一般に理解されているため，管財人や再生債務者が，従前の労働関係の拘束を免れるには，倒産法または労働法において定められた規律に従う必要がある。しかし，再建型倒産手続における労働関係をめぐっては，労働協約のような明示的な規定（民事再生法49条3項，会社更生法61条3項）が存在しない場合も含めて，倒産手続外と同じ労働法上の規律に従って専ら処遇されるものと解されている[3]。結果として，再建型倒産手続に入ったことは，使用者の経済状況の変動に合わせて労働関係を規律する，整理解雇法理や就業規則法理といった労働法規範の適用に当たって，解雇や就業規則変更の有効性を基礎づける重要な事実として考慮されるに過ぎない。言うなれば，再建型倒産手続に入ったという事実は，労働者側の利益状況を変動させるものではなく，使用者の経済状況を基礎づける一事情としてのみ考慮されている。

このように，日本では，労働関係をめぐる規律だけを取り出す場合，再建型倒産手続は法的な倒産処理手続としてよりも，あくまで事業継続の一形態として，その延長線上に位置づけられていると言える。そこで，本稿においては，このような日本の状況を念頭に置きながら，再建型倒産手続の最先進国であり，日本の倒産法制において戦後一貫して母法国とされてきたアメリカ法の状況を参照することで，労働法規範の適用に当たって，再建型倒産手続という独特の法的状況がいかにして読み込まれるのか把握することを試みる。

---

3) 池田悠「再建型倒産手続における労働法規範の適用(1)」法学協会雑誌128巻3号（2011年）612頁以下。

個別報告①

Ⅱ　アメリカ法

1　連邦倒産法第11章（チャプター・イレブン）

　アメリカの倒産手続は，合衆国憲法上，倒産手続に関する排他的な立法権限が合衆国政府に認められていることを受けて制定された連邦倒産法（Bankruptcy Code[4]）が，州法の介入を排除して一般的に適用される。連邦倒産法は，第1章から第5章までが他の章に特段の定めのない限りあらゆる倒産手続に対して適用される総則規定であり，清算型倒産手続は第7章に，再建型倒産手続のうち法人・個人を問わない最も一般的な手続は第11章（11 U.S.C. §1101 et seq.）に規定されている。したがって，以下では，連邦倒産法第11章，いわゆるチャプター・イレブンを念頭に置いて考察を加える。

2　排他的交渉代表が存在しない場合

　他方，アメリカでは，排他的交渉代表の有無によって適用される労働法規範が大きく異なる。まず，排他的交渉代表たる労働組合が存在しない場合には，いわゆる随意的雇用（employment at will）原則の下，専ら労働市場における「採用と解雇（辞職）」のプロセスを通じて労働力が調整されることを前提に，労働法規範は市場を適正化させるために差別を禁止し，あるいは最低労働条件を規制するにとどまる[5]。そのため，倒産手続下での取扱いが問題になるのは，労働契約の締結に当たって，使用者との個別交渉を通じ，自らに有利な労働条件を獲得し，保持することができるという意味で，労働市場における交渉力のある労働者のみとなる。そして，連邦倒産法も労働市場における交渉力のある労働者を念頭に置いた規律のみを設けている。

　具体的には，労働市場における交渉力のある労働者は，使用者との交渉を通じて自らに有利な労働条件を獲得できるが，たとえ苦労して有利な労働条件を

---

[4] 11 U.S.C. §101 et seq.
[5] 池田悠「再建型倒産手続における労働法規範の適用(2)」法学協会雑誌128巻8号（2011年）2043頁以下。

獲得しても随意的雇用原則の下でいつでも解雇され得る状況では，獲得した労働条件も画餅に帰する可能性が残る。そこで，随意的雇用原則の下では，自らに有利な労働条件を獲得できる交渉力のある労働者が，随意的雇用原則の帰結を回避して有利な労働条件を継続的に保持するため，有期労働契約を締結して，一定期間内における使用者の解雇権行使を封じる必要がある。そして，仮に有期労働契約が正当な理由もなく中途解約された場合，労働者は契約の残存期間について賃金相当額の損害賠償を請求することができるものとされているところ，[6] 使用者の経済状況の悪化や倒産手続の開始がそれ自体として有期労働契約を中途解約する正当な理由になるものとは解されていない。

そこで，このような経緯から，労働市場における交渉力のある労働者との間で締結されることが想定される有期労働契約について，連邦倒産法は，期間途中での中途解約を容易にするために，労働契約の終了に伴う損害賠償請求権の範囲を1年分の賃金相当額までに制限している（502条(b)(7)）。もっとも，同条は，あくまで労働市場における交渉力のある労働者への対応を念頭に置いていることから，[7] 労働市場における交渉力を発揮した成果である，労働条件を保持するための期間設定とは言いがたい期間1年未満の短期の労働契約である限り，そもそも適用対象となる余地がない。また，労働契約の終了に伴う損害賠償請求権とは性質づけられない解雇手当や労災補償請求権も，やはり同条の適用対象外となる。そして，未払い賃金や未払いの付加給付については，無限定の届出が認められると同時に，一定範囲で倒産手続における分配上の優先権も付与され（507条(a)(4)，同条(a)(5)），再建に向けてとりわけ重要になる倒産手続開始後の賃金に対しては，最上級の優先権が保障されている（503条(b)(1)）。

こうして，連邦倒産法では，使用者との個別の交渉によって自らに有利な労働条件を獲得できるという意味で，労働市場における交渉力のある労働者のみが対象となる規律を置いて，倒産手続下での労働力調整を容易化している。他

---

6) Mark A. Rothstein *et al.*, Employment Law 893 (4th ed. 2009).
7) 裁判例としては，In re Prospect Hill Resources, Inc., 837 F. 2d 453, 455 (11th Cir. 1988), 学説としては，DANIEL R. COWANS *et al.*, 3 Bankruptcy law and practice §12. 16 (7th ed. 1998) 参照。

方で，使用者との個別の交渉によっては自らに有利な労働条件を獲得できないという意味で，労働市場における交渉力のない労働者に対しては，倒産手続外と同様に，随意的雇用原則の帰結として常に解雇の危機に晒されている以上に，使用者の経済的リスクを倒産手続によって追加的に負担しないよう配慮されていると言える。

3　排他的交渉代表が存在する場合

このような，個人として労働市場における交渉力がある労働者に対し，アメリカにおいていわば第二類型の交渉力のある労働者として位置づけられるのは，排他的交渉代表たる労働組合を通じて組織化した組合労働者である。というのも，アメリカで，個人として交渉力のない労働者が，使用者との交渉において自らに有利な労働条件を獲得できるような労働市場における交渉力を獲得するための唯一の方法は，団結することによって自らの労働力を集団的に取引することとされているからである。この点，アメリカの集団的労働法規範は，沿革的な理由から，州際通商（interstate commerce）に携わる使用者一般に適用される1935年制定の全国労働関係法（National Labor Relations Act: NLRA）[8]と，鉄道会社および航空会社のみに適用される1926年制定の鉄道労働法（Railway Labor Act: RLA）[9]に分かれている。そして，NLRAとRLAでは，具体的な団体交渉をめぐる規律において少なからぬ相違も見られるものの，いずれにおいても多数決原理に基づく排他的交渉代表制を採用し，団体交渉を義務化することによって，労働者の団結する権利を保障するとともに，積極的な集団的労使関係の形成を図っている。[10]

そして，NLRAやRLAによって認められた，労働者の団結する権利や集団的労使関係の形成促進を図る法的枠組みは，NLRAやRLAの適用対象である使用者の定義に倒産手続下での管財人（trustee）が含められているため，倒産手続に入っても引き続き適用されることが明示されている（NLRA 2条(1)，

---

8)　29 U.S.C. §151 *et seq*.
9)　45 U.S.C. §151 *et seq*.
10)　池田・前掲注5）論文2044頁以下。

RLA 1条(1))。また，連邦倒産法では，債務者に対する個別の権利行使を，訴訟手続に限らず行政手続も含めて自動的かつ包括的に禁止することで倒産裁判所の排他的管轄権を確保しているところ（362条(a)），NLRA を履行確保するための行政機関である NLRB（National Labor Relations Board）については，例外的に，独自の活動可能性が倒産手続下でも原則として認められている（362条(b)(4)）[11]。そして，労働力を集団的に取引するに当たって究極的な交渉手段となる経済的実力の行使について，ノリス＝ラガーディア法（29 U.S.C. §101 et seq.）に基づく厳格なインジャンクション（差止命令）規制は，倒産手続下でもなお維持されると解されている[12]。こうして見ると，個人では自らに有利な労働条件を獲得できないという意味で，労働市場における交渉力のない労働者が，労働市場において交渉力を獲得するための唯一の手段である団結する権利は，倒産手続下でもなお保障されているものと言える。

4 労働協約の特殊性

(1) 問題状況

一方，排他的交渉代表たる労働組合と使用者との団体交渉の結果として労働協約が成立した場合には，当該協約の適用を受ける範囲の労働者の労働条件は，当該協約によって排他的に規律される[13]。ここで，排他的に規律される労働条件には，賃金・付加給付や労働時間など狭い意味での労働条件のほか，レイオフに際しての人選基準となる先任権や，解雇に対する正当事由の要求など，労働者に対する一切の権利保障が広い意味での労働条件として含まれる。

このように，労働協約は，制定法上の権利保障に乏しいアメリカにおいて，労働者の実体的な権利を保障するための重要な規範として機能する。そして，労働協約によって設定された労働条件は，たとえ当該協約の失効後であっても，NLRA または RLA 所定の手続を遵守しなければ一方的に変更することを許されない。また，協約有効期間中の労働条件をめぐる紛争は，仲裁手続を通じた

---

11) 3 Collier on Bankruptcy P 362.03[5][b][i] (16th ed.).
12) 池田・前掲注5）論文2102頁。
13) 中窪裕也『アメリカ労働法〔第2版〕』（弘文堂, 2010年）38頁。

解決が一般化している[14]。こうして，労働協約は，労働者にとって実体的に重要な権利を規定している上に，その成立・終了に関する手続的な法規制や紛争解決手続によって包括的な自治規範として機能するため，再建型倒産手続において労働協約をどのように取り扱うかが問題となる。

ここで，特に問題となるのは，連邦倒産法上の未履行契約について[15]，裁判所の許可を得て引受けまたは履行拒絶する選択権を債務者に付与している連邦倒産法365条との関係である。仮に，同条に従って未履行契約が履行拒絶された場合には，相手方はもはや当該契約に従って債務の履行を求めることができず，ただ債務不履行に伴う損害賠償請求権を行使し得るにとどまる。その上，365条によって未履行契約が履行拒絶された場合には，倒産手続開始の直前に遡及して当該契約の債務不履行を構成するものと規定されているため，債務不履行に伴う損害賠償請求権は，倒産手続下での分配上の優先権が低い倒産手続開始前に発生した債権として処遇されることになる。そして，365条に基づく裁判所の許可に当たっては，経営判断原則（business judgment rule）に従って，債務者の選択判断が基本的に尊重されるものと一般に理解されている。

こうして，倒産手続に入った債務者が未履行契約から離脱することを容易にしている365条は，清算型・再建型倒産手続の別を問わずに適用される連邦倒産法の総則規定であり，清算の場合には，迅速かつ円滑な債務者の解体清算を可能とするために，また，再建の場合には，収支のバランスを見直して再建を成功させるために，それぞれ必要不可欠な規律である。そのため，比較法的にも，主要国の倒産法制には必ずと言って良いほど365条と同様な規定が挿入されている[16]。この点，労働協約も，労使双方に遵守すべき債務が残存している以上，未履行契約に関する従来の一般的な解釈に従えば，連邦倒産法上の未履行契約に該当することは学説および裁判例を通じてほとんど争いがない[17]。

---

14) 中窪・前掲注13）書131頁以下。
15) 「一方の義務の履行違反が，他方の履行を免除する重大な違反を構成する程度に，破産者および他方契約当事者双方の義務が，履行されていない状態にある契約」（Vern Countryman, *Executory Contracts in Bankruptcy: Part I*, 57 MINN. L. REV. 439, 460 (1973)）として一般に理解されている。
16) たとえば，日本の場合，破産法53条，民事再生法49条，会社更生法61条が該当する。

しかし，365条が労働協約に対しても適用される場合，労働協約の実体的な重要性や改定・終了をめぐる手続的な特殊性との関係において問題を生じないか考える必要がある。まず，実体的な側面で生じ得る問題は，労働協約が，それ自体としては労働市場における交渉力のある労働組合を通して締結されたものとはいえ，その適用を受けるのは交渉力のない労働者個人だという点にある。特に，制定法上の権利保障に乏しいアメリカにおいて，労働協約には先任権や社会保険，解雇制限など，金銭によっては換価しがたい労働者にとって重要な権利が多数規定されている。ところが，労働契約上の労働条件を規定していた労働協約という一種の「衣」を剥がされても，その「中身」である労働契約が労働協約と連動して直ちに終了するものではない。そこで，労働協約の実体的な意味での重要性から，一般の取引契約と同様に，経営判断を尊重する緩やかな履行拒絶許可基準に従って取り扱って良いか問題を生じることになる。そして，手続的な側面で生じ得る問題は，労働協約の改定・終了に対してNLRAまたはRLAで定められた特別の手続的規制との関係である。

この点，倒産手続下で労働協約の履行拒絶許可が申し立てられる最大の動機は，通常，協約上の労働条件変更によって労務コストを削減するところにある。そこで，鉄道会社に対しては，労働協約の履行拒絶に伴うRLA上の手続的規制との抵触を回避するため，連邦倒産法は，旧法時代から一貫して，RLA上の労働条件変更手続の優先的な適用を認める特則を設けている（1167条，旧77条(n)）。もっとも，同条をめぐっては，鉄道会社のほかに，同じRLAが適用される航空会社に対しても適用されるかが問題とされていたが，現在では不適用が明確化されたものとして理解されている[18]。そのため，連邦倒産法365条の適用問題は，NLRAが適用される使用者のほかに，団体交渉をめぐる規律の異なるRLAが適用される航空会社においても生じることになった。

---

17) 池田悠「再建型倒産手続における労働法規範の適用(3)」法学協会雑誌128巻9号（2011年）2236頁以下。
18) Athanassios Papaioannou, *The Duty to Bargain and Rejection of Collective Agreements Under Section 1113 by a Bankrupt Airline: Trying to Reconcile R. L. A. with Bankruptcy Code*, 18 TRANSP. L. J. 219, 224（1990）.

個別報告①

(2) Bildisco事件連邦最高裁判決

ところが，労働協約に対する連邦倒産法365条の適用について，1970年代前半まではそもそも事例が少なく，他の未履行契約と異なる取扱いも裁判例では認められていなかった。[19]これに対し，1970年代中盤に履行拒絶事例が増加すると，労働協約の特殊性に配慮を示す裁判例が現れる。そして，控訴裁判所レベルでは，実体的な問題として履行拒絶許可基準の厳格さ，手続的な問題として倒産手続開始と同時に債務者が従前の使用者と異なる新人格を構成するため労働協約に拘束されないという新人格理論の是非をめぐって，控訴裁判所間に激しい対立が生じるに至った。[20]

そこで，連邦最高裁としての判断が初めて示されたのが，NLRAの適用対象である使用者の下で，裁判所の許可を受けた労働協約の履行拒絶に先駆けて，倒産手続下でなされた一方的な労働協約上の労働条件変更の可否と，労働協約の履行拒絶許可基準という2点がともに争われていた，Bildisco事件における1984年2月の連邦最高裁判決である。[21]同判決は，労働協約の履行拒絶許可基準について，エクイティのバランシングによって必要性を判断し，一般的な経営判断原則よりも厳格ではあるものの清算回避の不可欠性までは求めないという中間的な基準を支持し，また，労働協約の手続的な特殊性に関しても，倒産手続開始後の労働協約はエンフォース不可能な協約であるとして，新人格理論とは異なる理論構成によって結果的に倒産手続開始後の労働協約の拘束力を否定した。[22]こうして，労働協約の実体的な重要性や手続的な特殊性にほとんど何らの配慮も示さなかった連邦最高裁の判断に危機感を覚えた労働側が，折しも審議中であった連邦倒産法改正案に労働条項を加えるようロビーイングを行い，そのまま1984年の議会で辛うじて可決成立されたのが，連邦倒産法1113条（11 U.S.C. §1113）である。

---

19) Martha S. West, *Life After Bildisco: Section 1113 and the Duty to Bargain in Good Faith.*, 47 OHIO ST. L. J. 65, 82 (1986).
20) 池田・前掲注17)論文2239頁以下。
21) NLRB v. Bildisco & Bildisco, 465 U.S. 513, 104 S. Ct. 1188, 79 L. Ed. 2d 482 (1984).
22) 池田・前掲注17)論文2253頁以下。

5 連邦倒産法1113条

(1) 履行拒絶の許可要件

この1113条の下では、同条の定める実体的・手続的要件を満たすことで初めて労働協約の履行拒絶が可能とされている（1113条(a)）。そして、裁判所による履行拒絶許可申立ての審理に厳格な時間的制限を課しつつ（同条(d)(1)、同条(d)(2)）、履行拒絶許可前の労働協約の一方的な変更を明示的に禁止している（同条(f)）。一方、正式の履行拒絶許可手続に耐えられないほどに切迫した経済状況にある債務者に対しては、厳格な実体的要件に基づく暫定的救済が認められている（同条(e)）。

1113条が定める履行拒絶許可要件は、（イ）1113条(b)所定の実体的・手続的要件を満たした事前の改定提案（同条(c)(1)）、（ロ）組合の正当理由のない改定提案拒否（同条(c)(2)）、（ハ）エクイティのバランスの支持（同条(c)(3)）の3要件である。そして、多くの裁判例は、1113条の制定当初に法律上の要件を敷衍したAmerican Provision判決[23]の9要件基準を採用している。すなわち、①債務者は組合に対して労働協約の改定提案をしなければならない、②改定提案は提案時において利用可能な最も具体的でかつ信頼できる情報に基づかなければならない、③改定提案は債務者の再建を可能とするために必要でなければならない、④改定提案は全債権者、債務者および全関係当事者を公正かつ衡平に取り扱うことを保障したものでなければならない、⑤債務者は組合に対して提案を評価するために必要な関連情報を提供しなければならない、⑥改定提案後、労働協約の履行拒絶許可に関する聴聞までの間に、債務者は組合と合理的な回数面会しなければならない、⑦面会時に、債務者は相互に満足のいく労働協約の改定に向けて誠実に協議しなければならない、⑧組合は正当な理由なく改定提案を拒否してはならない、⑨エクイティのバランスが労働協約の履行拒絶を明白に支持しなければならないとされている。

その上で、1113条の制定から四半世紀以上が経過した現段階における裁判所の解釈の到達点を整理すると、大きく以下の2点に集約される[24]。第一に、⑧お

---

23) In re American Provision Co., 44 B.R. 907 (Bankr. D. Minn. 1984).

個別報告①

よび⑨の要件は，それぞれ法律上の2要件である（ロ）および（ハ）に対応するものではあるものの，ほとんど（イ）の1要件を敷衍した①ないし⑦の改定提案をめぐる実体的・手続的要件の成否に解消されて解釈されている。そして，第二に，①ないし⑦の改定提案をめぐる実体的・手続的要件に関しては，③の改定提案の「必要性」要件をめぐって控訴裁判所の解釈が対立しているものの，いずれにしても実体的な側面が非常に重視されている点に顕著な特徴が見られる。

すなわち，第一の立場として，第3巡回区控訴裁判所は，短期的な清算回避のための必要最小限だけの改定を提案できるとして，③の「必要性」要件を厳格に解釈しつつ，改定提案として裁判所の聴聞開始前の最終提案まで考慮することで，⑥と⑦による聴聞開始前の誠実協議義務の履行を通じて，必要最小限まで譲歩することを債務者に対して予め義務づけるに等しい解釈を展開している。これに対し，第二の立場として，第2・第10巡回区控訴裁判所は，③の「必要性」要件を必要最小限としてしまうと，⑥と⑦で要求された交渉要件が無意味になってしまうという懸念から，「必要性」要件を長期的な再建可能性として緩やかに肯定する。しかし，⑥と⑦の誠実協議義務という一見すると手続的な要件の解釈として，改定提案における実体的な譲歩の有無を重視した解釈が展開されているため，実体的な譲歩の存在を以って誠実に協議が行われたものと推認している事例が非常に多い。したがって，1113条の解釈においては，誠実協議義務のような手続的に見える要件も含めて，実体的な側面が非常に重視されて解釈されていると言える。

このように，1113条は，倒産手続における労働協約の処理について，事前の改定提案を要求した上で誠実に協議すべき義務を課すなど，一見すると協約当事者間での任意の交渉による解決を重視するような体裁を採りながら，実態としては裁判所の積極的な介入を背景に，③の「必要性」要件に加え，④の「公正かつ衡平」要件によって，実体的な「合理性」を担保された改定提案で交渉を妥結するよう協約当事者が強力に誘導されている[25]。ここでは，使用者に対し

---

24) 池田悠「再建型倒産手続における労働法規範の適用(4)」法学協会雑誌128巻10号（2011年）2558頁以下。

て労働協約の履行拒絶許可を得るために合理的な改定提案を作成するインセンティブを与え、組合に対しては労働協約が履行拒絶されるというリスクを示すことで合理的な改定提案によって妥結するインセンティブを与えているものと理解することができる。

(2) 履行拒絶の効果

このように、1113条は、協約当事者間の改定合意を誘導するインセンティブとしては優れていると思われるが、結果として合意が成立しなかった場合の処理を全く規定していない。そのため、1113条の要件を満たしたものとして履行拒絶が許可された場合の処理がとりわけ問題とされている。[26] ここで、具体的に問題となるのは、（α）1113条の排他的な体裁に拘らず、一般規定である365条に基づいて履行拒絶に伴う損害賠償請求権が発生するか、（β）履行拒絶の最大の目的であるところの、履行拒絶に合わせた労働条件変更の可否、（γ）履行拒絶後に労働組合からなされる争議行為の可否である。しかし、これまでの裁判例は、前提となる労働法の理解不足もあってか、当該事件の解決に必要な限りで場当たり的な判断を示すにとどまり、必ずしも厳密に1113条の効果を検討してこなかった。

しかし、RLA が適用される航空会社の下で、履行拒絶許可後のストライキに対するインジャンクションの可否が争われた Northwest Airlines 事件における、2007年の第2巡回区控訴裁判所判決が、[27] 1113条の効果について、労働法の的確な理解をも前提にした理論的な判断を示したことで、注目を集めている。

まず、Northwest Airlines 判決は、出発点として、連邦倒産法1113条(f)が履行拒絶許可前の労働協約の一方的変更を禁止していることが、前述した365条において履行拒絶の効果として定められている遡及効と不整合であると捉えている。そこで、1113条の履行拒絶は、365条に従って一般的な未履行契約を履行拒絶した場合のように、当該契約の債務不履行を構成するにとどまらず、

---

25) 池田悠「再建型倒産手続における労働法規範の適用（5・完）」法学協会雑誌128巻11号（2011年）2848頁。
26) 7 Collier on Bankruptcy P 1113.06 (16th ed.).
27) Northwest Airlines Corp. v. Ass'n of Flight Attendants-CWA (In re Northwest Airlines Corp.), 483 F. 3d 160 (2d Cir. 2007).

個別報告①

協約自体を履行拒絶時点で端的に破棄してしまう効果があるものと考える。そして，1113条では協約自体が破棄されてしまう以上，一般的な未履行契約のように債務不履行に陥ることもないとして，($α$) 損害賠償請求権の発生を否定している。さらに，($β$) 労働条件変更については，直接の争点となっていないことを前提としながらも，1113条自体には，裁判所が労働条件変更を許可する権限を基礎づけるような何らの根拠も存在しないことを明示的に指摘している。その上で，1113条に基づく履行拒絶の効果として労働協約自体が破棄されることから，履行拒絶後は，単に労働協約が期間満了等によって失効した状態ではなく，そもそも労働協約の存在しなかった状態にまで回帰するものと解している。そのため，RLAが適用される使用者の下では，使用者の一方的な労働条件変更に制限をかける status quo（現状）維持義務のかからない初回の労働協約締結に向けた団体交渉手続と同様の状態にまで回帰すると理解することで，本件では，使用者による一方的な労働条件変更を許容するRLA上の一般的な規律を根拠にして，当該事件における裁判所の労働条件変更許可権限を基礎づけている。その結果，($γ$) 争議行為の可否について，当該事件では，使用者が行った一方的な労働条件変更もRLA違反とならない以上，組合のストライキもRLA違反に対抗するためのストライキとは言えないため，合理的努力を尽くすまでは，ノリス＝ラガーディア法に基づくインジャンクション規制にかかわらず，なお裁判所による制限の対象に含まれると判示した。

こうして，Northwest Airlines 判決の登場によって，これまで必ずしも理論的に精緻化されてこなかった1113条の効果をめぐる解釈が，新たなステージに上がったと言っても過言ではない。もっとも，理論的には非常に精緻な同判決も，同じ連邦倒産法上の履行拒絶について，1113条に基づく場合にだけ365条に基づく場合と全く異なる効果を生じるという解釈や，排他的交渉代表の存在だけでは使用者の一方的な労働条件変更の禁止を要請されないRLAが適用される航空会社の労働関係に対してだけ，劇的な効果をもたらす帰結を招く点の是非をめぐって，他の裁判例や学説の反応が待たれる状況にある。

(3) 連邦倒産法1113条の位置づけ

以上のとおり，労働協約に関しては，倒産手続下での取扱いに特則である

1113条が設けられている。しかし，改定提案の合理性など，実体的な要件の充足を中心的要件として求める1113条は，労使双方に手続的な義務のみを課し，合意の成立や合意内容に一切関知しない立場を採る，倒産手続外の集団的労働法規範とは明らかに一線を画している。また，旧連邦倒産法における裁判所の関与が過大であるという反省から，再建に関係する利害関係人間の任意の調整を重視するという現行連邦倒産法の基本的発想から見ても，合理的な改定提案であるか否かの評価を介して裁判所が労使当事者間の交渉に介入し，合意を誘導する仕組みを採る1113条は，やはり一線を画している感が否めない。

この点，1113条は，債務者事業の再建を促進するという政策的な目標達成を促進するため，再建目的の達成に当たって有害な労使間での紛争が発生する可能性を予め極小化しつつ，再建に必要となる労務コストの削減をも可能とする法的枠組みとして理解できる。すなわち，単純な履行拒絶によっては再建目的が却って害されかねない労働協約について，再建目的に特化した規律を設けたものとして評価できるのである。こうして見ると，連邦倒産法1113条は，労働者保護目的ではなく，再建目的に特化した規律として位置づけられる[28]。

6　小　括

このように，アメリカでは，随意的雇用原則の下で，専ら「採用と解雇」のプロセスを通じて労働力が調整される市場原理に忠実な労働関係が展開することを前提に，倒産手続下での労働者の取扱いについて，労働市場における交渉力の有無を指標として労働者を峻別しつつ，交渉力のある場合にだけ再建目的に特化して市場原理を修正することで，労働者保護の要請と再建目的との間に生じ得る緊張関係を調整している立法例として位置づけられる。もっとも，市場原理の修正を再建目的達成との関係で最小限にとどめる余り，労働協約の改定で当事者が合意できなかった場合の処理をめぐっては，なお解釈レベルでの試行錯誤が続けられていると言える。

---

28)　池田・前掲注25)論文2851頁以下。

個別報告①

Ⅲ　労働者保護と再建目的との調整

　このように，アメリカの再建型倒産手続では，使用者との交渉において自らに有利な労働条件を獲得できるか否かという意味で，労働市場における交渉力の有無を指標に，個人として交渉力のある労働者，あるいは労働組合を通じて組織化したことで交渉力を獲得した労働者に対しては，再建目的の促進に特化した規律が設けられている。これは，再建型倒産手続において再建目的と労働者保護との間に生じる緊張関係を正面から認め，労働市場における交渉力を指標にして両者の調整を図る法的枠組みと言える。これに対し，日本の再建型倒産手続で，再建目的の達成に必要な労務コストの削減は，倒産手続外から存在する労働法上の規律に従ってのみ実現可能なものとされ，倒産法上の規律の適用によって労働関係の展開には直接的な影響を生じないように，立法および解釈が展開されている。このように，アメリカでは，再建が失敗に終わって清算に至った場合に全ての雇用が失われる可能性を見越した上で，清算と再建との対比において，再建型倒産手続に特有な労働者の利益状況から，再建目的に特化した規律が設けられているのに対し，日本では，清算と再建との対比ではなく，事業継続と事業廃止との対比においてのみ労働者の利益状況を捉え，再建型倒産手続もあくまで事業継続の一形態としてしか捉えられていない。

　もっとも，随意的雇用原則の下，自らに有利な労働条件の獲得を専ら労働市場における使用者との任意の交渉に委ねるという，市場原理に忠実な労働法規範が展開しているアメリカでは，労働者が労働市場における交渉力を使用者との交渉で発揮した結果として獲得された有利な労働条件を享受する法的地位は，倒産手続外にある限り全面的に保障され，修正の余地がない。したがって，他の債権者との関係でも，また，交渉力のない大多数の労働者との関係でも，清算回避に伴う負担の分配という観点からは，倒産手続下で市場原理に基づく帰結を修正する必要に迫られると言える。これに対し，日本では，判例法理を通じて，一般的な解雇制限を設けながら，就業規則を介して合意原則を超越した画一的な労働条件変更が認められている上に，一見すると市場原理に忠実な集

団的労働関係においても、独特の協調的な労使関係によって、必ずしも市場原理は貫徹されない。そして、一般的な解雇制限が設けられたことで、有期労働契約は一定期間以上の雇用を保障されない契約としての性質を強め、個別的な交渉によって自己に有利な労働条件を獲得することも一般的とは言えない。そのため、あえて倒産手続下でその規律を変更しないでも、再建のために必要な労務コストの削減を、労働者全体で分担して実現できる可能性は高いと言える。その意味では、アメリカと日本の典型的な労働関係を想定する限り、日本の再建型倒産手続において、再建目的と労働者の取扱いとがほとんど関係づけられていない現状も、あながち不合理なものとは言えない。

しかしながら、日本のように、清算と再建との対比における労働者の利益状況を観念しない場合、再建型倒産手続は、アメリカのような債務者（使用者）の再建に利害を有する利害関係人全ての利益を調整するための枠組みではなく、労働者を除く利害関係人の利益のみを調整するための枠組みとしてしか機能しない。そして、本来ならば債権者以上に再建型倒産手続の帰趨に利害を有するはずの労働者は、清算と再建との対比に基づいて設計された再建型倒産手続に固有の利害調整の枠組みから外れ、倒産手続外と同じ使用者との二者関係の下に留め置かれる。

そうすると、日本の再建型倒産手続において、労働者は、使用者との二者関係を念頭に設計された労働法上の原則に従ってのみ、債務者の清算を回避して再建するために必要とされる負担を引き受けることになる。さらに、労働者を除く利害関係人で利益を調整した結果が最終的な再建計画として策定され、当該再建計画が労働者の利益にかかわる場合も、形式的には、あらためて労働法上の原則に従い、使用者と労働者の二者関係を規律する枠組みに置き換えて実現が図られるほかない。ここでは、労働者を除く他の利害関係人全ての利益が使用者の利益と読み替えて考慮されることで、適用に無理が生じる可能性も高いと言える。その結果、労働者にとっても、他の利害関係人にとっても、公平感を損なう不透明な負担の分配となる可能性は否めない。[29]

---

29) 池田・前掲注25)論文2927頁以下。

個別報告①

Ⅳ 総　　括

　清算型倒産手続と対比した場合，再建型倒産手続は労働者一般にとっても有利であることは疑う余地がない。しかし，日本の現行制度において，再建計画の承認権限という形で最終的な倒産手続の帰趨を決定する権限を留保されているのは，労働者・裁判所・管財人や再生債務者のいずれでもなく，あくまで債権者である。そのため，使用者の経済状況悪化について労働者が法的な責任を問われるいわれはないとしても，労働者も使用者の清算回避によって利益を受ける以上，労働者が清算回避のために必要な負担も応分に引き受けなければ，債権者の理解が得られず再建目的の達成は困難と言える。そこで，事業継続に必要な収支のバランスを回復しながら再建計画を第一次的に作成する権限を有する管財人や再生債務者は，倒産手続外とは異なり，今や同じパイを奪い合う関係になった労働者と債権者をいずれもにらみながら，再建に取り組む必要がある。

　この点，同様に最終的な倒産手続の帰趨を決定する権限が債権者に留保されているアメリカでは，清算と再建を対比し，清算回避の負担を債権者と同様に労働者，特に労働市場における交渉力のある労働者に対しても分配するための法的枠組みが設けられている。もちろん，想定される労働関係が大きく異なる以上，アメリカの状況が直ちに日本の参考になるものではない。ただ，清算を回避して再建を図る喫緊の必要に迫られた再建型倒産手続に固有の利益状況を想定するに当たって，労働者をも例外視せず，清算回避の利益と負担の配分過程に取り込もうとすることで，再建の促進を試みるアメリカ法の姿勢は，日本にも参考になるところがあるように思われる。

　［付記］　本稿は，日本学術振興会科学研究費助成事業（学術研究助成基金助成金）・若手研究(B)「再建型倒産手続における労働法規範の構造」（課題番号23730051）による成果の一部である。

（いけだ　ひさし）

最低賃金と法規制・労使自治・生活保障
——日英仏の最低賃金規制の比較法的検討——

神 吉 知 郁 子
(ブリティッシュコロンビア大学客員研究員)

I は じ め に

　近年，労働者の「セーフティネット」としての最低賃金の側面に，関心が集まっている[1]。もっとも，最低賃金制度は，本来は労働契約において当事者が決定すべき賃金という重要な要素について，国家が直接に介入するものである。そこで法的には，法定最低賃金制度を設けるべきか否かという，法規制をすること自体の正当化根拠が必要となる。そして，最低賃金制度の正当化根拠は，最低賃金に期待される役割を示すものでもある。

　世界各国の最低賃金の歴史をふりかえると，これまでは主として2種類の正当化根拠が用いられてきた。1つめは，最低賃金の額自体ではなく，「労使自治」が適正に機能するための機構を整備する法規制として許容されるという考え方である。2つめの正当化は，より直接的に，最低賃金制度は労働者の「生活保障」のために必要な法規制だという考え方である。

　前者のタイプの最低賃金制度を長らく採用してきたのがイギリスであり，後者のタイプの代表的な例がフランスの最低賃金制度である。しかしどちらの国でも，労働市場構造の変化とともに，最低賃金制度と社会保障制度の一体的な改革がすすんでいる。それは同時に，最低賃金に期待される役割の変化を意味

---

[1] 2007年には最低賃金法改正によって，「労働者の生計費」の考慮にあたって「生活保護制度に係る施策との整合性」に配慮すべきことが明文化された（最低賃金法9条3項）。また，すでに本誌においても，労働者の「セーフティネット」としての最低賃金と雇用保険の詳細な検討がなされている（日本労働法学会編「労働法におけるセーフティネットの再構築」日本労働法学会誌111号（法律文化社，2008年））。

個別報告②

する。翻って日本では，社会保障と税制の一体改革こそ掲げられつつあるものの，最低賃金と社会保障の相互関係についての具体的な政策は，未だみえてこない。

そこで本稿では，日本における最低賃金制度改革の手がかりを得るため，英仏の制度を素材とした比較法的考察を試みる。具体的には，最低賃金の決定方式に着目してその正当化根拠を検討し，稼働年齢世帯に対する社会保障制度との関係から，最低賃金制度に期待される役割の変化をみていきたい。なお，以下では，労働協約の拡張適用による最低賃金制度は除外し，日本に関しては，地域別最低賃金制度を比較検討対象とする。

II　イギリス

1　最低賃金制度

(1)　産業委員会・賃金審議会制度

イギリス初の最低賃金制度は，1909年産業委員会法（Trade Board Act 1909）である。同法は，低賃金問題の改善と団体交渉の促進を目的として，適用対象を，十分な団体交渉機構をもたない低賃金産業に限定した。決定方式は，産業ごとに三者構成の産業委員会を設置して審議させ，労使委員が合意に至った場合はその額を最低賃金として命令化し，合意に至らない場合は中立委員がどちらかの案に投票して決定するというものであった。

同制度は，第二次世界大戦後に1945年賃金審議会法（Wages Councils Act 1945）に再編された。そして，審議会の審議事項は労働時間や休暇にまで拡大された。賃金審議会は団体交渉機構が存在しない産業における，団体交渉の代替物と位置づけられたのである。

---

2) 制度の詳細な変遷については，拙著『最低賃金と最低生活保障の法規制』（信山社，2011年）を参照。本稿では，上記拙著における検討枠組みから一歩踏み込んで，新たな正当化根拠の分析を試みている。

3) 当初は特に低賃金とされた4業種に対象を限定していたが，1918年改正によって「十分な賃金決定機構が存在しない」ことによる低賃金産業へと拡大された（1918年賃金臨時規制法1条2項）。

これらの最低賃金制度の特徴は，最低賃金の額を直接規制するのではなく，労使自治が機能していない産業に最低賃金の決定機構を設置するという方法をとった点にある。賃金は労使自治によって決定されるべきという原則が尊重され，最低賃金規制は「労使自治」の補完という正当化根拠で導入された。

　しかし1960年代の高度成長期以降，低賃金問題への関心が薄れると同時に，賃金審議会制度の目的は達成されていないという批判が強まった。その一因は，低組織産業では審議会を置いても労使の交渉力の差が如実に反映され，十分な引上げができなかったことにあった[4]。そして，1993年労働組合改革・雇用権利法によって，賃金審議会制度は廃止に至る。

　ところが，最低賃金制度の空白時代を迎えたイギリスでは，様々な問題が生じた。実質賃金が低下し，所得格差の拡大が戦後最大となっただけでなく，劣悪な条件競争によって優良使用者の競争力が低下し，十分な賃金が得られなくなった労働者が社会保障に依存するようになり，社会保障費用は増大の一途を辿った[5]。このような社会問題を背景に1997年に政権交代を実現した労働党は，イギリス史上初の全職域かつ全国一律の最低賃金制度を内容とする全国最低賃金法（National Minimum Wage Act 1998）を導入した。

　(2)　全国最低賃金制度

　全国最低賃金制度は，低賃金問題に対処しながら経済成長及び雇用の創出を促し，納税者の負担を軽減することを目的とする，経済政策の一環として位置づけられている[6]。

　決定方式については，低賃金委員会という，政府から独立した三者構成機関が審議・勧告し，政府が決定するという方式がとられている。低賃金委員会は，労使関係に知見をもつ者から構成され，労使団体および学者から委員が任命さ

---

4) Roger Bowlby, 'Union Policy Towards Minimum Wages Legislation in Postwar Britain' (1957) 11 Industrial and Labour Relations Review, pp. 81-83.
5) William Brown, 'The Low Pay Commission' in Linda Dickens and Alan Neal (ed.), *The Changing Institutional Face of British Employment Relations* 63-78 (Kluwer Law, 2006) p. 64.
6) Margaret Beckett (President of the Board of Trade and Secretary of State for Trade and Industry), HC debs col 162 (16 December 1997).

れるのが通例であるが，法律上は労使同数の定めがない。決定の際の考慮要素としては，法律上，「イギリス経済全体およびその競争力を損なわないこと」のみが明記されている（全国最低賃金法7条5項）。

　低賃金委員会の委員は，利害関係者としてではなく，統計資料を分析し，検証可能な形で妥当な最低賃金額を決定する「個人」として位置づけられている。もはや，賃金審議会制度における団体交渉の促進という目的はなくなり，インフレと失業による経済への悪影響を最小化するという政策目的を達成するものに変化したのである。他方で，最低賃金が「生活賃金」たるべきという発想も，審議の「論点となったことはない」と断言される。その背景には，全国最低賃金制度の導入とほぼ同じ時期に，社会保障や税制によって働く低所得者の所得補完制度が導入されたことがある。

2　稼働能力世帯に対する所得補完制度

(1) 所得補助

　イギリスの公的扶助の中核となる所得補助制度（Income Support）の対象となるのは，労働能力が制限される一定のカテゴリーに含まれ，かつ有償労働が週16時間未満の者である。そのため，最低賃金制度の対象者とは，ほとんど重ならない。また，その給付は，法定適用額から所得を減じた逓減給付であり，物価の上昇に応じて増額される点で，決定のロジックも最低賃金とは全く異なっている。

(2) 求職者手当

　これに対して，求職者手当制度（Jobseeker's Allowance: JSA）は，労働能力のある失業者を対象としている点で，最低賃金制度とも，所得補助制度とも重ならない。この制度には2種類あり，国民保険の拠出要件を満たす者に対する拠出制求職者手当と，拠出要件を満たさない者および拠出制手当の給付期間が

---

7) William Brown, 'The Process of Fixing the British National Minimum Wage 1997-2007' (2009) 47: 2 British Journal of Industrial Relations p. 436.
8) Simon Deakin and Francis Green, 'One Hundred Years of British Minimum Wage Legislation' (2009) 47: 2 British Journal of Industrial Relations, pp. 205-213.
9) William Brown, *supra* note 5, p. 69.

過ぎた者に対する所得調査制求職者手当とがある。所得調査制求職者手当は実質的には公的扶助の原理によっていて，世帯の所得を考慮した逓減給付がなされ，要件を満たす限り受給期間の制限はないが，フルタイム最低賃金より大幅に低い給付額となっている[10]。

(3) 就労税額控除

これら従来型の社会保障制度に加えて，近年重要な役割を果たしているのが，給付つき税額控除である。このうち，就労者を対象とする就労税額控除（Working Tax Credit）は，「福祉から就労へ」というスローガンのもと，全国最低賃金とセットで「貧困・失業の罠」からの脱出を図る制度として導入された。そのため，受給要件として就労時間を用いている。給付額の計算は複雑であるが，従来型の社会保障給付（逓減給付）では働くほど給付が減るのに対して，稼働収入が増えれば手取りも増えるという制度設計となっている。

もっとも，就労税額控除はワーキング・プア対策として有効と評価されつつも，導入以降，社会保障費用の急激な増大が問題となった。そこで，2012年福祉改革法（Welfare Reform Act 2012）は稼働年齢世帯に対する所得補完制度を再編し，2013年10月以降，「ユニバーサル・クレジット」に統合することになった。新たな制度の下では，能力に応じた就労努力義務を課し，就労インセンティブをより強化する方向が打ち出されている[11]。

このように，イギリスでは，公的扶助は労働能力がない低所得者に限定され，稼働能力者は全て潜在的な求職者として，積極的な求職活動が受給要件とされる求職者手当制度の対象となる。そして，働いている低所得世帯については，就労を条件とする就労税額控除によって所得が補完されるため，賃金のみが生活を支える構造にはなっていないのである。

---

10) たとえば，25歳以上の単身者の場合，2011年度の求職者手当の週最大支給額は67.5ポンドである。これは，週40時間フルタイムで働いた最低賃金合計額237.2ポンドを大幅に下回っている。

11) ユニバーサル・クレジットへの統合の背景と制度概要については，拙稿「イギリスの給付つき税額控除制度とユニバーサル・クレジット構想」ジュリスト1435号（2011年）115-121頁，その他の制度詳細については拙著『最低賃金と最低所得保障の法規制』（信山社，2011年）を参照。

個別報告②

Ⅲ　フランス

1　最低賃金制度

(1)　全職域最低保証賃金

　フランス初の最低賃金制度は，1950年2月11日の法律（労働協約法）上の全職域最低保証賃金である。この制度の目的は，労働者の「最低生存費」の保証，すなわち労働者の「生活保障」であった[12]。同法は，三者構成の労働協約高等委員会に，最低生活に必要な費用（標準生計費）の研究義務を課し，それを最低賃金の額に採用する決定方式をとった。もっとも，労使の対立の激しさから決定方式は物価指数への自動的スライド制と変更されたが，1960年代の高度成長期には平均賃金の伸びに追いつけず，行き詰まることになった。

(2)　全職域成長最低賃金

　全職域最低保障賃金は，1970年1月2日の法律により，全職域成長最低賃金（salaire minimum interprofessionnel de croissance: SMIC）に再編されることとなった。全職域成長最低賃金制度は，低賃金労働者の「購買力の保証」と，「国民経済の発展への参加の保証」という2つの目的を掲げ，決定方式もこれら2つの目的に対応させた。まず，前者の目的に対応する自動的物価スライド制は，全職域最低保証賃金の決定方式を引き継いだものである。これに加えて，後者の目的に対応して，平均賃金スライド制が設けられ，平均賃金の購買力上昇の2分の1が自動的に最低賃金の引上げに反映されるようになった。つまり，物価と平均賃金の上昇が確実に最低賃金の上昇につながるように制度設計されたのである。これに加えて，政府裁量による随時の上乗せが制度化されている[13]。

　フランスでは長らくこの最低賃金制度が続いてきたが，他の先進諸国に比べて高い最低賃金が経済競争力を阻害しているという批判もあった。そこで2008

---

[12]　Lyon-Caen（G.）, *Les Salaires,*（Dalloz, Paris, 1967）, p. 22.
[13]　日本と同じく最低賃金に関するILO条約（第26号，第131号）を批准しているフランスでは，労使の関与を担保するため，三者構成の団体交渉全国委員会が改定に関する意見を答申として出すことになっている。もっとも，この答申は非公開で拘束力もなく，実際に最低賃金の引上げに関する影響力はほとんどない。

年に,自動的スライド制の見直しを射程に入れて,政府から独立した「専門家委員会」を設置し,最低賃金制度の妥当性を検討させた。[14] 結果として専門家委員会自身はスライド制の維持を支持したが,労使関係の専門家ではなく経済政策としての最低賃金の妥当性を検討する専門家委員会の関与が制度化されたことは,最低賃金の役割に対する認識の変化をあらわしている。

(3) 最低賃金制度の役割に対する認識の変化

フランスで最低賃金の役割が変化した背景には,稼働年齢世帯の貧困の原因とその対処方法についての考え方の変化がある。[15] 貧困には2つのタイプがあり,まずは失業を原因とする貧困があげられる。これに対しては第一に雇用への復帰が奨励されるが,最低賃金を引き上げると労働費用の増大から雇用自体が減り,逆効果となる可能性がある。次に,日雇いやパートタイム労働といった,不安定雇用を原因とする貧困がある。このタイプの貧困に対しては,時間単価である最低賃金を引き上げる方法では対処できず,賃金の不足分を何らかの方法で補填する必要がある。このように,時間単価であり,かつ個人の労働の対価である最低賃金の引上げは,貧困世帯の所得保障機能が限定的である一方で,雇用に悪影響を及ぼすという側面を常に考慮しなければならないことになる。結局,低賃金は貧困の原因の一つにすぎないため,最低賃金引上げだけでは貧困問題の解決に十分ではないと考えられ,その他の所得補完制度の充実に重点がおかれるようになったのである。

2 稼働能力世帯に対する所得補完制度

(1) 活動連帯所得

2009年に導入された活動連帯所得(revenu de solidarité active: RSA)は,社会保険を中心として発展してきたフランスの社会保障制度の中で,はじめて包括的な公的扶助制度として1988年に導入された参入最低所得保障(revenu minimum d'insertion: RMI)を前身とする。RMIの制度下では,所得が一定水準未満の者に対して,逓減給付方式の所得保障がなされた。就労者も適用対象者と

---

14) 労働法典 L. 2271-1 条。
15) Conseil supérieur de l'emploi, des revenues et des coûts, Le Smic, 2 avril 1999, p. 77.

なりうるため，働くインセンティブを損なわないよう，給付額は最低賃金の80％程度に設定された[16]。しかし，社会保障給付に依存する受給者の増大が社会問題化し，雇用への復帰を促す仕組みが強く要請されることとなった。

そこで活動連帯所得制度では，雇用復帰の促進という目的がより強く打ち出された。就労者には，世帯構成に応じた一定額に加えて，稼働収入の60％から70％が手取りとして残るよう受給額が調整されることとなった。

(2) 失業補償制度

失業保険制度については，雇用復帰援助手当（allocation d'aide au retour à l'emploi: ARE）と特別連帯手当（allocation de solidarité spécifique: ASS）がその中核となっている。これらについては，社会保険の被保険者資格を有する者は老齢年金受給開始年齢まで受給可能な制度であること，またこれらの制度においても受給要件として雇用への復帰努力が求められるようになってきていることのみ指摘しておく。

(3) 給付つき税額控除

フランスでは，給付つき税額控除制度として，雇用手当（prime pour l'emploi）が導入されている。2001年に税制改革の一環として導入された雇用手当は，就労を要件とする給付を設けて手取りを増やすことで，働く貧困世帯の所得補完を図ると同時に，社会保障受給者を「不就労の罠」から脱出させることを目的としている。

その対象と給付額については，少なくとも世帯の1人が職業活動に従事していることと，稼働収入がフルタイム SMIC の0.3倍から1.4倍の範疇にあることが要件となっている。たとえば，フルタイムで最低賃金水準の共働きをしている子ども2人の夫婦は，控除前世帯賃金が2,730ユーロであるが，RSA で39ユーロ，PPE で106ユーロの上乗せがある。

このように，フランスでは，公的扶助制度である活動連帯所得の対象が幅広く，最低賃金で働く労働者についても所得補完の役割を果たしている。さらに，低所得労働者世帯には，就労を要件として雇用手当制度による所得補完がある。

---

16) Assembelée nationale, no 161, *Rapport fait au nom de la Commission des affaires culturelles, familiales et sociales sur le projet de loi (no 146) relative au RMI.*

これら働く世帯への社会保障制度の充実によって、最低賃金制度は次第に貧困対策から切り離されつつある。

Ⅳ 日 本

1 地域別最低賃金制度

(1) 業者間協定方式という出発点

1959年に成立した最低賃金法1条は、労働条件の改善を図ることによって、労働者の生活の安定、労働力の質的向上、事業の公正な競争の確保、国民経済の健全な発展に寄与するという目的を並列させている。制定当初の決定方式は業者間協定、すなわち産業ごとの使用者団体が自主的基準として設定していた最低賃金を採用する方式が中心であった。三者構成の最低賃金審議会が決定する方式は、業者間協定や労働協約で最低賃金を決定することが困難あるいは不適当な場合という、例外的な場面に限られた。

また、最低賃金決定に際しての考慮要素についても、「労働者の生計費」だけでなく、「類似の労働者の賃金」や「通常の事業の支払能力」を加味すべきとされた。これらの要素は、現在も、地域別最低賃金を決定する際の考慮要素として引き継がれている[17]。

(2) 審議会方式と「目安制度」

最低賃金法の最初の転機は、1968年改正である。このときに、最低賃金の決定に労使の関与を求めるILO第26号条約の批准のため、業者間協定方式が廃止された。さらに、1971年には、厚労省によって地域別最低賃金の拡大が運用方針となる。その結果、1972年から1976年の間に、地域別最低賃金が全都道府県に拡大され、審議会方式で決定される地域別最低賃金が全労働者の賃金を下支えするという状態ができあがった。

さらに1978年には、これに代わる全国的な整合性確保のための「目安制度」の運用が開始される。目安制度とは、中央最低賃金審議会が全国を4つのラン

---

17) 最低賃金法旧3条、現9条2項。

クに分け、各ランクの地域別最低賃金の上げ幅の目安を提示するものである。しかし、労使委員の対立は激しく、1981年以降は合意に至らなかったため、公益委員による「公益委員見解」のみが提示されるようになった。目安には法的な拘束力はないものの、実質的には地方最低賃金審議会の決定に大きな影響力を及ぼしている。また、実際の目安の審議には、様々な統計資料のうち30人未満企業の賃金上昇率を示す「賃金改定状況調査第4表」が重要な資料として利用されている。[18] このように、地域別最低賃金の審議は、小規模零細企業の賃金上昇率をめぐる上げ幅についての労使の攻防が中心となってきた。

(3) 生活保護制度との「整合性」確保の要請

そのような状況が変化していったのは、働く貧困者（ワーキング・プア）の存在が問題視されるようになった時期と重なる。2005年には、厚労省の研究会が最低賃金と生活保護支給額との逆転現象を指摘した。[19] これを受けて、2007年の最低賃金法改正時には、地域別最低賃金の考慮要素の一つである「労働者の生計費」に関して、憲法25条の趣旨をふまえて生活保護制度との整合性を確保すべきことが明文化された（9条3項）。最低賃金の決定方式には変更はなかったが、生活保護費との乖離の解消が審議の重要課題となった。

このように、日本の地域別最低賃金は、決定方式としては労使の関与を重要視する「労使自治」の補完方式をとりつつ、労働者の「生活保障」的な側面を強めつつある。

2 稼働能力世帯に対する所得補完制度

(1) 生活保護

公的扶助制度である生活保護は、憲法25条の生存権保障の具体化と位置づけられる。一般扶助、無差別平等の原則から、稼働能力を適切に活用すべきという補足性の要件を満たした場合は、就労可能な世帯であっても生活保護制度の対象となりうる。もっとも、適正化が厳格に要求される運用上、被保護世帯の

---

18) 中窪裕也「最低賃金法制の新しい出発」季刊労働法222号（2008年）58頁。
19) 厚生労働省「最低賃金制度のあり方に関する研究会」（部会長：樋口美雄慶應義塾大学教授）最終報告書（平成17年3月）。

8割以上を高齢者と障害者が占め，長期失業者等の稼働能力のある被保護世帯はこれまできわめて少ない水準にとどまってきた。ところが，これまで「その他」世帯の一つとしてカテゴリー化すらされていなかった稼働能力のある世帯が，近年急増している[20]。

なお，生活保護支給額は，最低生活費を計算し，収入がある場合はそこから控除するという方法で計算される。保護基準の算定方式は，昭和58年から水準均衡方式が採用され，一般の消費水準額の約6割で均衡するようになっている。これらは社会保障審議会で決定される。このような最低賃金との決定方式の差が，逆転現象につながった一因といえる。

(2) 失業補償制度

失業時の所得補償制度としてはまず，雇用保険制度がある。もっとも，失業保険の基本手当を受給するには，被保険者資格や給付期間に制限がある[21]。これらについては大幅に緩和されてきてはいるものの，長期失業の場合の所得補償機能にはなお限界がある。

そのようなセーフティネットの間隙を埋めるべく，平成23年には求職者支援法が制定された。この制度は，雇用保険の被保険者資格をもたない「特定求職者」に，職業訓練の受講中に月10万円を上限とする職業訓練受講給付金を支給するものである。これは第二のセーフティネットと位置づけられるが，特定求職者のニーズに着目するものではなく，職業訓練の受講中，最長1年の所得補償に限定されている点で失業保険と同様の問題がある。

V 考　察

1 各国の最低賃金制度の特徴

(1) イギリス

イギリスの産業委員会および賃金審議会制度は，団体交渉の促進を目的とし，

---

20) 1996年には「その他」世帯は約6.7%にすぎなかったが，2011年7月の速報値では約17%にのぼっている。
21) 失業給付の基本手当の受給期間は，最長1年である。また，基本手当日額の給付率は賃金日額と年齢によって50%から80%となる（雇用保険法16条）。

個別報告②

三者構成の組織によって労使合意が模索されたことから,「労使自治」の補完を正当化根拠とする最低賃金制度といえる。このタイプの最低賃金制度について留意すべき点として,労使の力関係に解決を委ねるが故に,低賃金問題への効果的な対策となり難いことがあげられる。その教訓を踏まえて,現行の全国最低賃金制度では,低賃金委員会の各委員を利害当事者ではなく裁定者として機能させている。すなわち,全国最低賃金制度においては,「労使自治」の補完という正当化根拠は用いられていない。他方で,生活賃金という概念が否定されているように,「生活保障」のための最低賃金制度でもない。

現在,全国最低賃金の役割が,雇用に悪影響を及ぼさず,経済競争力を阻害しない範囲での低賃金改善と位置づけられていることから見えてくるのは,「政策的妥当性」という新たな正当化根拠である。もはや,最低賃金は利害関係者の合意ではなく,労働市場に関する統計資料の適切な分析によってその正当性が担保されると考えられている。

このような最低賃金制度の変化は,社会保障制度の変革と密接に関係している。イギリスでは,公的扶助や失業補償制度は労働能力の有無で制度の対象者を峻別し,能力・世帯に応じた就労努力義務を細かく設定することで,就労インセンティブ強化の方向を強く打ち出している。その一方で,給付つき税額控除制度を設けることで,いわゆるワーキング・プアの所得保障を図っている。注目されるのは,給付つき税額控除制度が最低賃金制度とセットで導入されたことである。つまり,給付つき税額控除制度は,雇用へ悪影響を及ぼすという最低賃金の副作用と,時間単価であるため所得が労働時間に依存するという限界に対する処方箋として機能しているのである。他方で,最低賃金が設定されていなければ,所得保障は使用者に対する単なる賃金補助となってしまう。その意味で,最低賃金制度と社会保障・税制度は相互補完的に機能している。

(2) フランス

これに対して,フランスの全職域最低保証賃金制度は,標準生計費という最低生活費の探求を出発点とした,労働者の「生活保障」を目的とする最低賃金制度であった。現行の全職域成長最低賃金制度は,物価および平均賃金の一部への自動的スライド制に政府裁量を加えて決定されるが,専門家委員会による

調査と統計資料の分析を制度化したことは，生活保障的側面の希薄化とともに，イギリスと同じく最低賃金規制の正当化根拠として「政策的妥当性」を用いようとする動きといえる。この方向性の変化には，生活保障的な役割を社会保障・税制度へと移行させたことと密接な関係がある。

　フランスでは，公的扶助制度である活動連帯所得と，給付つき税額控除制度である雇用手当は，最低賃金で働く労働者の所得補完としても機能していることに特徴がある。これは，時間単価である最低賃金の限界をカバーするとともに，従来型社会保障給付の「不就労の罠」からの脱却を図るための方策として位置づけられている。1950年の全職域最低保証賃金の導入時には存在しなかった，これらの所得補完制度の整備によって，現在は，労働者の最低生活保障の機能を最低賃金のみが果たすという状態ではなくなっている。

(3) 日　本

　日本の地域別最低賃金は，三者構成の審議会方式を採用し，労使委員は利害関係当事者として関与して合意に至ることを想定している。この点に着目すると，地域別最低賃金の法規制の正当化根拠は，自ら声を上げられない低賃金労働者に代わって疑似団体交渉を行うという意味での「労使自治」の補完にあるといえそうである。もっとも，最低賃金の基準を全く設けず，完全に労使の合意に委ねたイギリスの産業委員会・賃金審議会制度とは異なり，日本の地域別最低賃金の決定には3つの考慮要素があげられている。とくに，2009年改正において，考慮要素のうち「労働者の生計費」に関して生活保護制度との整合性に言及したことは，最低賃金規制の正当化根拠として「生活保障」も重要であることを明らかにしている。このように，英仏では薄れつつある最低賃金の「生活保障」的な側面が日本ではむしろ強調されつつあるのは，社会保障制度のあり方と関係がある。

　日本における稼働年齢世帯の所得補完制度のうち，雇用保険は対象と期間が限定的であり，生活保護制度は働く能力がある者にはきわめて制限的な運用がなされてきた。すなわち，働ける者は賃金のみで生活を支えることが前提であった。この前提の下では，最低賃金と最低所得とはほぼ同義となり，最低賃金に生活保障の役割を担わせるという発想につながる。しかし問題は，就業形態

個別報告②

の多様化にともなう最低賃金の限界である。最低賃金は時間あたり単価であり，かつ個人の労働の対価を設定する制度である。そのため，労働時間の少なさに起因する貧困は，最低賃金の引上げによって対処することはできない。また，世帯単位の所得やニーズにも対応できない。フランスで意識されてきたこれらの問題状況は日本でも共通するものであり，最低賃金制度改革を考える上での手がかりとなる。

2　比較法からの示唆

上記の最低賃金の限界を考慮すると，最低賃金のみで労働者の生活保障を図ることは，日本においてももはや困難である。そして，生活保護等の社会保障制度の拡充によって労働者の貧困問題に対応していくならば，地域別最低賃金は，生活保障ではなく，労働条件の下支え機能という本来的な役割を追求することになろう。

ではその際，どのように最低賃金を決定すべきだろうか。比較法的観点からの示唆としては，英仏両国において，最低賃金規制に「政策的妥当性」という正当化根拠が用いられるようになってきたことに着目したい。最低賃金の決定には，利害関係当事者の意見を反映させることも重要である。しかしこれまでは，賃金上昇率や生活保護費との乖離の解消といった「上げ幅」ばかりが議論され，地域別最低賃金の絶対的水準についての議論はなされてこなかった。そもそも，地域別最低賃金の引上げがどのような層にどのような影響を及ぼしているかについての資料も少ない。これらの事項について，統計資料を分析して検証可能な形で提示し，翌年以降にフィードバックをするという方法も，一考に値しよう。

なお，最低賃金と社会保障との関係については，労働権や生存権など権利の体系から論じることも必要である。これらの検討は今後の課題として，別稿に譲りたい。

（かんき　ちかこ）

フランス労働医が有する就労可能性判定機能の史的形成と現代的展開

鈴 木 俊 晴
（早稲田大学大学院）

I はじめに

　近年では，IT化や国際競争の激化などの影響もあり，精神疾患など，これまであまり問題とされなかった新たな傷病が職場において増大している[1]。そしてそれに伴い，使用者が，傷病に陥った労働者をどのように処遇するかという問題が，以前にもまして重要になっている[2]。精神疾患等の新たな傷病は，症状が不安定かつ不明瞭であるという特徴をもつことも多い。そのため，使用者がこれら労働者をその就労能力に応じて処遇しようとしても，その症状が正確に把握できず，適切に処遇できないといった問題が生じているのである。
　このような問題状況のもと，使用者が傷病に陥った労働者の処遇を決定する際には，医師による医学的判断を制度的にも組み入れることが強く要請される。しかし，その医師の中立性に問題があったり，労働者が就労していた職務の内容を知らないまま判断をする可能性があるなどの問題があり，いかなる特質をもった医師がどのように関与するのが妥当かは，なお十分に検討すべき課題である。そこで本稿では，使用者が傷病に陥った労働者の処遇を決定する際に，いかなる者がどのように関与するのが適切かについて一定の示唆を得ること目的として，フランスの「労働医（médecin du travail）」が有する，労働者の就

---

[1] 厚生労働省「労働者健康状況調査報告（2007年）」によると，労働者1000人以上の事業場のうち「過去1年間にメンタルヘルス上の理由により連続1か月以上休業又は退職した労働者がいる」とした事業場は90％以上にのぼる。
[2] このような状況をうけ，厚生労働省は2010年に「改訂　心の健康問題により休業した労働者の職場復帰支援の手引き」を公表している。

労可能性を判定する機能につき考察する。

フランスの労働医とは，医師免許を取得したのち，原則としてさらに4年間，産業医学の教育・研修課程を経た，産業医学に関する高い専門性を備えた専門医のことである。フランスでは，労働者全員に産業医学のサービスを提供するため，すべての企業でその労働医の選任が義務付けられている。労働医の職務遂行における中立性も担保されており，労働医の選任・解任には従業員代表委員の同意が必要とされている[3]。

そしてフランスでは，傷病に陥った労働者に対し，この労働医が就労可能性がないと判断しない限り，使用者は当該労働者を傷病を直接の理由として解雇することはできない。仮に労働医の判断なしに解雇した場合には，それは無効となる。労働医の就労可能性判定が法的に義務付けられている，世界にも類をみない独自の法制度をもっているのである。

では，このような機能は歴史的にどのように形成され，現在どのような意義があるのだろうか。また，このような法制度に問題点はないのか。本稿では，これらの点につき考察する。このような考察をおこなうことで，わが国において，使用者が傷病に陥った労働者の処遇を決定する際に，いかなる特質をもった医師が，どのように関与するのが適切かについての示唆を得ることはもちろん，企業内の安全衛生体制のなかに医師をどのように位置づけるのが適切かを考察する際にも，重要な素材を提供できるのではないだろうか。

II フランス労働医が有する就労可能性判定機能

フランス労働医が有する就労可能性判定機能には，労働者の労働能力に応じて人事上の提案をする機能と，労働者に対し従前のポストで働くことが不可能となったと認定する機能の二つがある。以下では，その内容を概観するとともに，かかる制度が作られた歴史的経緯を，簡単にではあるが明らかにしたい。

---

3) フランスの労働医制度の概要については，鈴木俊晴「フランスの雇用関係における労働医制度の機能と問題点」季労231号（2010年）130頁のIIを参照。

1 人事上の提案機能

労働医はいつでも、労働者の年齢、体力、あるいは健康状態に応じて、使用者に対して、当該労働者の配転（mutations）や職務内容の変更（transformations de postes）などを提案することができる（労働法典 L. 4624-1 条第 1 文（以下、法典名は省略））。

労働医が人事上の提案をした場合、その提案には、一定の法的効力が生じる。すなわち、使用者は労働医の提案を考慮する義務が生じ、提案内容を実施しないときには、労働者および労働医に理由を明らかにしなければならない（L. 4624-1 条第 2 文）。これに違反した使用者には、罰則が課されうる[4]。

この労働医の提案に対しては、不服申立制度が設けられている。使用者および労働者は、労働医の提案内容が適切か否かにつき、わが国の労働基準監督官に相当する労働監督官（inspecteur du travail）に不服を申し立てることができる。不服申立てをうけた労働監督官は、労働医の活動を支援・審査する権限が与えられている労働監督官である労働監督医師（médecin-inspecteur du travail）の意見を聞いたあと、決定を下す（L. 4624-1 条第 3 文）[5]。

以上の、労働医が有する人事上の提案機能は、労働医の成立当初から規則の形で存在していたものが、1976年に法律に格上げになったものである[6]。もっとも、この制度がなぜつくられたのか、またなぜ法律に格上げになったのかについては、労働医制度の成立が戦中戦後の1940年代だったこともあり、必ずしも明らかではない。

2 不適格認定と再配置等打診義務

(1) 不適格認定

フランスでは、傷病に陥った労働者は、使用者に勤務中断を通知し、医師の

---

4) L. 4745-1 条の解釈による。BONNECHERE (M.), *Le reclassement des inaptes: bon vouloir patronal, ou droit des travailleur ?, Dr. ouvrier,* 1978, p. 213.
5) この場合、労働監督官は、当該労働者の健康状態や変更されるべきポストに関する労働医の評価につき判断することができる。しかし、労働医の診断に対する使用者の考慮の状況につき判断することはできない。Soc. 24 avril 1980, Bull. civ. V, n°350.
6) Loi n°76-1106 du 6 décembre 1976. それ以前は旧労働法典 D. 241-23 条。

個別報告③

　診断書により勤務中断の理由を証明することで，労働契約の停止（suspension du contrat de travail）という状態になることが，判例や労使慣行上一般に認められている。労働契約の停止が労働協約等の明文で定められている場合も多い[7]。また，通勤災害を除く労災（accident du travail）・職業病（maladie professionnelle）の場合には，労働契約の停止が法律の明文で定められている（L.1226-7条）。これにより労働者は，療養を要する期間につき，労働契約を維持したまま労働義務を免れることができる[8]。

　そして，主治医の診断書により予定されていた勤務中断期間が終了した場合には，労働者は元の職に復帰することとなる。この際，産休もしくは職業病による欠勤，1週間以上の労災による欠勤，3週間以上の私傷病による欠勤の後，あるいは傷病欠勤が繰り返されている場合には，労働者は必ず，労働医による復職時健診（visite médicale de reprise）により就労可能性を判定される（R.4624-21条）。そしてその際に，労働医が当該労働者が「従前の職務」を遂行することができないと判断した場合には，当該労働者を「不適格であると認定する（constater l'inaptitude）」ことができる（L.1226-2条，L.1226-10条，R.4624-31条。以下これを「不適格認定」と呼ぶ）。

　この不適格認定がなされることにより，はじめて使用者は，当該労働者に対し傷病を理由とする差別的取扱いをすることが許される。というのも，フランスでは，健康状態が悪化した労働者に対する不適格認定を経ない差別的取扱いは無効とされているからである（L.1132-1条，L.1133-2条）。そのため，労働医が不適格であると認定しない限り，傷病に陥った労働者の再配置等を検討することもできないし，ましてや解雇することもできない。仮に労働医の不適格認定なしに解雇した場合には，それは無効となり，復職が認められる。

---

7) CLAVEL-FAUQUENOT (M.-F.), MARIGNIER (N.) et RIGAUD (F.), *Maladie, numéros juridiques, liaisons sociales*, mai 2009, p.11.
8) 通勤災害を除く労災・職業病の場合，療養のための勤務の中断期間及び状況に応じて認められる再訓練期間等には，労働者が重非行を犯した場合，または労災・職業病と無関係の事由により労働契約の存続が不可能である場合を除き，解雇することはできない。一方，私傷病の場合には，当該労働者の長期欠勤により業務に重大な支障が生じており，代替要員が必要な場合には，例外的に，当該労働者の解雇が認められる場合もある。

労働医が不適格認定を行う際には，その判断の正確性を担保するため，原則として，2週間の間隔を置いた2度の健診をしなければならない（R. 4624-31条）[9]。労働医は使用者に意見を述べる前に，労働監督医師の意見を聞くことができる（R. 4624-32条）。

　なお，復職時健診以外にも，労働医は種々の健康診断を実施している。復職時健診の際のような明文はないが，これらの際にも，対象となる労働者につき職務適格性がないと判断した場合には，不適格認定をおこなうことができる[10]。

(2) 再配置等打診義務

　労働医により不適格認定がなされ，傷病を理由とする差別的取扱いが可能となったとしても，当該労働者は当然に解雇されるわけではない。使用者はまず，ほかに就労可能な職務があるかどうかを検討し，不適格認定を受けた労働者に，従前の職にできるだけ近似した新たな職を打診しなければならない。必要な場合には，当該労働者に配転（mutations），職務内容の変更（transformations de postes de travail），労働時制の変更（aménagement du temps de travail）などを打診することができる。そしてその際には，労働医の書面による提案を十分に考慮する義務がある。また，労災・職業病の場合には，雇用保護をより徹底するため，従業員代表委員の意見も考慮しなければならない（以上の手続きにつきL. 1226-2条，L. 1226-10条）。

　そして，このような義務を尽くしてもなお労働者の再配置先が見つからなかった，あるいは，打診した再配置先を労働者が拒否してほかに打診できる職務がなかったという場合に，使用者ははじめて，当該労働者を適法に解雇することができる。仮に，再配置先を十分に検討せずに労働者を解雇した場合には，フランス法上「現実的かつ重大な理由（cause réelle et sérieuse）のない解雇」として違法な解雇と評価され（L. 1232-1条），使用者は制裁としての補償金を支払わなければならない（L. 1226-15条，L. 1235-3条）。もっとも，違法な解雇

---

9) 2週間の間隔をあけた2度の健診をせずにした解雇は，健康状態を理由とする差別を禁止したL. 1132-1条に違反して無効と評価される。Soc. 16 février 1999, n°96-45.394; Soc. 4 juin 2002, n°00-42.873; Soc. 9 juin 2004, n°02-42.644.
10) Clavel-Fauquenot (M.-F.), Marignier (N.) et Rigaud (F.), *op. cit.,* p. 67.

であっても無効となるわけではなく，使用者の同意なく，当該労働者の復職が認められるわけではない。

なお，2度の健診を経た不適格認定が行われた日から1ヶ月後に，労働者が再配置されず，また解雇されてもいないときには，使用者は，この期間の満了後には，労働者に対して従前と同等の賃金の支払いを再開しなければならない（L.1226-4条，L.1226-11条）。

(3) 制定経緯

不適格認定は，現在ほど制度的に精緻化されていなかったものの，1946年に労働医制度が一般化される以前からすでに，当時一部の企業で存在した企業内医師によって行われていたものである。[11] 第一次世界大戦以降の軍需産業の増大，米国からのテーラーリズムの導入，植民地からの移民労働者の増加などを背景として，工場では，伝染病や性病などの蔓延を防止し，生産効率を維持する必要に迫られていた。そこで，伝染病や性病に罹患した労働者を工場から排除するために，医師による不適格認定が一般化していったのである。

このような仕組みは，労働医制度が導入されて以降も労働医によって受け継がれた。そして，戦後しばらくは，労働能力が減退した労働者を企業内から強制的に排除するためのものとして機能していた。そのため，不適格認定を受けた労働者は，使用者からの解雇の意思表示を待つことなく，労働契約関係から当然に離脱されると考えられていた。不適格認定の存在が，「不可抗力（force majeure）」による契約解除事由とされていたのである。[12]

しかし，解雇ではなく契約解除とされてしまうと，フランス法上，解雇の際に使用者から労働者に支払われることとなっている解雇補償金（indemnité de licenciement）が支払われず，労働者の金銭的保護が図れないという問題が指摘された。そこで，労災・職業病においては1975年の破毀院判決[13]，私傷病においては1990年の判決[14]により，不適格認定があったとしても，使用者が解雇の意思

---

11) Buzzi (S.), Devinck (J.-C.) et Rosental (P.-A.), *La santé au travail 1880-2006*, La Découverte, 2006, pp.17-23.
12) Pélissier (J.), *Inaptitude et modification d'emploi*, Dr. soc., 1991, p.608.
13) Soc. 10 juillet 1975, Bull. civ. V, n°396.
14) Soc. 29 novembre 1990, Bull. civ. V, n°600.

表示をしない限り，労働者は雇用関係から離脱しないこととされた。

　しかしその後，この解雇補償金の支払いを回避するため，労働者に対し解雇の意思表示をせずそのまま放置する使用者が増大するという副作用が生じてしまった。そこで，使用者の解雇の意思表示を促すため，1992年立法により[15]，労働者が不適格認定を受けてから1か月以内に，使用者は当該労働者を解雇するか，あるいは賃金の支払いを再開しなければならないと定めた[16]。このようにして現行の法制度が形作られていったのである。

　なお，前述の，健康状態を理由とする差別禁止規定は，以上の流れとは全く別の文脈から制定されている。この規定は，当時フランスでHIV感染者に対する雇用差別が社会問題化したことを受けて，それを禁止するために1990年に創設されたものである[17]。ただ同時に，不適格認定を経た場合は例外的に差別的取扱いが許されるとされた。そのため，健康状態が悪化した労働者の再配置等を検討する際には労働医による不適格認定が必要になるという，新たな枠組みが生まれたのである。

　一方，労働医の不適格認定にともなって使用者に課される再配置等打診義務は，1970年代以降，労働災害の発生件数が高止まりをみせていた状況の下，従来から存在した労災補償による金銭的補償のみならず，労災被害者の雇用保護をも目指し，1981年に法定されたものである。この制定経緯からもわかるとおり，再配置等打診義務はもともと，労働者の健康悪化の原因が使用者にある労災・職業病の場面で，使用者に労働者の雇用保護を課す法理であった。その為，判例は当初，労働災害とは無関係の私傷病の場合においては，再配置等打診義務を否定していた。しかし，このようなダブルスタンダードについては，学説により批判がなされた。すなわち，「使用者はしばしば，企業の経済状況によ

---

15) MAZEAUD (A.), *Droit du travail, 7ᵉ éd*, Montchrestien, 2010, p. 449.
16) Loi n°92-1446 du 31 décembre 1992.
17) HIV感染者に対する差別を禁止するとの規定を真正面から置いてしまうと，その条文が適用されて保護された労働者がHIV感染者であることが誰の目にも明らかとなり，2次被害が起こる可能性があった。そこで，より一般的に，「健康状態を理由とする差別」を禁止する規定が置かれた。VERKINDT (P.-Y.), *Le licenciement pour inaptitude médicale, Dr. soc.*, 2008, p. 942.

個別報告③

り労働者の義務内容の変更を主張するのに，その一方で，労働者が身体的不適格により職務の変更が必要となった場合に，それを行わないことは矛盾している」などと批判されたのである[18]。そこで，その後判例もこの義務を認める方向に転換し，ついに1992年法により私傷病についても再配置等打診義務が法定化された。このようにして，再配置等打診義務は，労災・職業病であるか私傷病であるかを問わず使用者に課される法理となり，現在に至っている。

III　就労可能性判定機能および再配置等打診義務の現代的展開

1　労働医の権限の拡大

(1)　提案内容の拡大

近年では，裁判例の展開などにより，労働医の権限が拡大される傾向にある。まず，労働医が提案できる内容が実質的に拡大されている。労働医が提案できる内容は，条文上は「「配転」や「職務内容の変更」など」と記載されている。一応条文上も「など」とあるので，「配転」や「職務内容の変更」以外の提案の存在を否定しているわけではない。ただ，裁判では労働医の提案内容の範囲が争点となることがしばしばある。その際に裁判所は，以下のような提案も労働医が提案でき，したがって使用者は十分に考慮すべきと判示した。たとえば，アレルギーに悩む労働者のために，職場に換気扇を設置せよとの提案や[19]，労働能力の衰えた労働者の生活を守るため，当該労働者の給与を固定給に変更すべきとの提案[20]などである。

(2)　提案機会の増加

また，労働医が意見を述べる機会が増えていることも挙げられる。近年フランスでは，破毀院判例の展開によって「結果の安全を保障する義務（obligation de sécurité de résultat）」という義務が創出された[21]。そしてこの義務は，広く安全衛生に関する使用者の義務を認める法理として普及しつつあり，労働医の手

---

18)　Pélissier (J.), *op. cit.*, p. 610.
19)　Soc. 19 juillet 1995, n°91-44.544, Bull. civ. V, n°254.
20)　Soc. 18 juillet 2000, n°97-44.897, Bull. civ. V, n°295.

続的関与を拡大するための法理としても用いられた。破毀院の2009年9月23日判決は，労働医の提案をうけ，使用者から再配置を打診された労働者が，その打診を拒否したために，結果として解雇されたという事件である。労働者からの損害賠償請求に対し，破毀院は「結果の安全を保障する義務」をひきつつ，労働医の提案を受けて使用者が再配置等を打診したとしても，労働者が，その打診が労働医の意見に従ったものではないとして拒否した場合には，使用者は再び労働医の提案を聞く必要があると判示した[22]。この判決にしたがえば，使用者は，場合によっては何度も労働医の意見を聞いて，労働者の再配置先を検討する必要があることになる。

2 再配置等打診義務の拡大

他方で，労働医の提案をうけて，使用者が検討すべき再配置等の物理的範囲も拡大されている。条文上は，再配置等を検討する範囲は「企業内に存在する業務」についての労働医の意見を考慮しておこなうとされている。しかし，その後の破毀院の判決によって，再配置を検討すべき物理的な範囲が拡大される傾向にある。たとえば，労働者の就労する企業が，相互的配置転換が可能な企業グループの傘下にある場合には，その企業グループ全体につき再配置を検討しなければならないとされた[23]。さらに，フランチャイズ契約関係にある企業間でも，人事の交流がある場合には再配置を検討しなければならないとされた[24]。

また，使用者が検討すべき内容についても，労働医の提案内容以上のものが要求されるようになっている。2004年の判決では，たとえ労働医が企業内のすべてのポストに対して不適格であるとの認定をおこなったとしても，使用者は再配置等打診義務を免れないとされた[25]。なぜこのような判断がなされているの

---

21) Soc. 28 février 2002, Bull. civ. V, n°81. この義務については，鈴木俊晴「外国労働判例研究——第181回フランス 労働医の再配置提案を受けた使用者の再配置打診に対する労働者の拒否」労旬1735＝36合併号（2011年）70頁を参照。
22) Soc. 23 séptembre 2009, n°08-42.525.
23) Soc. 10 mars 2004, n°03-42.744.
24) Soc. 20 février 2008, n°06-45.335.
25) Soc. 7 juillet 2005, n°02-45.350, Dr. soc., 2005, p. 34.

個別報告③

か，判決文からはその理由を読み取ることはできない。ただ，学説上は，労働者の人事に関する権限と責任を負っているのはあくまでも使用者であって労働医ではないので，たとえ労働医がすべてのポストに対して不適格認定を出したとしても，使用者が義務を免れることはできない，などと説明されている[26]。また，労働医が内実をよく知り，再配置等を提案できる範囲は「企業内」に限られるが，再配置等打診義務は現在では企業外の企業グループなども含まれており，両者の範囲が異なることも指摘されている[27]。このほかにも，労働医が提案した内容以上の義務を使用者に課す判決は散見される[28]。

以上のように，使用者が負担する再配置等打診義務の物理的範囲および内容は，極めて広範に拡大している。再配置等打診義務は，労働医の提案内容とは関係なく，とにかく労働者の雇用保護の為に，使用者に出来るだけのことを尽くさせる義務として，極めて重い義務となっている[29]。この意味では，労働医がおこなう人事上の提案は，使用者にとっては参考程度のものでしかない。もっとも，労働医の提案できる内容が拡大し，提案できる機会が増えたことは，それだけ使用者としても，医学的見地から意見を得る機会が増えることになる。現在ではフランスにおいても，精神疾患など，症状が把握しづらい傷病が増加していることが問題となっている。このような現状の下で，労働医からより多くの意見を取り入れたうえで，使用者が労働者の処遇を決定するようになったことは，労働者の雇用保護により資するような変化であるといえよう。

Ⅳ　就労可能性判定機能の課題

1　就労可能性判定機能の問題点

現在，労働医が有する就労可能性判定機能に対しては，さまざまな問題点が

---

26) SAVATIER (J.), *L'obligation de reclassement d'un salarié déclaré par le médecin du travail inapte à tout emploi dans l'entreprise*, Dr. soc., 2005, p. 33.
27) LAFUMA (E.), LHERNOULD (J.-P.) et TISSANDIER (H.), *Repenser le régime de l'obligation de reclassement du salarié inapte*, RDT, 2007, p. 497.
28) Soc. 14 juin 2007, n° 06-41.377 など。
29) HÉAS (F.), *Les obligations de reclassement en droit du travail*, Dr. soc., 1999, p. 507.

指摘されている。まず，前述のとおり，使用者の再配置等打診義務が非常に広範に拡大している。義務を尽くさずになされた解雇は「現実的かつ重大な理由のない解雇」となるので，使用者は，補償金の支払いからなかなか逃れられないという現状にある。また，このようにグループ企業等まで再配置等打診義務が拡大されると，およそ労働医がその内実を知りえない企業についてまで再配置等を検討しなければならないことになるので，その限りで言えば，労働医の提案機能があまり意味をなさなくなってしまうという問題点もありうる。

二つ目の問題点としては，再配置等を検討するための時間が非常に短い，という点が挙げられる。使用者の再配置等打診義務は，内容も物理的範囲も非常に広範にわたっており，その検討のためには多大な時間と労力を費やす必要がある。しかし，現行の枠組みだと，再配置検討のための時間は1か月しかないので，その間で適切な再配置先を探し労働者に打診することは非常に困難である。結果として使用者は，労働者の雇用を保護することをあきらめ，やむを得ず金銭賠償で済ませざるを得ない状況に追い込まれてしまうのである。[30]

2　就労可能性判定機能の改革議論──「労働医学の現代化に関する協定議定書」

以上をうけて，労働医が有する就労可能性判定機能の改革議論が，現在盛んにおこなわれている。[31] ここでは，その中でも，2009年に労働大臣と労使代表とによって協議された「労働医学の現代化に関する協定議定書（protocole d'accord sur la modernisation de la médecine du travail)」について紹介する。この議定書は，政府が今後立法をおこなう際の指針を示すために，政府と労使代表によって合意形成が試みられたものである。結局この議定書は，主にここで紹介する部分以外の点で組合側の反発を招き白紙となってしまった。しかし，就労可能性判定機能の改革議論を知るうえで非常に参考になるものと思われるので，ここで紹介することとしたい。なお，この議定書では，労災・職業病についてのみ述べられており，私傷病については触れられていない。

---

30) LAFUMA (E.), LHERNOULD (J.-P.) et TISSANDIER (H.), *op. cit.*, p. 498.
31) たとえば，破毀院判事の Hervé Gosselin が政府の委託を受けて2007年2月に公表したレポート Aptitude te inaptitude au travail: diagnostic et perspectives など多数。

個別報告③

(1) 概　要

　議定書では，傷病に陥り休職した労働者について，その傷病の回復の時期や回復の程度が予測された段階で，不適格認定を待たずに，即座に再配置を検討できるような枠組みを作るべきとしている。具体的には，以下のような制度を構築することが検討された。

　フランスでは，「労災補償制度上の医療保険医（médecin-conseil de l'assurance-maladie）」という，労働者が労災認定を受ける際に，当該労働者の病状を診断する権限が与えられている医師がいる。そこで，この医療保険医が，当該労働者の傷病の安定化あるいは回復の時期を予測した場合，その時点ですぐに，当該保険医，労働医，主治医などの合議体による委員会を結成するとしている。そして，当該委員会が，「職業からの脱退を予防するための健診（visit de prévention de la désinsertion professionnelle）」という名の復職「前」健診を実施する。そのうえで，労災保険のネットワークおよび政府機関と連携の上，使用者に対し，労働者の再配置について提案をおこなうとする。

　この提案をうけた使用者は，労働医による不適格認定を待たずに，即座に再配置を検討することになる。この点は，再配置等打診義務が不適格認定の後に課されていた従来とは，大きく異なる部分である。この再配置の検討は，労働者の休職中に継続的におこなわれ，その後の労働医の復職時健診の時点で終了する。そして，このような再配置の検討にもかかわらず，当該労働者を再配置できなかった場合，その後の労働医による復職時健診の際に当該労働者が不適格であるとの認定を受ければ，使用者は労働者を即座に解雇できることとなる。

　以上が，この議定書で検討された新たな就労可能性判定および使用者の再配置等打診義務のしくみである。この案では，従来のように，労働医が労働者の再配置先を単独で判断し，提案することはない。しかし，労働医は，当該労働者の病状および従前の職務内容の双方を同時に把握できる唯一の専門家として，委員会の中で重要な役割を果たすべき，とも述べられている。

(2) 意　義

　この新たなしくみの意義としては，第一に，労働医だけではなく，分野横断的なメンバーが共同して労働者の再配置先を検討する点で，労働者の雇用保護

をより一層強化したものであると評価することができる。また、再配置検討のための時間も、1か月という短い期間しかなかった従来よりも、早い段階で、かつ余裕を持って設定されている。この点でも、労働者の保護という側面が非常に強いものといえる。そのほか、いったん不適格認定が出された後は、使用者には再配置等打診義務が課されないことから、これまで非常に重い義務を課されていた使用者の負担を軽減するという目的も併せ持っている[32]。

前述のとおり、結局この議定書は白紙となってしまった。しかし、この議定書で示された方向性には、従来の就労可能性判定機能が有していた問題点を大きく改善させる可能性が認められることから、今後も同様の議論が継続されるものと推測される。

V　むすびにかえて

以上が、フランスの労働医が有する、就労可能性判定機能の概要と現代的展開、そして改革議論の内容である。以下ではこれらをふまえ、わが国において労働者の就労可能性をより適切に判断するために、医師や産業医がどのように関与すればよいかを考えてみたい。

先にみたように、フランスの労働医制度は非常に独特な制度である。したがって、フランス労働医が持っているような就労可能性判定機能を、わが国の医師や産業医も持つべきであるという単純な議論はすべきではない。しかし、精神疾患その他あらたな傷病が増加するなか、使用者が、労働者の就労能力を正確に把握できず、適切に処遇することが困難になっているという現状は、フランスでもわが国でも共通してみられる現象である。その中、労働医の就労可能性判定機能を十分に活用することで問題点を克服しようというフランスの試行錯誤から、参照すべき点は非常に多いものと思われる。

そして、その中でも、現在のフランス労働医が有する①傷病に陥った労働者の処遇を巡る労使交渉の「仲介役」としての機能、あるいは改革議論で検討さ

---

[32] SAVATIER (J.), *À propos de l'inaptitude physique à l'emploi apparue au cours du contrat de travail*, Dr. soc., 2009, p.1192.

個別報告③

れている②再配置先検討の際の「コーディネーター」としての機能は，とりわけ示唆に富む。

　フランスの労働医は，就労可能性判定機能を持つことで，労働能力が減少した労働者の健康状態を必ず把握する。そしてそれと同時に，労働者が今後どのように労働をしていきたいか，その意向を知ることとなる。そのうえで，企業の職務内容をふまえつつ，ふさわしい職務について，使用者に人事上の提案をしたり，ときには使用者に助言をおこなう。このような役割を果たす労働医は，傷病に陥った労働者の処遇を巡る労使の対話の間に入り，労使の意思疎通を促進しつつ，ふさわしいポストを提案するという，労使対話を仲介する役割を果たしているとみることができるのである。医学的知識が十分にあり，職務内容にもある程度明るく，中立的立場にある労働医が労使の間に立つことは，傷病に陥った労働者について，公平で透明性のある労使対話を促進しつつ，より適切な処遇を実現するきっかけとなるものと思われる。

　また，前述のとおり，現在フランスでも，労働医だけで再配置先を検討し人事上の提案をする事が難しいことが指摘されている。そして，再配置先を企業外の企業グループなどにも拡大するために，労働医と労災保険機関，政府機関などが一体となってネットワークをつくり，傷病に陥った労働者の再配置先を検討する方法が模索されている。しかし，その際に，傷病に陥った労働者の職務内容や現在の健康状態をもっとも把握できる立場にある労働医が，そのネットワークにおいてイニシアティブをとり，中心的な役割を果たすことが期待されている。かかる議論は，労働者の健康状態により適した職務を見つける可能性を拡大させる試みとして，大いに注目すべきものと思われる。

　しかし，これら法制度を展望するうえでは，いずれにせよ，十分な専門性を備えた，職場環境にも労働者の健康状態にも明るい，労使に中立的な医師が関与することが不可欠である。残念ながら，現在のわが国の制度では，医師や産業医にいまだそこまでの役割を期待することは難しいと言わざるをえない。[33] 新たな傷病が増加する中，これら労働者をいかに適切に処遇するかは，同時に，

33）　わが国の産業医制度の法的問題点については，鈴木俊晴「私傷病労働者の就労可能性判断と医師の関与」季労233号（2011年）57頁のⅡ1を参照。

どのような形の産業医療制度を創造するかという問題と，一体となって考えていかなければならないのではないだろうか。その意味でも，およそ70年にもわたるフランスの労働医制度の変遷と試行錯誤から，参照すべき点は非常に多いのではないかと考えている。

(すずき　としはる)

ストレス関連疾患の労災認定
―― 厚生労働省労働基準局「精神障害の認定基準」を踏まえて ――

田 中 建 一
（東洋大学）

I　はじめに

　最近，作業関連疾患[1]のなかで，職場ストレスや過労を原因とするストレス関連疾患が労災補償の視点から注目を集めている[2]。とりわけ，精神障害の増加は著しく，労災保険への請求状況を見ると，「心理的負荷による精神障害の業務上外に係る判断指針」（平成11年9月14日基発第544号，以下，「判断指針」という）の策定を契機に，ほぼ右肩上がりに増え続け，平成23年度の請求件数は1,272件，支給件数は325件とともに過去最高となっており，職場ストレスの法的評価が，労災補償における新しい課題となっている。

　このような状況にあって，厚生労働省は，これまで精神障害の労災認定基準として，慢性ストレス評価に課題を持ちながらも大きな貢献を果たしてきた[3]・[4]「判断指針」を廃止し，平成23年12月26日，新たに「心理的負荷による精神障害の認定基準」（基発1226第1号，以下，「認定基準」という）を各都道府県労働局長あてに発出した。

---

1) 西村健一郎「労災職業病の変容と労災保険」日本社会保障法学会編『講座社会保障法（第2巻）』（法律文化社，2001年）205頁で，作業関連疾患は，現在，WHO あるいは ILO において，予防の観点から積極的な対応が求められているが，わが国では，補償の観点を含めた問題提起がされているところに新しさがあり，かつ，難しさがあると述べられている。
2) 石田眞「作業関連疾患」日本労働法学会編集『講座21世紀の労働法（第7巻）』（有斐閣，2000年）97頁。
3) 山口浩一郎『労災補償の諸問題〔増補版〕』（信山社，2008年）221頁。
4) 品田充儀「ストレス関連疾患の労災補償をめぐる法政策」『労災保険とモラル・ハザード』（法律文化社，2005年）151頁。

この「認定基準」は,「判断指針」の基本的認定構造をそのまま引継ぎながらも,慢性ストレス評価に対して,新しい考え方と対応策を示している。このようなことから,「認定基準」は,従来の「判断指針」と同様,行政実務だけでなく行政取消訴訟や損害賠償請求訴訟にも大きな影響を与えるものと思われる。

　そこで,本稿では,まず,精神障害の労災認定における重要な課題である慢性ストレスの評価に焦点を合わせて「認定基準」の内容の検討を行い,次に,現代の職場ストレスを適切に評価するためには,「ストレス過重性評価の基準労働者」と「脆弱性の判断規準」について検討が必要であると考え,これまでの議論状況及び裁判例の動向を踏まえた検討を行う。なお,本稿では,急性ストレス[5]とは,その発生が,時間的・場所的に明確な突発的な災害性ストレス（ライフイベントを含む）であると定義し,慢性ストレスとは,その発生が,時間的・場所的に明確でなく,持続的・継続的で,連鎖性と蓄積性を有するストレスであると定義する。また,「認定基準」が,医学的・心理学的知見を前提としたものであることに鑑み,本稿でも,これらを踏まえた検討を行う。

II　問題の所在

1　「11年判断指針」の慢性ストレス評価

　「判断指針」は,職場における心理的負荷評価表（以下,「評価表」という）を採用し,これに当てはめていくことで,急性ストレス評価を中心としたストレスの客観的評価にある程度成功した[6]が,より精神への侵襲性の強い慢性ストレス[7]評価については,以下の問題点を抱えていた。

---

[5]　精神医学的にみると,「ストレス」には,ストレス要因である「ストレッサー」とその反応としての心身の変化としての「ストレス状態」の二つの意味があり,区別して用いられているが,認定基準や多くの裁判例は,両者を厳密に区別せず,「ストレス」という語を用いている。本稿でも,これに準じた用い方をする。宮岡等「職場のメンタルヘルス講演は適切か」こころの科学137号（2008年）10頁。

[6]　品田充儀「労災保険法」河野正輝・江口隆裕編『レクチャー社会保障法』（法律文化社,2009年）168頁。

[7]　原田憲一「精神障害に関わる労災認定の考え方と実際上の問題点」精神科学治療学第22巻第1号（2007年）72頁。

個別報告④

　第一に,「判断指針」が採用する「評価表」は, ライフイベント法[8]を基盤として作成されているため, 急性ストレスの評価が中心となり, 慢性ストレスが十分に評価されない[9]という基本的認定構造上の問題を持つことである。

　第二に,「判断指針」における慢性ストレス評価は, 慢性ストレスを急性ストレス（出来事）に後続するストレス（出来事後に持続する状況）であるととらえ, 仕事の量（労働時間等）や仕事の質の変化, 職場の支援・協力等の欠如の状況などを検討し, 出来事後のストレスが, 平均的労働者を基準とした場合に,「相当程度過重」, あるいは「特に過重」であるか否かという極めて難しい認定手法をとっていた[10]。これに対し, 急性ストレス評価は, ライフイベント法の採用により, 予め, 列挙された出来事項目への当てはめという簡便化が図られていた。

　第三に, 慢性ストレスの蓄積性に着目した評価がされていないことである。「業務による強い心理的負荷」（認定基準第2の2）まで至らないストレスが, 複数認められる場合に,「判断指針」は加算評価できる仕組みではなく, それぞれの出来事を単独評価することとしており, 裁判例からの批判も少なくなかった。加えて,「判断指針」は, 慢性ストレスを急性ストレスに後続するストレスとしてとらえるため, 出来事の伴わない恒常的な長時間労働など, 急性ストレスに後続しない先行型の慢性ストレスの評価が極めて不十分なものとなっていた[11]。

2　ストレス過重性評価の基準労働者

　身体の傷害や職業病に関する業務起因性判断と違って, 精神障害の業務起因性判断においては, ストレス過重性評価のための基準となる労働者を措定したうえで, 業務に内在する危険の具現化の判断を行う審査手法がほぼ確立してい

---

8) 夏目誠「ライフイベント法とストレス度測定」Bull. Inst. Public. Health. 42巻3号（1993年）402頁以下。
9) 財団法人パブリックヘルスリサーチセンター編『ストレススケールガイドブック』（実務教育出版, 2004年）265頁。
10) 田中建一「『心理的負荷による精神障害等の業務上外認定に係る判断指針』の慢性ストレス評価の課題」労働法律旬報1731号（2010年）15頁。
11) 松浦健伸「精神障害の労災認定を考える――精神障害の労災認定の基準に関する専門検討会の議論の問題点」働くもののいのちと健康47号（2010年）44頁。

る。「認定基準」は，当該労働者本人を基準とするのではなく，同種労働者を基準労働者としている。裁判例も，同種労働者あるいは平均的労働者を基準とするが，条件を付すことにより，「認定基準」より幅を広げた柔軟な認定をする傾向にある。最近の裁判例を見ると，なんらかの脆弱性を有しながらも業務軽減を受けることなく通常勤務ができる者を含む同種労働者を基準とするものが主流となっている。

この基準に従えば，障害者の雇用の促進等に関する法律（以下，障害者雇用促進法という）により，障害者雇用率達成のために雇用された労働者や休職後の職場復帰労働者などで業務軽減措置を必要する者が，初めから，労災補償の保護の対象から除かれることになってしまう。障害者雇用促進や疾病労働者の職場復帰促進の観点から，また，労働者の危険をコントロールしうる立場にある使用者の配慮義務の観点から，問題性があると思われる。[12]

3 業務起因性判断における脆弱性評価

「認定基準」では，ストレス過重性について「業務による強い心理的負荷が認められること」（認定基準第2の2）を業務起因性判断の積極的な認定要件として定めている。一方，脆弱性については，「業務以外の心理的負荷及び個体側要因により対象疾病を発症したとは認められないこと」（同第2の3）と消極的要件にとどめている。脆弱性評価が，プライバシーにも絡む問題であり，行政機関での調査に限界があることを考慮すれば，消極的要件にとどめることは妥当であるといえる。しかしながら，労災保険の中で，否定的要件を定めた「認定基準」は，「精神障害の認定基準」以外見当たらない。[13]

また，「業務による強い心理的負荷」に達しないストレスでの発症は，ストレス脆弱性理論を根拠に，本人の脆弱性によるものであるととらえ，業務起因性を否定している。

---

12) 鎌田耕一「私傷病求職者の復職と負担軽減措置——復職配慮義務をめぐって」安西愈先生古希記念論文集『経営と労働法務の理論と実務』（中央経済社，2009年）97頁以下。
13) 労災保険の認定基準で，該当要件だけを規定し，その要件に該当すれば，認定されるものとしては，たとえば，化学物質に暴露した場合の認定基準として，基発第122号昭和51年1月30日，基発第565号昭和51年8月4日がある。

このような脆弱性判断が行われてきた中で，精神障害の労災認定基準に関する専門検討会（以下，検討会という）では，「業務による強い心理的負荷」が認められた場合に，「業務以外の心理的負荷」，「個体側要因」の検討を省略し，ストレス過重性判断だけで業務起因性を推定するという業務起因性推定方式の「認定基準」への導入が妥当であるかの検討が行われた。

III 「23年認定基準」の慢性ストレス評価

「認定基準」では，慢性ストレスに対して，いくつかの新たな具体的対応策が講じられている。このような慢性ストレス評価への対応は，認定基準がライフイベント重視の「出来事主義的基準」から脱皮し，現代的職場ストレスの法的評価を行うために，慢性ストレスの蓄積性評価への対応力を高めようとしていると受け取ることができる。以下で，慢性ストレスの評価への配慮がなされたと思われる改善点について概観する。

第一に，複雑で分かりにくいと指摘されていた慢性ストレス評価について，原因となる出来事を事例化し，「評価表」に組み込むことで，認定の具体化を図ったことである。これまでは，「出来事」（急性ストレス）と「出来事後の状況が持続する程度」（慢性ストレス）を別々に評価したうえで，総合評価するという2段階評価を行ってきたが，齟齬が生じやすいため，これを一段階評価に改めている。また，「認定基準」に，「出来事」と「出来事後の状況」を同等に評価するということも明記（第4の2）されており，慢性ストレス評価が重視されたものと評価できる。

第二に，慢性ストレスの中でも量的算定が可能な長時間労働を独立した出来事評価項目として新設し，かつ，具体的な労働時間基準の設定をしたことである。[14]「判断指針」では，ストレス過重性判断の前提として，具体的出来事の存在が必要とされており，恒常的な長時間労働だけが原因的出来事となった場合は，原則的に業務起因性は否定されていた。このような蓄積ストレスの代表格

---

14) 本報告の際，北岡大介会員より，慢性ストレスを重視したとしても，時間基準は客観的であるべきとの指摘がなされている。

である労働時間についての包括的評価項目の創設は，今後，「評価表」の見直しが行われる場合にも，量的算定が難しい慢性ストレス評価項目の設定への手がかりにもなるであろう。

　第三に，現代的ストレスであるいじめやセクシュアルハラスメントなどのストレス評価に，二つの理解を示したことである。一つは，いじめやセクシュアルハラスメントなどが，繰り返し行われた場合には，より強く評価することが出来るようになったことである。もう一つは，発病前6か月よりも以前から，いじめやセクシュアルハラスメントなどの行為が行われた場合であっても，行為開始時からすべての行為を連続的に評価できるようになったことである。

　第四に，複数の出来事や発病後の出来事の評価にも，柔軟な認定ができるようになったことである。これは，裁判例の認定動向に沿うものであり，加えて，ライフイベント法が，加算方式の職場ストレスの評価方法であるということにも整合し，連鎖性と蓄積性を持つ慢性ストレスの評価の前進がみられる。

　第五に，これまで，認定対象外であった精神障害発病者の悪化についても，業務上認定の対象としたことである。「認定基準」では，別表1の「特別な出来事」に該当する出来事があり，その後おおむね6か月以内に対象疾病が，自然的経過を超えて，著しく悪化したと医学的に認められる場合については，悪化した部分について，業務上疾病として取扱うこととしたのである。今後は，「特別な出来事」への該当を条件とすることが厳しすぎないかということの検討が行われるべきであろう。

Ⅳ　ストレス過重性評価の基準労働者

1　「認定基準」と裁判例の基準労働者

　「認定基準」では，ストレス過重性評価の基準労働者を，職種，職場における立場や職責，年齢，経験等が類似する同種労働者としているが，今回の策定

---

15)　複数の出来事に関しては八女労基署長（九州カネライト）事件（福岡地判平18・4・12労判916号20頁）ほか，発病後の出来事は，国・中央労基署長（日本トランスシティ）事件（名古屋地判平21・5・28労判1003号74頁）ほか。

により，年齢，経験等の条件が，新たに加えられていることに注目する必要がある。[16]

　裁判例をみると，「認定基準」に比べ，平均的労働者の範囲を幅広くとらえる傾向がみられ多種多様な判断をしているが，おおよそ，以下の四つのタイプに大別することができる。第一のタイプは，「認定基準」と同じように，同種労働者（あるいは平均的労働者）を基準（以下，「平均的労働者基準」という）とする，条件を付けないシンプルなタイプである。第二のタイプは，最近の裁判例の主流である，なんらかの脆弱性を有しながらも業務軽減を受けることなく通常勤務ができる者を含む同種労働者を基準（以下，「業務軽減者除外基準」という）[17]とするタイプである。第三のタイプは，最も，「本人基準」に接近しているといわれる最脆弱者を基準（以下，「最脆弱者基準」という）とするタイプである。さらに，第四のタイプは，使用者の認識を前提に，労働者の主観的・個別的要素を重視することにより，実質的に「本人基準」に近づく新しいタイプの基準（以下，「個体差重視基準」という）である。

2　「業務軽減者除外基準」の問題性

　最近の裁判例の主流である「業務軽減者除外基準」の設定に問題はないだろうか。

　まず，使用者に求められる業務軽減措置について，どのようなものがあるかを検討する。第一は，障害者雇用促進法における雇用率達成のために雇用される労働者への業務軽減措置である。第二は，「健康診断結果に基づき事業者が講ずべき措置に関する指針」（平成8年10月1日公示，同20年1月31日改正）で定める健康診断による有所見者への業務軽減措置である。第三は，休職後の復職

---

[16]　認定基準は，厚労省第1回精神障害の労災認定の基準に関する専門検討会議事録 http://www.mhlw.go.jp/stf/shingi/2r9852000000x3zl.html で「業務軽減者基準」をも整合的に解釈しうることが確認されており，認定基準の柔軟な姿勢が窺われる。

[17]　①国・福岡中央労基署（デュポン）事件・東京地判平22・6・9労経速2087号3頁，②国・神戸東労基署長（川崎重工業）事件・神戸地判平22・9・3労判1021号70頁，③国・三鷹労基署長（いなげや）事件・東京地判平23・3・2労判1027号58頁，④国・川崎北労基署長（富士通ソーシアルサイエンスラボラトリ）事件・東京地判平23・3・25労判1032号65頁ほか多数。

者の業務軽減措置である。「労働者の心の健康の保持増進のための指針」（平成18年3月31日公示）でも，職場復帰支援の必要性が述べられており，使用者の配慮義務は重視されねばならないであろう。

次に，業務軽減措置を受ける者を除外することの問題性について検討する。上記のような理由で業務軽減を求める労働者に対して，使用者は，労働者の個別事情を認識することにより，労働者の危険をコントロールしうる立場にあり，労働者の業務軽減に対して，配慮することが求められる。加えて，このような使用者が，通常求められる配慮を行わない場合に，業務起因性判断にも影響することが考えられる（後ほど詳しく述べる）。[18] 以上の理由から，業務軽減を受ける者を基準労働者の中から除外してしまうことは妥当ではないといえる。[19]

3 「最脆弱者基準」と慢性ストレス評価

「最脆弱者基準」をとる裁判例の多くは，労災補償の趣旨を「被災労働者の損害を塡補するとともに，被災労働者およびその遺族の生活を補償する」と明示し，[20]「当該労働者のおかれた立場や状況，性格，能力等を十分考慮」，[21]あるいは「当該労働者が置かれた立場や状況を十分しんしゃく」[22]することを重要視したうえで，業務のストレス過重性判断を行っている。

このようなストレス過重性判断は，性格や能力を考慮することで，個体差を重視した判断を行い，個別的立場や状況を斟酌することにより，継続する状況の中での慢性ストレスの具体的評価を行い，[23]過度に標準にとらわれない判断を可能としている。

---

18) 水町勇一郎「労働者のうつ病自殺と業務起因性判断――国・福岡東労基署長（粕屋農協）事件・ジュリ（2010年）126頁。
19) 本報告の際，渡辺岳会員より，業務軽減者の脆弱性の視点から単純な同種労働者との比較では，業務起因性判断のハードルが下がり過ぎるのではないかとの指摘がなされている。
20) ⑤豊田労基署長（トヨタ自動車）事件・名古屋地判平13・6・18労判814号64頁，⑥名古屋南労基署長（中部電力）事件・名古屋地判平18・5・17労判918号14頁，⑦さいたま労基署長（日研化学）事件・さいたま地判平18・11・29労判936号69頁，⑧国・江戸川労基署長（四国化工機工業）事件・高松地判平21・2・9労判990号174頁。
21) 前掲注20)の裁判例⑦。
22) 前掲注20)の裁判例⑥，裁判例⑧。

個別報告④

4 「個体差重視基準」

最近の裁判例で見られる「個体差重視基準」[24]は，資質，性格，健康状態など主観的・個別的要素を考慮することにより，実質的に「本人基準」と見られる判断を行うものである。

粕屋農協事件では，「平均的労働者基準」をとりながらも，使用者が労働者の資質，性格，健康状態など主観的・個別的要素を認識・把握していた場合は，業務起因性判断において，主観的・個別的要素を十分に考慮すべきであるとして，被災者の主観的・個別的要素を業務起因性の肯定要素としてとらえている。

精神障害の発症においては，個体差による影響が大きいため[25]，発症原因が通常人の範囲を越えないものであれば，脆弱性と見るべきでなく，本基準のように個体差を重視した業務起因性判断が必要とされる。[26]

V 業務起因性判断における脆弱性評価

1 業務起因性判断と脆弱性評価

「認定基準」では，ストレスの過重性について「業務による強い心理的負荷が認められること」（第2の2）を業務起因性肯定のための積極的な認定要件としている。一方，脆弱性については「個体側要因により対象疾病を発症したとは認められないこと」（第2の3）と消極的要件にとどめている。

これらの要件から，第一に，業務起因性の実質的判断は，積極的要件であるストレス過重性評価に委ねられていること[27]。第二に，ストレス過重性と脆弱性

---

23) 前掲注20)の裁判例⑤では，「従前からの恒常的な時間外労働や残業規制による過密労働により相当程度の心身的負荷を受けて精神的，肉体的疲労を蓄積していた」，裁判例⑥では，「日常的な業務上の指導も，徐々にではあるが継続的に，Xに対し心理的負荷をおよぼしていったことがうかがわれる」，⑦では，「一つ一つの出来事自体は強度なものでないとしても，Xの自責，自信喪失につながり，徐々にではあるが継続的に心理的負荷を募らせる状況に置かれていったことがうかがえる」と慢性ストレスの具体的認定がなされている。
24) 国・福岡東労基署長（粕屋農協）事件・福岡高判平21・5・19労判993号76頁。
25) 石田・前掲注2)108頁。
26) 水野勝「西ドイツの労災・職業病の認定法理」『現代労使関係と法の変容』（勁草書房，1988年）366頁。
27) 地公災基金高知県支部長（南国市役所）事件・高知地判18・6・2労判926号82頁。

を同列に比較し、どちらが相対的に有力であるかを比較考量するものではないことが明らかである。

　問題は、「業務による強い心理的負荷」に達しないストレスで精神障害を発症し、「業務以外の心理的負荷」及び「個体側要因」が全く見当たらない場合である。「認定基準」では、ストレス脆弱性理論を根拠に、「業務による強い心理的負荷」に達しないストレスでの発症は、同種労働者においての発症レベルではなく、当該本人の脆弱性が原因で発症したものと捉え、業務起因性を否定する。つまり、ストレス過重性評価と行うことにより、結果として、脆弱性判断も行っているのである。

　厚生労働省がいうように「認定基準」が、相対的有力原因説に立脚しているとすれば、「業務以外の心理的負荷」及び「個体側要因」に特段の問題がなければ、業務によるストレスが「強い心理的負荷」に達していない場合であっても、業務が相対的に有力であると判断し、業務起因性を認めるべきである。[28]なぜならば、慢性ストレスは、連鎖性や蓄積性により、ストレス強度を増すという性質を持つことから、個別的に判断された場合は「強い心理的負荷」と評価することが困難であり、精神障害の発症原因を必要以上に脆弱性に求めることは妥当ではないからである。

2　使用者の認識による脆弱性の転換

　前述した国・福岡東労基署長（粕屋農協）事件をめぐり、業務起因性判断に使用者の認識を取り込むことについて、肯定する見解と否定する見解が対立する。前者は、労災保険の業務起因性判断において、使用者に一定の予防的配慮を求めることは、損害賠償と業務起因性判断に理論的一貫性があることを根拠に、使用者が精神障害の発症を防ぐために通常の配慮を怠った場合には、業務に内在する危険を客観的に増幅させたものと位置付けしうるとする。[29]後者はこ

---

28)　西村健一郎「精神障害の罹患と自殺の業務起因性」週刊社会保障2409号（2006年）は、名古屋南労基署長（中部電力）事件判決（前掲注20）裁判例⑥）を「業務によるストレスが『強度のもの』であることをとくに要求していないもののようにみえる」と批判的にとらえている。

29)　水町・前掲注18)126頁。

れに対し，労災保険は，損害賠償とは異なり，無過失責任であることから，業務起因性判断に使用者の認識を加味することに違和感があるとする[30]。

本稿では，以下の理由から，肯定的立場をとる。第一に，使用者の無過失責任とは，全く使用者に過失がない場合でも，業務起因性が認められるのであるから，使用者に配慮の必要性がある場合は，それ以上に業務起因性が認められることが当然ありうるし，それを条件とすることに問題は生じないと思われる。

第二に，「認定基準」では，「評価表」の具体的出来事として，正当な行為，違法行為の区別なく，「退職を強要された」，「セクシュアルハラスメントを受けた」などの使用者の意思や行為が関連する出来事が「評価表」に列挙され，それにより業務起因性判断が行われている。したがって，使用者の認識を条件とする出来事を「評価表」に組み込むことに支障がなく，たとえ損害賠償と労災認定は同一ではないとしても，使用者の認識を業務起因性の判断に組み込むことの問題性は見当たらない。

3 ストレス過重性評価による業務起因性推定方式の導入

「検討会」では，ストレス過重性判断による業務起因性推定方式，すなわち，ストレス過重性が強度であると判断された場合は，「業務以外の心理的負荷」，「個体側要因」を検討することなく，業務起因性を推定するという考え方が検討されており，「認定基準」では，「業務以外のストレス」，「個体側要因」の調査を出来るだけ簡素化するという結論を示している。業務起因性推定方式は，前述した慢性ストレス評価の問題点を内包するが，本稿での脆弱性評価のついての検討結果を踏まえれば，以下の理由で支持することができる。

第一に，「認定基準」では，ストレスの業務過重性評価において，実質的に業務起因性判断が行われていること。第二に，「認定基準」では，脆弱性である個体側要因が「業務による強い心理的負荷」を上回る相対的有力原因になった場合に，否定要件とされるが，それも，個体側要件により発症したことが，医学的にみて明らかである場合に限られていること。第三に，最近の裁判所の

---

[30] 阿部未央「配転後の精神障害と労災認定——国・福岡東労働基準監督署長（粕屋農協）事件」山形大学法政論叢第50号（2011年）22頁。

判断及び行政機関の判断で、脆弱性を理由として業務起因性を否定した事案が一件も見当たらないことである。

VI むすびにかえて

これからの職場ストレスに対し、「精神障害の認定基準」が十分な機能を発揮していくためには、「脳・心臓疾患の認定基準」が災害主義的基準から、慢性的蓄積疲労を認める労働時間主義的基準へと変遷していったように、「認定基準」も、蓄積性ストレスよる精神障害を評価することができる判断枠組みへと進化していくことが求められる。そのためには、個体差、個別事情を重視したうえで、脆弱性に対して過度な評価をすることなく、ストレスを客観的評価する必要がある。

迅速・斉一性が要請される「認定基準」においては、予め個別的取り込みを定型化しておくことが求められるが、本報告は、使用者の認識を「評価表」の具体的出来事へ取り込みが可能であることを述べたに過ぎず、個別性の具体的取り込みについての検討がなされていない。これらについては、紙幅の関係もあり、今後の課題としたい。

（たなか　けんいち）

---

31) 厚労省第2回精神障害の労災認定の基準に関する専門検討会議事録 http://www.mhlw.go.jp/stf/shingi/2r9852000000z2yy.html では、平成21年度の監督署における認定で、「業務による心理的負荷」が「強」と認定された234件の中で、「業務以外の心理的負荷」及び「個体側要因」を原因として業務外となったものはなく、また、平成20年度、21年度に裁判所で判決があった73件の中で、「業務による強い心理的負荷」が認められたにもかかわらず、「業務以外の心理的負荷」及び「個体側要因」を原因として業務外と判断されたものはなかったと報告されている。

32) 最近、ストレス脆弱性理論に対抗する医学的理論として、レジリアンス（疾病抵抗性）モデルが提唱されており注目に値する。さしあたり加藤敏・八木剛平共編『レジリアンス——現代精神医学の新しいパラダイム』（金原出版、2009年）参照。

33) 本報告の際、廣石忠司会員より、定型化の困難性についての指摘がなされている。

イギリス労働法における
労務提供契約の成立の二重構造

新屋敷　恵美子

(山口大学)

I　問題の所在

1　労働契約の成立と合意の原則の関係

　本稿は，イギリスにおける労務提供契約の成立の構造を分析し，それを手掛かりに，日本の労働契約の成立への新たな視座を示唆することを目的とする。そのような視座が求められるのは，以下のような日本の問題状況があるためである。

　まず，合意の原則との関係で生じている問題について述べる。労働契約法（以下，「労契法」。）は，合意の原則を強調し，労働契約の成立については，同6条において，労働契約が当事者の合意によって成立する旨定める。契約の成立には当事者の合意ないし意思の合致が必要であるから[1]，労働契約の成立の場面での合意の原則は，当事者の合意ないし意思の合致の要求という形で現れると解される。ところが，従来，労働契約の成立に関する問題が上記のような意味での合意の原則から一貫して捉えられ処理されてきたかというと，以下のように疑問が生じる。

　そのような疑問を生じさせる一つが，黙示の労働契約の成否についての議論である。判例では，黙示の労働契約の成否は以下のような基準によって判断されている。すなわち，安田病院事件の高裁判決（大阪高判平10・2・18労判744号63頁）は，「労働契約が存在するというためには，両者の意思の合致が必要で

---

1) 大村敦志『基本民法Ⅰ〔第3版〕』（有斐閣，2004年）30頁。

あるとしても，労働契約の本質を使用者が労働者を指揮命令し，監督することにあると解する以上，……当該労務供給形態の具体的実態を把握して，両者間に事実上の使用従属関係があるかどうか，この使用従属関係から両者間に客観的に推認される黙示の意思の合致があるかどうか」という基準によって，黙示の労働契約の成否を判断する。ここでは，意思の合致という契約の成否の判断が，労働契約の本質とされる使用従属関係の存否の判断に置き換えられている。裁判例ではこのような判断基準の設定が一般的だが[2]，周知のとおり，使用従属関係の存否という概念は，労働者性（労働基準法9条，労契法2条1号）の判断基準であって，契約一般に要求される合意ないし意思の合致の有無を問う基準ではない。このように，黙示の労働契約の成否は，合意ないし意思の合致の有無で判断されると認識されながら，実際には，労働法に特有の概念によって処理されている。

　合意についての問題が，曖昧なまま労働法的に処理されているのは，通常の労働契約成立の場面，すなわち，新規学卒者に関する内定の法的性質の問題領域でも同様である。内定については，労働者の応募を申込み，使用者の採用内定を承諾として，採用内定によって労働契約が成立するという理解が定着してきた。たしかに，判例は，抽象的には，採用内定における実態の多様性を認め，個別の事案の「採用内定の事実関係」に即して法的性質を検討するべきことを示してきた[3]。しかしながら，実際には，個別の事案ごとの合意の有無の検討ではなく，内定＝労働契約の成立という「問題の定型的把握・処理」[4]が定着してきた。その定着を促したのが労働者保護の観点であったことは想像に難くない[5]

---

2) JR西日本（大誠電機工業）事件・大阪高判平15・1・28労判869号76頁，マイスタッフ（一橋出版）事件・東京高判平18・6・29労判921号5頁，ソフトウェア興業（蒲田ソフトウェア）事件・東京地判平23・5・12労判1032号5頁等。
3) 大日本印刷事件・最二小判昭54・7・20民集33巻5号582頁。
4) 水町勇一郎「労働契約の成立過程と法」『講座21世紀の労働法(4) 労働契約』（有斐閣，2000年）41頁・50頁。
5) 西川美数「採用内定，試用期間」季労77号（1970年）116頁・118頁，浅井清信「採用内定と試用をめぐる法律問題」龍谷法学3巻3・4号257頁（1971年），毛塚勝利「採用内定・試用期間」『現代労働法講座第10巻労働契約・就業規則』（総合労働研究所，1982年）84頁・86頁。

が，労働契約の成立に要求される合意とは何か，という点からの分析が徹底して追及されなかった嫌いがある。

他方で，新規学卒者でない者の労働契約の成否については，とくに賃金についての具体的な合意[6]や意思の最終性[7]とでもいうべきものが要件とされている。したがってこの場面では，むしろ，何についてどの程度合意があったのかという合意の観点から成否が検討されており，労働契約の成否の判断に当たって合意ないし意思の合致の観点が強調されているといえる。

以上のように，労働契約の成立の領域では，合意の原則が透徹しているとは言い難い。すなわち，労働契約の成立の問題は，合意ないし意思の合致として契約法の言葉で把握されながら，実際には契約法の範囲を超えた「労働法的」処理（「類型的把握・処理」など）がなされており，そのことが問題解決における契約法理の意義を不明確にしている。他方で，そのような処理が確立していない問題については，「労働法的」処理が貫徹されず，合意ないし意思の合致からの分析が重視される場合もある。このような状況は，問題解決と合意の原則との一貫性の欠如という点でも，判断基準の不明確性と不確定性という点でも，問題の多いものといえよう。

2 労働契約の成立領域の総合的な把握の必要性

次に，日本における労働契約の成立に関する問題の個別的把握とその問題点について述べる。

本来，労働契約の成立の領域は，1でみた合意ないし意思の合致の有無の問題を超えた範囲に広がっている。しかし，日本ではその点が明確に認知されていない。ここで考えたいのは，労働契約の成立と「労働法」という法の適用決定との問題のつながりである。従来，労働契約の成立に関する問題といえば，法律上の規制（たとえば労基法15条の労働条件の明示）を除くと，採用の自由，採

---

6) オリエントサービス事件・大阪地判平9・1・31労経速1639号22頁，ユタカ精工事件・大阪地判平17・9・9労判906号60頁，インターネット総合研究所事件・東京地判平20・6・27労判971号46頁。
7) わいわいランド事件・大阪高判平13・3・6労判818号73頁。

用内定，試用の問題が想起され，労働契約の成立の問題を法の適用決定の問題であると考えることは一般的ではなかったといえよう[8]。しかしながら，労働法が「労働契約の存在を大前提としている[9]」以上，契約の存在をもたらす合意ないし意思の合致の問題も，労働法の適用決定と密接な関係にあることはすぐに了解される。また，労働契約の成否の問題は，「労働」契約という性質を有する契約の有無の問題なのだから，裁判例で法の適用決定の判断が労働契約性の有無によって判断される場合のあることも想起すると[10]，労働契約の成立の問題が「労働法」という法の適用決定の問題に関係していることが認識できる。このように，労働契約の成立の問題と法の適用決定との問題は結びついている。

ところで，1でみたように，労働契約の成立の領域の問題は，合意ないし意思の合致という一貫した観点から議論されてはいなかった。成立の領域における問題は，黙示の労働契約の成立，採用内定による労働契約の成立，というように個別の問題としてそれぞれに把握・処理されてきた。このような領域の個別的把握は，実は労働契約の成立の問題と法の適用決定の問題とがつなげて考えられてこなかったという上述の状況にもあてはまる。すなわち，法の適用決定の問題は，労働契約の成立の領域との結びつきを認識されず，切り離されたまま，労働者性等の問題として個別に把握されてきたのである。このように，労働契約の成立に関する問題は，労働契約の成立，黙示の労働契約の成立，法の適用決定（労働者性），というように個別に分断されて把握されてきた。

では，そのような個別的把握に問題はないかというと，そうではない。すでに1で指摘したように，労働契約の成立に関する諸問題の処理における合意の原則との一貫性の欠如がみられたが，この原因の一つには問題の個別的把握があると解される。というのも，問題を個別に分断して把握すれば，個別の問題の解決にあたって既存の「定型的把握・処理」を遂行すれば済むので，問題を労働契約の成立の領域の中で位置づけ理論的整合性，ここでは合意の原則との

---

8) 教科書類では，労働法の当事者の問題と労働契約（関係）の成立とが別々の箇所で説明されるのが一般的である。
9) 西谷敏『労働法』（日本評論社，2008年）8頁。
10) たとえば，ジャパンネットワークサービス事件・東京地判平14・11・11労判843号27頁，NHK西東京営業センター事件・東京高判平15・8・27労判868号75頁など。

個別報告⑤

関係を問う必要性が強く感じられないからである。そして，諸問題が合意の原則の観点から厳密に審査されないまま解決されそれが繰り返されると，この領域の合意の原則ないし契約法との距離が曖昧なまま固定化する。そのため，たとえば，黙示の労働契約の成否についての判例に関し指摘したように，労働契約の成立の領域の中で黙示の労働契約の成否の問題の位置づけが契約法と労働法との間で曖昧化する。そして，判断基準の不明確性と不確定性の問題により予測困難な法的不安定が生じるのである。

　さらに，労働契約の成立の領域における契約法の意義が曖昧になるなら，契約法と労働法の関係の整理も困難になるであろう。そのため，当事者らが当事者間の契約を委任，請負など労働契約以外の契約として合意した場合に，労働者性の判断にあたって，労働契約の成立にかかわる当事者意思をどのように取扱うべきかについても決定的な答えを出せない。たしかに，これまでの労働者性についての判例は，「契約の形式にとらわれず，当該契約当事者間に労働提供について実質上使用従属関係があるか否か[11]」によって労働者性を判断し，当事者の契約形式についての選択を重視しない，つまり，労働法的処理を優先させてきたと解される[12]。だが，裁判例の中には，「就業形態，雇用形態」の複雑多様化の事実から，「できるだけ当事者の意図を尊重する方向で判断する」ことを示唆するものもあり[13]，法の適用決定において労働契約の成立に関する当事者意思に一定の意義を認めようとするものもある[14]。このように，労働契約の成立に関する当事者意思への対応としては，大きくは，「労働法的配慮」から当事者の表面的な合意ではなく関係の実態を重視した判断によるという手法と，当事者の合意を重視して労働者性の判断を当事者の合意に委ねるという手法と

---

11)　大塚印刷事件・東京地判昭48・2・6労判179号74頁。
12)　東海技研事件・大阪地判平15・8・1労経速1863号3頁，新国立劇場運営財団事件・東京地判平18・3・30労判918号55頁（同事件東京高判平19・5・16労判944号52頁も同様の結論），スキールほか事件・熊本地判平22・1・29労判1002号34頁，ソクハイ事件・東京地判平22・5・27労判1010号25頁等。
13)　横浜南労基署長（旭紙業）事件・東京高判平6・11・24労判714号16頁。
14)　他に，契約の法的性格の判断にあたって当事者意思を重視するものとして，第一生命保険事件・東京地判平12・2・25労判783号64頁河合塾事件・福岡高判平21・5・15労判989号39頁がある。

があることがわかる。二つの手法は鋭く対立するものであろうが、これらの手法の選択は、労働者性の判断と、契約法そして労働法との関係を整理し、労働法の適用にあたっての契約の成立に関する当事者意思の位置づけを明らかにして初めて可能になる。にもかかわらず、上述のとおり、労働契約の成立の領域におけるそれらの法の関係の整理は十分に進んでいない。

以上から、これまでのように労働契約の成立の問題を領域分断的に把握し処理することではもはや十分でないことが了解されよう。労働契約の成立の領域を総合的に捉えて、各問題の位置づけを問い直し、判断基準を整理することが求められる。

3 課題と分析対象

以上の日本の問題状況から、本稿は、イギリス労働法における労務提供契約の成立についての議論を分析し、そこから、日本における労働契約の成立を考えるための示唆を得る。なぜイギリスの議論をみるのかというと、イギリスでは、個別的労働関係法の適用の実質的基準が、Ⅱで述べるとおり労務提供契約の成否になっており、その成否についての判例の検討が、労務提供契約の成否と契約法そして労働法との結びつきを示す一つの比較対象となるからである。1・2で述べたとおり、日本では労働契約の成立の領域における問題は個別的に把握されてきたが、イギリスの議論は、われわれに問題の個別的把握を離れ、労働契約の成立の領域を総合的に捉える視座を確信させるものと思われる。

Ⅱ 労務提供契約の意義

Ⅲの本論に入る前に、Ⅱで、イギリスにおける労務提供契約の意義について概観しておく。

1 法の適用決定と労務提供契約の成立

最初に、イギリスでどのように労務提供契約の成立が問題になるのかを示す。イギリスの個別的労働関係法の中核をなす1996年雇用権法は、重要かつ基本

的な諸権利を定める。そして、同法はその諸権利の主要な権利主体を被用者（employee）とし、その被用者の定義から雇傭契約の成否が問題となる。

たとえば、同法第1条は、被用者が使用者との雇用を開始する際、当該使用者は当該被用者に労働条件記述書を交付しなければならないと定める[15]。また、頻繁にその適用が争われる不公正に解雇されない権利や剰員整理手当について定める条文も、被用者の権利として定めている[16]。このように、同法では被用者が主たる権利主体となっている。

そして、同法は、被用者を、「雇用契約（contract of employment）を締結している個人、または、雇用契約の下で労働する（当該雇用が終了している場合には、労働していた）個人」、と定義する。さらに、被用者概念の中の『雇用契約』を「雇傭契約（contract of service）または徒弟契約（of apprenticeship）」と定義する。したがって、被用者であるためには使用者との間で雇傭契約（contract of service）を有していなければならない。イギリスでは、他に、1997年以降の幾つかの立法において盛んに用いられた、被用者概念よりも広い労働者（worker）概念もある。同概念についても、同様に「労働者の契約」という契約類型が結び付けられている[17]。

以上の通り、法の適用（「被用者」等かどうかの）決定のために、労務提供契約の成否が問題となる。本稿では、伝統的に個別的労働関係法において中心的な権利主体概念であった被用者概念に関し問題となる雇傭契約についての判例を考察の中心に据え、労務提供契約の成立の二重構造をみる。

---

15) Employment Rights Act 1996 (hereinafter ERA1996), s. 1.
16) ERA 1996, s. 94; ERA 1996, s. 135.
17) 1998年全国最低賃金法、1998年労働時間規則等においては、労働者は以下のように定義されている。すなわち、「『労働者』とは、以下の契約を締結している又はその下で労務を提供している（または、雇用が終了している場合には、その下で労務を提供していた）個人を意味する。(a)雇用契約（contract of employment）、(b)明示であると黙示であると、かつ、（明示の場合であれば）口頭であると書面であるとを問わず、それによって、個人が、契約の観点から、当該個人によって営まれる、専門的または商業的事業の、依頼人または顧客の地位にない契約の他方当事者のために、自分自身で労働または労務を履行することを引き受ける、その他のあらゆる契約。また、あらゆる労働者の契約（worker's contract）についての言及は、以上に従って解釈される。」

2　雇傭契約の三要件

次に，上述の雇傭契約の定義・内容について見る。先に見たとおり，「労働者の契約」の場合には制定法がその定義をしている。これに対し，雇傭契約の場合には，制定法にはそれ以上の定義はない。そこで，判例（コモン・ロー）にこの概念の内容（定義）の決定が委ねられてきた。その内容は，判例により[18]，雇用契約の三要件として確立している。三要件とは，約因，指揮命令，consistency である。

(1)　約　因

約因とは，契約法上の契約の成立要件である。イギリス法は，約束や合意をそのままでは，法的に強制可能であるものとはせず，二つの契約形態のみを認めている。すなわち，方式（form）による契約と単純契約（simple contract）である。労務提供契約が該当する「単純契約は，一般的な原則として，特別の方式で作成される必要はないが，約因の存在を要求し」，約因は「概して，約束と交換で何らかのものが与えられなければならないということを意味する[19]」。この約因は，契約における互恵性（reciprocity），約束の対価（price）とも表現される[20]。双方的契約である雇傭契約については相互的な二つの約束が互いに約因となり，雇傭契約の場合における約因の具体的内容は，労務提供の約束に対する報酬支払の約束が当事者間でなされること，という内容になる[21]。

(2)　指揮命令・consistency

二つ目の指揮命令は，労務の方法・場所などについての指揮命令を意味する。三つ目の consistency は，当事者間の契約条項が，問題となっている契約が雇傭契約であることと矛盾しない，という要件である。これは，事業者性がないことをその中心的な内容としている[22]。

---

18)　Ready Mixed Concrete (South East) Ltd. v Minister for Pensions and National Insurance [1968] 2 QB 497.
19)　Anson's Law of Contract (by J. Beaston), 28th ed., 2002. at p.73.
20)　Anson, n.19 above, at pp.88-89.
21)　雇傭契約の約因については，Ⅲ1 でより詳しく検討する。
22)　その具体的内容については，林和彦「労働契約の概念」『労働契約の法理論――イギリスと日本』（総合労働研究所，1993年）77頁，93頁以下の「マルチプル・テスト」（本稿でのconsistency）についての説明を参照。

個別報告⑤

(3) 成立と性質の観点からの整理

そして，上述の三要件のうち，約因は契約の成立に関する要素として，指揮命令と consistency は契約の性質に関する要素として，分類できる[23]。

また，そのような要素の分類に対応して，雇傭契約の有無の判断は，二段階（two steps）[24]になる[25]。すなわち，雇傭契約の有無の判断は，第一段階で契約の成否が判断され，その後の第二段階で性質の判断がなされる構造をとる。この成立の判断の段階では，契約法の観点から契約の成立要件が問題となり，契約の有無が判断される。三要件の中の約因も，ここで問題となる。次に，第二段階で，契約の性質が判断される。ここで，契約が，指揮命令や consistency の基準によって，法の適用が認められる性質を有するかが判断される。このような二段階を経て，法の適用が認められる雇傭契約の有無が確定する。

以上の雇傭契約の成立の要素の区別（成立と性質），そして，成立と性質の判断の二段階性は非常に明快である。ところが，イギリスでは，成立と性質の要素が混同されたり，また，三要件には含まれない契約意思という別の契約の成立要件と約因の要件とが混同されたりして，議論が錯綜した。次のⅢでは，それらの議論の経緯を分析し，各要素が区別される意義や要素の内容を示す。

Ⅲ 労務提供契約の成立の二重構造

Ⅲでは，まず，1・2において，Ⅱで触れた二種類の混同の経緯をみる。1・2での分析により，契約の成立の要素と契約の性質の要素とが区別されること，そして，契約の成立の要素については契約法の法理に委ねられることがわかる。次に，3で，契約の性質についての分析を行い，労働法の適用決定（雇傭契約の有無の判断）における労働法の意義を示す。最後に，4で，1〜3における分析結果を基にイギリスにおける労務提供契約の成立の二重構造を示す。

---

23) Bob Hepple, 'Restructuring Employment Rights' (1986) 15 ILJ 69, at p. 71 below.
24) Nethermere Ltd. v Gardiner [1984] ICR 612, at p. 628.
25) James v London Brough of Greenwich [2007] IRLR 168, at para. 16.

図1

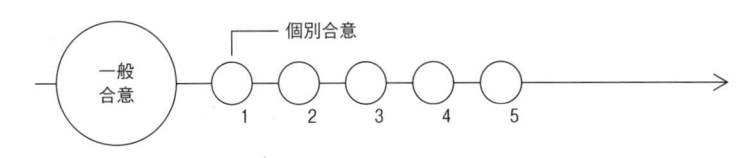

```
       ┌── 個別合意
  ┌─┐  │
──│一般│──○──○──○──○──○────────→
  │合意│  1  2  3  4  5
  └─┘
```

1 契約の成立の要素と契約の性質の要素の混同と解消

　最初に，三要件の中で，契約の成立と性質の要素とが混同された経緯をみる。この混同は，次に説明する二段階の合意の仕組みに起因して，1970年代後半から，臨時的労務提供者の被用者性（雇傭契約の有無）が頻繁に争われる中で生じた。二段階の合意は，たとえば，給仕[26]，看護師[27]，船員[28]など，様々な職種に就く者と労務受領者との間で締結されており，ある程度普遍的な合意の形態であった。

　二段階の合意の仕組みについて説明する。最初に，図1にあるように，臨時的労務提供者が，労務受領者との間で，多くの場合書面による一般合意等と呼ばれる[29]合意を締結する。この一般合意には，職務内容や勤務場所，賃金率等が定められている。そして，重要なことに，この一般合意には，労務提供者が仕事の依頼を断る自由や，労務受領者が仕事を依頼しない自由についても定められる。給仕を例にとると，一般合意において，宴会会場での給仕という仕事内容や賃金率，さらに，両当事者における仕事の依頼あるいは依頼に対する承諾についての拒否の自由，といった内容が定められる。

　次に，実際の労務提供・受領が行われる際に，当事者は，実際の個別の労務

---

26) McMeechan v Secretary of State for Employment [1997] IRLR 353.
27) Clark v Oxfordshire Health Authority [1998] IRLR 125.
28) Hellyer Brothers Ltd. v McLeod [1987] ICR 526.
29) 裁判例では，本稿で「一般合意」と総称する合意について様々な呼称があてられた。すなわち，グローバル契約（global contract），傘契約（umbrella contract），一般契約（general contract），全覆契約（overarching contract）などである。これらは全て認定段階での法的に曖昧な位置づけにある当事者間の関係を一時的に呼称するために用いられたものであり，名称の違いに特に意味はない。本稿は，McMeechan v Secretary of State for Employment [1997] IRLR 353 に倣い，二段階の合意について「一般合意（general engagement）」と「個別合意（specific engagement）」という表現を用いる。

提供・受領に関する個別合意などと呼ばれる合意を締結する。この個別合意では，たとえば給仕がどの宴会会場に行って何時間労務を提供するのか，などが合意される。そして，その後依頼される別の会場については，また別の個別合意が締結され（個別合意2），そして，その後も同様にして個別合意が締結されていく（個別合意3，4，5）。こうして，一般合意と個別合意の二段階の合意の仕組みが完成する。

　そして，このような合意の仕組みの下で働いていた労務提供者が，一般合意によって雇傭契約が成立したものとして制定法上の権利の行使を主張すると次のような問題が生じる。すなわち，一般合意の段階では，両当事者が，労務提供または労務の依頼を義務付けられていないあるいは法的に拘束されないということが合意されているので，たとえ実態として継続的に個別合意が締結されていたとしても，法的には一般合意のような合意は雇傭契約とはいえない，と労務受領者が主張するのである。その主張は，より具体的には，個別合意と個別合意の合間において当事者を拘束する相互的な義務，義務の相互性（mutuality of obligation）がないというものであった。こうして，一般合意の拘束力の問題として，義務の相互性という要素が問題になった。

　議論が深まっていない当初は，この義務の相互性は，たとえば，労務提供者が仕事の呼び出しにいつでも応じるという指揮命令の要素の有無を問うものとして理解されたりした。[30] そのため，義務の相互性の要素は，当初は雇傭契約と請負その他の労務提供契約（contract for services）とを区別するものとして捉えられていた。しかし，裁判例で繰り返しこの要素が問題になる中で，同要素がそもそも契約の性質に関する要素なのか，むしろそれ以前の段階で雇傭契約の有無を決定してしまう要素なのではないかと議論の方向が変化し，[31] 最終的に

---

[30] そのような例として，Bullock v Merseyside County Council (EAT) [1978] ICR 419. 他に，consistency の要素の一内容として理解されている例として，Wickens v Champion Employmetn [1984] ICR 365 (EAT); O'Kelly and Others v Trusthouse Forte plc. [1984] 1QB90 (CA).

[31] Nethermere (ST. Neots) Ltd. v Gardiner [1984] ICR 612 (CA); M. Freedland, *The Personal Employment Contract* (Oxford University Press, 2006 (first published 2003)), at p. 101.

裁判例の流れの中で約因，つまり，契約の成立要件として理解されるようになっていったのである。[32]

仮に混同が解消しなかったならば，一つの要件の中で二つの要件の充足が求められるので，各要件の内容が過度に厳格なものとなったであろう。しかし，判例は，上記のように成立と性質の要件の混同を適切に解消した。

2 契約の成立要件同士の混同と解消

次に，成立の判断段階における成立要件同士の混同が生じた経緯をみる。

(1) 契約意思

ここでの約因以外の他の契約の成立要件とは，契約意思という契約法上の契約の成立要件である。この要件は，「合意は法的帰結が考慮されて形成されたもの……でないかぎり，拘束力のある契約を形成しない」[33]という表現からわかるように，簡単には，法的関係に入る意思の有無を問う要件である。

(2) 契約意思と約因（義務の相互性）の混同

契約意思と約因の要件の混同は，派遣労働関係における黙示の雇傭契約の成立が追及された際に生じた。[34] イギリスでは，派遣による労務提供・受領が行われる前に，労務提供者と派遣元，派遣元と派遣先との間で，それぞれ契約書面[35]

---

[32] Carmichael v National Power plc.; [1999] ICR 1226 (HL); Stephenson v Delphi Diesel Systems Ltd. [2003] ICR 471 (EAT); Cotswold Developments Construction Ltd. v Williams [2006] IRLR 181 (EAT); James v Redcats (Brands) Ltd. [2007] IRLR 290 (EAT). 判例の流れの詳細については，新屋敷恵美子「イギリス雇用保護法制における雇用契約の成立」九大法学97号（2008年）117頁参照。

[33] Anson, n. 19 above, at p. 69.

[34] イギリスで「派遣（agency）」というと，派遣元としての，労働紹介業（employment agency）そして労働事業（employment business）を介してなされる二つの種類のものがある（Employment Agencies Act 1973 s. 13(2)(3).）。どちらの主体も，労働者の実際の労務提供先ではなく，労働者の実際の労務提供先を見つける，あるいは提供先に労務提供者を見つける主体である。このうち「労働事業」は，「当該事業を運営する者の使用の下にある者を，何らかの立場にある他の者のために，かつ，その者の指揮命令の下で働くよう，提供する事業」と定義される。そして，この労働事業により派遣先に派遣された労働者について，労務提供者と派遣先間の黙示の雇傭契約の成否が争われた。

[35] より詳細な経緯については，新屋敷恵美子「イギリス労働法における雇用契約の推定」季労225号（2009年）193頁。

個別報告⑤

によって，労務提供者と派遣先との間に雇用契約がないことが確認される。他方で，実際には派遣先に対して労務提供者は労務を提供し派遣先は労務提供者に指揮命令する。そこで，契約書面の以後の，関係の実態をみていると，労務提供者と派遣先との間に雇用契約が存在するかのように一般的に感ぜられる。

そこで注目されたのが，Carmichael事件貴族院判決で示された契約解釈手法である[36]。その詳しい内容をここで確認する余裕はないが[37]，その骨子は，当事者意思を根拠に契約書面の重要性を低下させ，契約締結時以後の当事者の行為も契約解釈の対象とするというものであった。この契約解釈に依拠することで，労務提供者と派遣元，派遣元と労働者の契約書面を決定的なものとすることを回避し，さらに，契約締結時以後の当事者の行為（派遣先による指揮命令を伴う労務提供・受領）を重視し，雇傭契約の存在を肯定できると考えられたのである。

ただ，問題は，Carmichael事件貴族院判決は，義務の相互性が争点となった事案について判断したものであり，同判決の契約解釈手法はその認定のために示されていたことである。それゆえ，この契約解釈手法に依拠して黙示の雇傭契約の成立の可能性が追及された際，義務の相互性の認定と黙示の雇傭契約の成否の判断とが結びつき，認定の対象が義務の相互性（労務と報酬の交換）になってしまったのである[38]。実際，この貴族院の契約解釈手法に依拠して黙示の雇傭契約の成立を認めた裁判例も現れ[39]，不適切な場合に黙示の雇傭契約の成立が認められる可能性が生じていた[40]。

しかしながら，控訴審判所長官による控訴審判所の判決が[41]，雇用契約の有無

---

36) Carmichael v National Power plc. [1999] ICR 1226 (HL).
37) 詳しくは新屋敷・前掲注32)論文195頁以下を参照。
38) Deirdre McCann, *Regulating Flexible Work* (OUP, 2008), at p. 152.
39) Cable & Wireless plc. v Muscat [2006] ICR 975 (CA).
40) 黙示の雇傭契約の成立に積極的であった裁判例に対する批判として，Frederic Reynold QC, 'The Status of Agency Workers: A Question of Legal Principle' (2006) 35 ILJ 321, at p 323; Michael Wynn & Patricia Leighton, 'Will the Real Employer Please Stand Up? Agencies, Client Companies and the Employment Status of the Temporary Agency Worker' (2006) 35 ILJ 301.
41) James v Greenwich London Borough Council [2007] ICR 577.

が次のように三つの場面で問題になることと各場面で判断基準が異なることを明らかにし，この可能性について裁判例は否定的な形で収束していった。

　すなわち，第一の場面では，契約の種類（雇傭契約か請負その他の労務提供契約か）が問題となり，第二の場面では先ほどの臨時的労務提供者の一般合意による契約の成立が問題となり，第三の場面では黙示の雇傭契約の成否が問題となる。そして，第一の場面では指揮命令が，第二の場面では義務の相互性が，第三の場面では契約意思が判断基準になる。第三の場面の契約意思の認定は，義務の相互性ではなく，労務提供者と派遣先との関係を説明するのに契約を推定する必要があるかという，必要性の要件を問題とする。

　上述のとおり，この判決以前の黙示の雇傭契約に関する裁判例では，義務の相互性の認定に黙示の契約の成否の判断が結びつけられていた。これに対し，上記判決は，雇用契約の有無が問題となる場面を識別し，それら二つの認定または判断を上記のように第二場面と第三場面に別々に振り分けることによって，互いが結びつかないように整理したのである。こうして，約因（義務の相互性）と契約意思との混同は解消された。

（3）小　括

　1で見たように，義務の相互性は，契約の性質としてではなく契約法上の約因として把握されるようになり，契約の成立と性質の要素との混同が解消した。また，2で見たように，成立要件同士の混同も，契約法の要件と結び付けて整理され，解消された。このように，イギリスでは，労務提供契約の成立に関し，契約の成立については契約法が要件を設定し，各要件の具体的内容を与える。

　では，法の適用決定において労働法の意義は全く存在しないのか。その点の考察のため，次に契約の性質について考察する。

3　契約の性質と労働法

　労働法は，二つの点で法の適用決定における意義を有している。

（1）適用類型の指定・定義

　第一に，どのような性質を有する契約に法を適用するかを決定する，という点において意義を有している。その決定の方法としては，イギリスの場合，雇

個別報告⑤

傭契約の場合のように、雇傭契約という昔からあるコモン・ロー上の概念を指定するやり方と、労働者の契約の場合のように、制定法自体が契約の定義をして適用範囲とするやり方と、二種類のやり方がある。

(2) 法適用決定と契約解釈

第二に、法の適用決定に向けた契約解釈にも、労働法的特徴が現れる。

イギリス契約法によれば、本来、契約解釈の基準点は、原則として契約締結時であり、契約締結時以後の事情は考慮されない。これは、契約締結時に交渉力の点でしばしば劣位におかれる労務提供者にとっては不利なものといえよう。

しかし、雇傭契約等の場合は異なった契約解釈の仕方が認められる。最近では、法の適用決定にあたって、貴族院の後身である最高裁[42]の出した判決[43]が、目的的アプローチという契約解釈手法を提示している。それは、「書面の合意条項が真実合意された事項を表示しているのかどうかを決定する際に当事者の交渉力が考慮に入れられなければならず、そして、しばしば、真の合意は事案の全状況から収集されねばならない。書面の合意は状況の一部にすぎない[44]」というものである。この契約解釈手法によれば、書面の重要性は低下し、事案の全状況[45]が契約解釈対象となる。このように、当事者の交渉力格差という契約の特徴を踏まえた契約解釈がなされている。

以上のように、性質に関しては、労働法は、①法が適用される基準となる契約の性質を指定または定義し、②適用決定のための契約解釈の際に、伝統的な契約法の原則とは異なった交渉力格差を踏まえた契約解釈を可能にする。

4 労務提供契約の成立の二重構造

以上、Ⅲでは、労務提供契約（特に雇傭契約）の成否を判断した判例を分析し、その判断要素の相互関係や要素の意義を考察してきた。以上の考察から、

---

42) 2009年10月から、最高裁判所（the supreme court）が貴族院の上訴裁判所を引き継いだ。
43) Autoclenz Limited v Belcher [2011] UKSC 41.
44) Ibid., at para 35.
45) 事案の全状況とは、契約締結時以後の、当事者の実際の行為や相互の期待を意味する（Ibid., at paras. 30-31.）。

図2

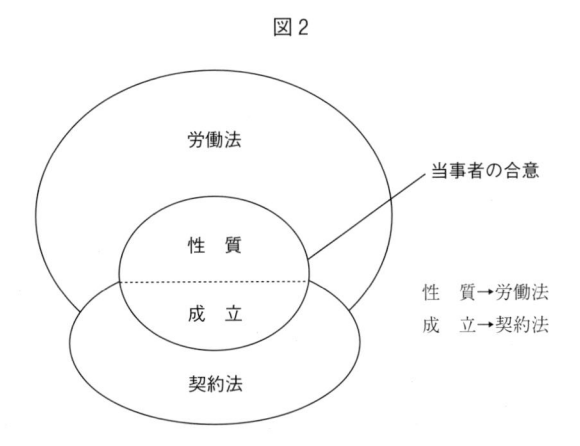

　イギリスにおける労務提供契約の成立は，図2のような二重構造となっていると理解できる。二重構造の形成を順に見る。まず，当事者が合意をする。次に，その合意が，契約の成立に関する契約法の観点から検討され，契約の成立要件を充たせば契約が成立したと認められる。その後，今度は合意が労働法の観点から，労働法の適用対象となる契約の性質を有するものかを問われ，指定された性質が認められれば，法が適用される種類の労務提供契約があるということになる。このように，成立については契約法が，性質については労働法が，各領域における要件を設定する。こうして，労務提供契約の成立は，当事者の合意をその具体的な素材としつつ，二つの法領域の観点から検討され認められる，という二重構造となっている。

Ⅳ　日本法への示唆

　Ⅲまでの考察から得られる日本法への示唆は以下のとおりである。
　Ⅰで示したように，日本では，労働契約の成立の領域における問題は個別的に把握され，看過しがたい状況を発生させていた。これに対して，イギリスでは，黙示の雇傭契約の成否の問題なども含めて労務提供契約の成立に関する諸問題が法の適用決定のための労務提供契約の成立の問題として一貫して議論さ

れていた。そして，その議論の中で要素の異同が明らかになり，その意義と判断基準としての内容が整理されていった。したがって，イギリスでの議論から，日本でも，問題を総合的に把握することの意義が積極的に認められてよいと解される。

　もっとも，日英の契約法と労働法の内容は様々な点で異なっており，単純にイギリスの議論をそのまま日本の議論に当てはめることはできない。たとえば，約因の概念を日本法は知らないし，また，両国において契約法と労働法との関係も異なるであろう。しかしながら，労働契約も契約である以上，契約法は労働契約の成立の領域で一つの重要な柱となっているはずであり，この点は日英で大きく異なるとはいえない。逆に，成立の要件については共通しているように思われる点も少なくないのである[46]。

　以上より，労働契約の成立の領域を，契約法，労働法の観点から，総合的に捉え各問題の位置づけと判断基準の整理をすることが今後の課題として残る。

（しんやしき　えみこ）

---

[46] たとえば，イギリス契約法における契約意思という契約の成立要件に対応するように思われる日本の契約法における契約の成立要件として，「最終的契約締結意思」（河上正二『民法総則講義』〔日本評論社，2007年〕299頁）あるいは意思表示の「確定性」（中田裕康・加藤幸雄「契約締結の交渉から成立まで」鎌田薫他『民事法Ⅲ債権各論〔第2版〕』〔日本評論社，2010年〕1頁）が挙げられる。また，日本の契約法に約因概念はないが，契約の成立の判断のための意思解釈の中に約因についてと同様の判断作業が含まれていることが指摘されている（樋口範雄『アメリカ契約法〔第2版〕』〔弘文堂，2008年〕87頁）。また，樋口の見解に賛同するものとして道垣内弘人「契約の成立をめぐって」法教283号（2004年）29頁。

回顧と展望

労働組合法上の労働者概念　　　　　　　　　　　　　　　　　　小山　敬晴
　　──国・中労委（ビクターサービスエンジニアリング）事件・
　　　最三小判平成24・2・21労判1043号5頁──

会社更生手続下における整理解雇の有効性判断　　　　　　　　　戸谷　義治
　　──日本航空（運行乗務員整理解雇）事件・
　　　東京地判平成24・3・29労経速2144号3頁──

労働者派遣制度の検討課題　　　　　　　　　　　　　　　　　　本庄　淳志

労働組合法上の労働者概念
――国・中労委（ビクターサービスエンジニアリング）事件・
最三小判平成24・2・21労判1043号5頁――

小 山 敬 晴

（早稲田大学）

I 事実の概要

X（原告，被控訴人，被上告人）は親会社であるA社が製造する音響製品等の設置，修理等を業としており，平成19年4月1日時点でXの近畿支社では従業員102名のうち出張修理業務に従事していた者は6名で，業務の多くは個人代行店21店および法人等の企業形態の代行店（以下「法人等代行店」とする。）6店の計27店によっていた。

Xと業務委託契約を締結しようとする業者は，Xによる筆記試験および面接の後，約3ヶ月のXによる研修を受ける。業務委託契約は，Xが作成した統一書式によっており，期間は1年間で，期間満了の3ヶ月前までに双方のいずれかから延長しない旨の申出のない限り1年間ごとに更新される。Xは個人代行店に対してA社作成のサービスマニュアルを配布し，それに従わせており，個人代行店間での業務担当地域および休業日の調整なども行っていた。個人代行店は，一部を除き毎朝毎夕X社のサービスセンターに立ち寄っており，修理作業においては，A社名の入った名札，A社名とX社名の入った名刺の使用，X社の作業服の着用をしていた。他社製品の修理業務の請負については制約がなく，2つの個人代行店がこれを行っていた。業務委託料から源泉徴収や社会保険料等は控除されておらず，出張用の自動車および燃料費等の諸費用ならびに修理要の工具等は一部を除いて原則個人代行店が負担していた。

Z_1組合（被告補助参加人，控訴人補助参加人，上告人補助参加人），その下部組織であるZ_2分会（被告補助参加人，控訴人補助参加人，上告人補助参加人）および訴

外B支部は，平成17年1月31日，Xに対し，個人代行店がB支部に加入したことなどの通知，ならびに最低保障賃金月額30万円，1日の就労時間を9時から18時にすること，年間総休日日数110日，社会保険および労働保険への加入，Xによる必要経費全額負担等（以下「本件要求事項」という。）について団体交渉の申入れを行った。XはB支部に対し，個人代行店の加入するZ_2分会はXの雇用する労働者をもって結成された労働組合とは解されないとして，これを拒否した。これを受けてZ_1組合，Z_2分会およびB支部は大阪府労働委員会に対してXの対応は不当労働行為にあたるとして救済申立てをしたところ，同委員会は救済命令を発した（大阪府労委決定平成18・11・17別冊中労時報1353号30頁）。Xは中央労働委員会（以下「Y」という。被告，控訴人，上告人）に対し再審査申立てをしたが，これを棄却する旨の命令が発せられた（中労委決定平成20・2・20別冊中労時報1360号39頁）。XはYを相手方として，中労委命令の取消訴訟を提起した。

1審（東京地判平成21・8・6労判986号5頁）は，労組法の目的，趣旨に鑑みれば，労組法3条の労働者は労働契約上の被用者でなくてもそれと同視できる程度の労務提供の実態があれば認められ，具体的には指揮命令下にあるか，労務対価性があるかを判断要素とし，本件では個人代行店にそのような事情が認められないとして労働者性を否定。Yが控訴。

原審（東京高判平成22・8・26労経速2083号23頁）は，労組法3条の労働者とは「契約のいかんを問わず労働契約上の被用者と同程度に，労働条件等について使用者に現実的かつ具体的に支配，決定される地位にあり，その指揮監督の下に労務を提供し，その提供する労務の対価として報酬を受ける者をいう」とし，労働基準法上の労働者性判断と同じく使用従属性の有無に重きをおくことによって個人代行店の労働者性を否定した。Yが上告および上告受理申立て。

II 判 旨（破棄差戻し）

「個人代行店は，Xの上記事業の遂行に必要な労働力として，基本的にその恒常的な確保のためにXの組織に組み入れられているものとみることができ

る」。「本件契約の内容は，Xの作成した統一書式に基づく業務委託に関する契約書及び覚書によって画一的に定められており，業務の内容やその条件等について個人代行店の側で個別に交渉する余地がな」く，「Xが個人代行店との間の契約内容を一方的に決定しているものといえる」。「個人代行店に支払われる委託料は……形式的には出来高払に類する方式が採られているものの，個人代行店は1日当たり通常5件ないし8件の出張修理業務を行い，その最終の顧客訪問時間は午後6時ないし7時頃になることが多いというのであるから，このような実際の業務遂行の状況に鑑みると……実質的には労務の提供の対価としての性質を有するものとして支払われているとみるのがより実態に即している」。「個人代行店は，特別な事情のない限りXによって割り振られた出張修理業務を全て受注すべきものとされている上，本件契約の存続期間は1年間でXから申出があれば更新されないものとされていること等にも照らすと……基本的にXによる個別の出張修理業務の依頼に応ずべき関係にあるものとみるのが相当である」。「個人代行店は，基本的に，Xの指定する業務遂行方法に従い，その指揮監督の下に労務の提供を行っており，かつ，その業務について場所的にも時間的にも相応の拘束を受けている」といえる。

　これらの諸事情に鑑みると，「なお独立の事業者としての実態を備えていると認めるべき特段の事情がない限り，労働組合法上の労働者としての性質を肯定すべきものと解するのが相当であ」るが，「出張修理業務を行う個人代行店が独立の事業者としての実態を備えていると認めるべき特段の事情の有無を判断する上で必要な上記の諸点について十分に審理を尽くすことなく，上記個人代行店はXとの関係において労働組合法上の労働者に当たらないとした原審の判断には，判決に影響を及ぼすことが明らかな法令の違反がある。論旨は理由があり，原判決は破棄を免れない。……個人代行店の修理業務の内容，当該個人代行店が独立の事業者としての実態を備えていると認めるべき特段の事情があるか否か，仮に当該個人代行店が労働組合法上の労働者に当たると解される場合においてXが本件要求事項に係る団体交渉の申入れに応じなかったことが不当労働行為に当たるか否か等の点について更に審理を尽くさせるため，本件を原審に差し戻すこととする」。

回顧と展望①

Ⅲ 検 討[1]

1 本判決の意義

労働組合法（以下「労組法」とする。）上の労働者性の論点に関しては，周知のとおり新国立劇場運営財団事件（最三小判平成23・4・12労判1026号6頁）およびINAXメンテナンス事件（最三小判平成23・4・12労判1026号27頁）という2つの最高裁判決が昨年に出た。両判決はそれぞれ，出演基本契約および個別公演出演契約を締結してオペラ公演に出演していた合唱団員について，ならびに業務委託契約を締結して修理業務等に就いていたカスタマーエンジニア（以下，「CE」とする。）についての労組法上の労働者性を肯定した。Xと業務委託契約を締結している個人代行店について労組法上の労働者性が争われた本判決は，当然この2最高裁判決の延長線上に位置づけられる。本判決は，大筋においては2最高裁判決と同じく労組法上の労働者性を労働基準法（以下，「労基法」とする。）上の労働者性より広く認めたが，事業者性の判断を求めている点が相違点である。本判決の位置づけを行うために，本稿ではまず昨年の2最高裁判決までの判例・裁判例の動向をおさえ，つづいて2最高裁判決と本判決の比較を行う。

2 本判決以前の判例・裁判例の動向[2]

労組法上の労働者性について，労組法3条は「労働者」を「職業の種類を問わず，賃金，給料その他これに準ずる収入によって生活する者」と定義している。これは，労基法が9条において「職業の種類を問わず，事業……に使用さ

---

1) 原審判決の評釈として，古川陽二「業務委託契約にもとづいて製品修理業務に従事する個人代行店の『労働者』性」労旬1734号（2010年）6頁，豊川義明「『労組法上の労働者』概念および『団結権保障関係』論」労旬1734号（2010年）15頁，西谷敏「労組法上の『労働者』の判断基準」労旬1734号（2010年）29頁（意見書），小宮文人「個人営業者と労働組合法上の『労働者』」中労時報1127号（2010年）38頁等。
2) 労組法上の労働者性に関する裁判例の展開をまとめた文献として，竹内（奥野）寿「労組法上の労働者性について考える」季労229号（2010年）105頁，水町勇一郎「労働組合法上の労働者性」ジュリ1426号（2011年）16頁等がある。

れる者で，賃金を支払われる者」と定義する同法上の「労働者」と同一であるのかが検討されてきた。最高裁は労組法上の労働者性について，CBC管弦楽団労組事件（最一小判昭和51・5・6民集30巻4号437頁）において，基本的には他社の出演が自由であり，会社からの出演依頼の拒絶も禁止されていない「自由出演契約」と称された契約を締結していた楽団員らについて，事業組織への組み入れ，諾否の自由，報酬の労務対価性という考慮要素を適用して労組法上の労働者性を肯定した。この最高裁判決は一般論を明示しなかったが，①楽団員らの労組法上の労働者性の事例判断として以上3つの要素を用い，②会社に「楽団員の労働力の処分につき」権限が有ったか否かを専ら検討するのみで，労基法上の労働者性の重要な要素である使用従属性に関してなんら言及していないという特徴があった。

　CBC管弦楽団労組事件は当該論点についての初めての最高裁判決であったが，その後の下級審裁判例は労基法上の労働者性の判断基準と共通する判断要素を中心に労組法上の労働者性を判断し，労働者性を否定するようになった[3]。さらに，新国立劇場運営財団事件地裁判決（東京地判平成20・7・31労判967号5頁），同事件高裁判決（東京高判平成21・3・25労判981号13頁）およびINAXメンテナンス事件高裁判決（東京高判平成21・9・16労判989号12頁）は，労働者性判断において法的な使用従属関係の有無を考慮しなければならないとする一方で事業組織への組み入れ，契約内容の一方的決定，報酬の生活給性という要素を考慮せず，労組法上の労働者性を肯定した中労委命令を取り消した。学説は，労組法上の労働者性を当事者間の契約が労働契約法・労基法上の労働契約に該当するかによって形式的に判断する上記2高裁判決に対し，一致して批判的態度をとった[5]。これら高裁判決の立場は，CBC管弦楽団労組事件最高裁判決の調査官解説[6]の影響を受けているといわれている[7]。本稿の検討対象である国・中

3）　眞壁組事件・大阪高判平成10・10・23労判758号76頁，加部機材・三井道路事件・東京地判平成15・6・9労判859号32頁，大阪府労委（アサヒ急配）事件・大阪地判平成19・4・25労判963号68頁。
4）　竹内・前掲注2）107頁。
5）　紙幅との関係で学説の展開について詳述できないが，竹内・前掲注2）102頁，水町・前掲注2）19頁を参照。

回顧と展望①

労委（ビクターサービスエンジニアリング）事件の原審は，契約形式いかんを問わず，「労働契約上の被用者と同程度に，労働条件等について使用者に現実的かつ具体的に支配，決定される地位にあり，その指揮監督の下に労務を提供し，その提供する労務の対価として報酬を受ける者をいうと解するのが相当である」とし，朝日放送事件（最三小判平成7・2・28民集49巻2号559頁）における使用者概念の判断枠組みを労働者の立場から構成するという独自の判断をしたが，労基法上の労働者性の判断要素を中心に判断していると解される点で前2高裁判決と同趣旨である。

新国立劇場運営財団事件，INAXメンテナンス事件の高裁判決によって，労働者性肯定の命令をつづけて取り消された中労委は，ソクハイ事件（中労委決定平成22・7・7別冊中労時報1395号11頁）において，交渉上の対等性の確保という労組法の趣旨から同法上の労働者を労働契約およびそれに類する契約によって労務を供給し収入を得る者とし，同法上の労働者性を(1)事業組織への組み入れ，(2)契約内容の一方的・定型的決定，(3)報酬の労務対価性，(4)業務の依頼に応ずべき関係，(5)広い意味での指揮監督下の労務提供，一定の時間的場所的拘束，(6)専属性という判断要素によって構成し直す[8]，運送請負契約により自転車等で書類等の配送業務を行う配送員の労働者性を肯定した。これは労組法独自の労働者性判断要素を示し，さらにそれぞれの要素の関係を整理した点で非常に大きな意義があった。

このような状況の下，新国立劇場運営財団事件最高裁判決，INAXメンテナンス事件最高裁判決が出た。これら2最高裁判決は，いずれも事例判断であり，一般的基準を示さなかったが，ソクハイ事件中労委命令が示した上記(1)から(6)までの判断要素を用い[9]，これらを総合考慮することによって，楽団員および

---

6) 佐藤繁・最判解民事篇昭和51年度（1979年）205頁。
7) 竹内（奥野）寿「労働組合法上の労働者性をめぐる2つの最高裁判決について」日本労働法学会誌118号（2011年）175頁，水町・前掲注2）18頁等。
8) (4)(5)(6)は(1)の下位の要素という位置づけである。従来の労働委員会命令については水町・前掲注2）16頁等参照。
9) 新国立劇場運営財団事件では，契約上の専属義務がなく，実際に専属性が否定される事実があったことから，この要素については言及されていない。

CEの労働者性を肯定した。法的な使用従属関係に拘泥せず，労基法上の労働者性より広く解釈したという点で，それぞれの高裁判決に対する学説の批判が全般的に受け入れられたといえる。なかでも，2最高裁判決がソクハイ事件中労委命令の判断基準を用い，それと近い立場にあることから，労組法上の労働者を同法の趣旨に鑑み，「労働契約によって労務を供給する者およびこれに準じて団体交渉の保護を及ぼす必要性と適切性が認められる労務供給者」と捉える説[10]に近いといえよう[11]。

3　本判決の位置づけと評価

　本判決と2最高裁判決の異同を確認しながら本判決の位置づけを行う。まず，本判決は2最高裁判決と同様に一般的基準を提起することはせず，(1)から(5)までの判断要素を用いて，契約形式に囚われることなく（原審に差戻した事業者性の要素を除いて）個人代行店につき労組法上の労働者性を認めた。このことから本判決は，ソクハイ事件中労委命令，2最高裁判決に近い立場を採ったものといえ，それゆえ本判決に対しては，法的使用従属関係に拘泥しなかったことについての肯定的評価と，各判断要素の理論的根拠が示されていないとする前2最高裁判決への評価[12]とがそのまま妥当する。

　つぎに本判決の事案は，INAXメンテナンス事件と同様に，「業務委託契約により特定企業の一定業務を専属的に処理する技能者」という類型[13]にあたる。したがって事例判断をした本判決が，INAXメンテナンス事件と同様の判断要素を用いたのは妥当といえる。また本判決の判断要素は，2最高裁判決の後に労使関係法研究会報告書[14]（以下，「労使研報告書」）が提示した労組法上の労働者

---

10)　菅野和夫『労働法〔第9版〕』（弘文堂，2010年）511頁以下。
11)　水町・前掲注2)21頁。
12)　水町・前掲注2)22頁，竹内・前掲注7)176頁。
13)　菅野・前掲注10)516頁。同書はこれに加えて，労組法上の労働者性の問題の類型として，自宅で賃加工を行う家内労働者（東京ヘップサンダル事件・中労委昭和35・8・31労委年報15号31頁）の場合，および独立事業者の契約形態下にある熟練技能者が職業別組合を組織した場合（前掲CBC管弦楽団労組事件，新国立劇場運営財団事件）をあげる。
14)　労使関係法研究会報告書「労働組合法上の労働者性の判断基準」労判1027号（2011年）98頁。

性の判断要素[15]の順序とも同じであり，[16]同報告書の影響も考えられる。しかし，本判決は同報告書のように各判断要素の関係を示してはいない。

　最後に，本判決においては，個人代行店について事業者性を認めるべき特段の事情の有無を判断する上で必要な審理が十分尽くされていないとして原審に差戻した点が特徴的である。INAX メンテナンス事件最高裁判決では結論として事業者性は認定されなかったものの，CE が法人として他社業務を請け負っている実態があれば，事業者性が認められ労働者性が否定される余地のあることを示す補足意見が付された。本判決は事業者性を「自らの独立した経営判断に基づいてその業務内容を差配して収益管理を行う機会が実態として確保されている」ことと定義し，具体的判断にあたっては，「他社製品の修理業務の受注割合，修理業務における従業員の関与の態様，法人等代行店の業務やその契約内容の特質性など」が考慮されるとした上で，これらについての事実認定および判断が必要として原審に差戻した。[17]しかし労務提供者が使用車両を複数台保有して他人を雇用していても労働者性を肯定する労働委員会決定があり，[18]また本件では労働契約に準じる契約によって労務を供給する者に団体交渉の保護を及ぼす必要性と適切性が認められるための要素といえる(1)(2)(4)が認められているから，個人代行店および法人等代行店の実態が明らかでなくとも労働者性を肯定できよう。このことからすれば，個人代行店等の実態を明らかにすることを求める本判決は，事業者性の有無を労働者性の消極的判断要素として殊

---

15) (1)から(5)までの判断要素に(6)事業者性を加えている。労使研報告書は，(1)から(3)を基本的判断要素，(4)から(5)を補充的判断要素，(6)を消極的判断要素と位置づけ，それぞれの関係性を示している。
16) 判断要素を考慮する順序に重要な意味はないとする見解として，西谷敏「ゆきすぎた形式主義に歯止めをかけた判決」労旬1745号（2011年）24，28頁，竹内・前掲注7）171頁があるが，土田道夫「労組法上の労働者」労旬1745号（2011年）28頁は順序を一定程度考慮するとしている。ちなみに新国立劇場運営財団事件最高裁判決は，事案類型が同じである CBC 管弦楽団労組事件最高裁判決の判断にあわせて，(1)から(5)の判断要素の順序を変えている。
17) なお，本判決は業務用機器の負担，租税・社会保険料等の負担は事業者性に関して重視してはいない。前者を重視しないことについて，労使研報告書も同趣旨。
18) 前掲東京ヘップサンダル事件，思川砂利事件・茨城地労委昭和55・1・10命令集67集51頁。労使研報告書はこれを指摘するが，他人労働力の利用可能性を顕著な事業者性認定の事情としてあげている。

のほか重視しているとも読める[19]。しかし，本件では他社製品の修理請負をしていた個人代行店が2店存在しているものの，「労働者が主体となって」いれば労組法上の労働組合たりうるから（労組法2条），1店でも労働者性の認められるものがあれば，Z_1組合・Z_2分会は労組法上の労働組合であるといえることに留意すべきである。

　前2最高裁判決から引き続いて学説に残された理論的課題は多くかつ重大である。事例判断をした本判決への評価として上記判断要素が用いられたことは事業者性の部分を除いて妥当と考えるが，労組法上の労働者性をどう考えるかという基本問題は残されたままである。憲法28条および労組法1条からすれば交渉上の対等性確保という目的に限定せず広く労働三権の保護を享受すべき者として労働者性を捉えるべきであるから，労組法3条と7条2項との関係性[20]について議論が深められてゆくべきである。その他，他の事案類型への対応（例えば，派遣労働者），独占禁止法との関連[21]などが課題としてあげられる。

　　　　　　　　　　　　　　　　　　　　　　（こやま　たかはる）

---

19) 水町勇一郎『労働法〔第4版〕』（有斐閣，2011年）74頁参照。
20) 野田進「就業の『非雇用化』と労組法上の労働者性——労組法3条から同7条2号へ」労旬1679号（2008年）6頁，毛塚勝利「妥当な結論だが，不透明さを増す判断枠組み」1745号（2011年）33頁等。
21) 荒木尚志「労働組合法上の労働者と独占禁止法上の事業者」渡辺章先生古稀記念『労働法が目指すべきもの』（信山社，2011年）185頁等。

会社更生手続下における整理解雇の有効性判断
―― 日本航空（運行乗務員整理解雇）事件・
東京地判平成24・3・29労経速2144号3頁 ――

戸 谷 義 治
（琉球大学）

I 事案の概要

　本件及び参考事件はそれぞれ被告に雇用されていた航空機運航乗務員及び客室乗務員が解雇されたことについて，その効力等を争った事案である[1]。紙幅の制約もあり，本稿では運行乗務員に関する事件を中心に検討する。

　被告Yは，航空運送事業及び関連事業を行う企業グループを形成し，定期航空運送事業等を行う株式会社である（Yは平成22年から23年にかけて関係会社との合併及び商号変更を行っているがそれらの前後に関係なく本稿では被告をYという）。

　原告Xらは，Yに期間の定めなく雇用され，航空機運航乗務員として勤務していた者である。

　Yでは，世界的な景気後退を受けたビジネス旅客及び国際貨物需要の激減により収益が急激に悪化した。そこで，新たな事業再生計画を策定するとともに，株式会社企業再生支援機構による支援を受けるための事前相談が開始された。しかし，平成21年11月には事業運転資金が枯渇する状況に陥るなどしたため，Yは事業再生ADR手続の正式申し込みを行った。その後，機構及びYに主として融資を行っていた5金融機関等（主要5行）の調整の結果，Yは機構からの支援と会社更生手続を併用することとし，平成22年1月19日，Yら3社及び主要5行は，会社更生手続開始申し立て及び機構に対する支援申し込みを行った。更生手続及び支援は同日，開始が決定された。開始決定当日現在，

---

[1] 客室乗務員に対する整理解雇の効力については，日本航空（客室乗務員整理解雇）事件（東京地判平24・3・30労経速2143号3頁）。以下，客室乗務員事件という。

Yは1兆7134億円，Yら関連3社で相互の債権債務を相殺するなどした合算では1兆0009億円の債務超過であり，同年3月末現在でもグループ全体で9592億円の債務超過であった。その後，Yは一般更生債権の87.5％の免除を受け，残額は平成24年から30年まで毎年3月末日限りで弁済することとなった。また，株主については100％減資が行われた。

　Yでは，同月21日に，各労組に対する会社更生手続及び事業再生計画の説明を行った。同年6月7日には8労組合同説明会を開催して，平成21年度末現在グループ全体で4万8700人の従業員を，翌22年度末までにおよそ1万6000人削減して約3万2700人にするという人員削減方針を説明し，運行乗務員については3818人から844人削減して2974人にする方針であるとされた。

　Y更生管財人では，平成22年3月から同年11月にかけて6回にわたり所定退職金に加えて一時金を支払うことを内容とする希望退職の募集を行ったところ，合計で653人の運行乗務員及び732名（稼働ベース換算で517.5名）の客室乗務員がこれに応募し退職した（客室乗務員事件判決では，このほかに副操縦士昇格訓練中断による地上職への職種変更（256名），非正規雇用社員の契約終了（192名）及び海外地区ナショナルスタッフの契約終了（850名）等いくつかの措置を講じたことが認定されている）。

　希望退職募集でも必要な人員削減に達しなかったことから，Y更生管財人は整理解雇を実施することとし，その基準として運行乗務員については①運行乗務員訓練生で地上職への変更に同意しない者，②平成22年8月31日時点の休職者，③病気欠勤日数や乗務離脱期間，休職期間が特定の期間において長い者（期間ごとに日数等を規定），④人事考課の結果が過去3年間に毎年2以下であった者，⑤職種・職位ごとに年齢の高い者とした。上記基準を順に当てはめたところ，①及び④の該当者は存在せず，②及び③対象者が23名であったが，なお目標人数に達しなかったことから⑤の基準により対象者を選定することとなった。その後さらに希望退職を募集したところ12名の応募があったことから，最終的に⑤の基準による解雇対象者は58名となり，上記23名と合わせて81名が解雇対象となった。

　解雇対象となった従業員は平成22年12月9日に解雇の意思表示がなされ，所

定退職金に加えて平均約350万円の特別退職金及び賃金5ヶ月分相当の一時金が支給された。また，Yは本人の希望により外部就職支援サービスの提供または10万円の支給を行った。

Yにおける平成22年12月末までの累積営業利益は1586億円であり，計画を上回る実績を上げた。また，平成22年度の連結営業利益は1884億円であり，過去最高益の900億円に上っていた。また，Yでは賃金の大幅な引き下げ（30～40%）を実施したが，平成23年3月には生活調整手当として1.15ヶ月分＋2万円を支給した。

平成22年8月31日，更生計画案が債権者らによって可決され，更生裁判所はこれを認可した。これを受けて，機構はYに3500億円の出資を行っている。同年11月には，Yは主要5行との間でリファイナンス基本合意書を締結したが，人員削減を含む更生計画記載諸施策の重大に支障を生じないことが条件とされた。その後Yは，計11金融機関から合計2549億6000万円の資金調達を行い，平成23年3月28日に免除後の一般更生債権等約3951億4557万円を繰り上げ一括弁済し，同日更生裁判所は更生手続終結決定を行った。

以上の事案において，解雇されたXらが，Yとの雇用契約上の地位の確認及び未払い賃金等を請求したのが本件各事件である。

Ⅱ 判　旨[2)]

請求棄却（賃金計算上の不備により未払いがあった従業員に関する部分を除く）

1　会社更生手続における解雇に対する整理解雇法理適用の可否

「権利濫用法理は，管財人が行った本件解雇についても，当然に適用されることになる。」

「そして，本件解雇は，使用者の経営上ないし経済上の理由によって行われた解雇なのであるから，上記の解雇権濫用法理の適用に当たっては，権利濫用

2）この節の見出しは，筆者が付したものである。

との評価を根拠付ける又は障害する考慮要素として，人員削減の必要性の有無及び程度，解雇回避努力の有無及び程度，解雇対象者の選定の合理性の有無及び程度，解雇手続の相当性等の当該整理解雇が信義則上許されない事情の有無及び程度というかたちで類型化された4つの要素を総合考慮して，解雇権濫用の有無を判断するのが相当である。」

2　人員削減の必要性

「被告では，巨額の債務超過による破綻的清算を回避し，更生手続により事業再生するための事業遂行の方策の一つとして，当初から事業規模を大幅に見直し，それに応じて人員・組織体制を効率化し，人員を削減することが掲げられ，可決・認可された更生計画でも，事業規模に応じた人員体制とすることが内容とされていたものと認められる。」

「その内容は，不採算路線を運休・撤退するとともに，ビジネス需要に対応した路便網を維持・拡充することにより収益性の高い路線構成への転換を企図するものであり，上記の更生計画案の考え方に沿うものであることはもちろん，経営判断としての合理性を欠くと評価する事情は存しないものである。」「被告が，……本件人選基準と基本的に同一の基準を示し，運航乗務員の削減目標人数を設定したことは，上記の更生計画案の内容に照らして，十分に合理性が認められることになる。そして，確定下期計画による運航便数を前提として必要な運航乗務員を，どこまで削減することが可能であるかを検討した結果，同月末日の人員から稼働ベースで371名（第一次希望退職措置の応募者を含む。）を削減する必要があると判断したことは，上記の更生計画案を実現する上からは，必要な措置であるというべきであるし，この判断自体，合理性の認められるものであるということができる。」

「本件更生計画は，一般更生債権の87.5％の免除を受け，株主に対してはいわゆる100％減資を行う等利害関係人の権利変更について定められ，その利益（裏返しとしての損失）を調整した上で成立したものであり，『更生計画において予想された額を超える収益金の使途』（同法167条1項5号）については，「原則として，更生計画の遂行に必要な費用，会社の運営に必要な運転資金（危機対

応に備えた余裕資金を含む。）もしくは裁判所の許可に基づく共益債権等の支払いまたは借入金の返済に充てる」と定められていた。そうすると，更生計画を上回る収益が発生したとしても，このような収益の発生を理由として，更生計画の内容となる人員削減の一部を行わないことはできないというべきであり，被告が更生計画を上回る営業利益を計上していることは，更生計画に基づく人員削減の必要性を減殺する理由とはならないのである。」

3　解雇回避努力
希望退職の実施により「被告は，本件解雇に先立ち，一定の解雇回避努力を行ったことが認められる。」

「被告は，整理解雇である本件解雇に先立って，相対的には，手厚い解雇回避努力を尽くしているとの評価が可能である。同年11月の時点で日本航空乗員組合から提案されたワークシェアリングの内容は，一時的な措置で問題を先送りする性質のものであるし，上記の解雇回避努力に加えて，他の従業員や出向ないし転籍先企業との調整が必要な原告らの主張する解雇回避措置を行わなかったからといって，解雇回避努力が不十分であると評価することは困難であるというべきである。」

4　人選の合理性
「本件人選基準のうち，原告らに適用されたのは『病気欠勤・休職等による基準』『目標人数に達しない場合の年齢基準』である。これらはいずれも，その該当性を客観的な数値により判断することができ，その判断に解雇者の恣意が入る余地がない基準であり，このような基準であるということ自体に，一定の合理性が担保されているということができる。」

「過去に休職，病気欠勤，乗務離脱，乗務制限……があった者は，少なくともそれらの休職・乗務制限等があった期間，運航乗務員の本来の業務である運航業務に従事できず，又は一定の制限下で従事していたのであるから，休職・乗務制限等がなかった者と相対的に比較すれば，過去の運航業務に対する貢献として劣る面があったといわざるを得ない……。」

「年齢の高い者から順に目標人数に達するまでを対象とするという基準は，……解雇者の恣意が入る余地がないことに加え，年功序列型賃金体系を採る企業では，年齢の高い者を解雇対象者とするほど人件費の削減効果が大きいこと，定年制を採る企業では年齢の高い者ほど定年までの期間が短く，企業に貢献できる期間が短いという意味において将来の貢献度が相対的に低いとの評価が可能であること，再就職が困難である等の問題もあるものの，退職金等により，その経済的打撃を調整し得ること……等からすれば，これを他の人選基準では目標人数を満たさない場合の補助的な基準とすることには合理性があるということができる。」

5 手　続
「本件解雇を行うにあたって被告が採った手続の過程から，特に整理解雇が信義則上許されないと評価するだけの事情は窺われない……。」

Ⅲ　検　討

1 はじめに
本件は，経営が破綻し会社更生手続の適用を受けた航空会社において，整理解雇された運行乗務員につき，当該解雇の有効性が争われた事案である。判決は，会社更生手続下における解雇についても，原則としていわゆる整理解雇法理が適用されることを認めた上で，同法理の各要素を検討しており，その点では通常の整理解雇事案と異ならない。ただ，解雇の必要性の判断について使用者の経営・財務状況そのものよりも更生計画に従った解雇であったかを重視し，通常であれば解雇の必要性を否定する重要な要素となりやすい大幅な増収があったにもかかわらず必要性を肯定している。また，解雇回避努力の履践についても，被告が更生会社であったこと，及び原告らの職種の特殊性から緩やかな判断となったように見受けられる。その他，人選基準等についても疑問が残るので，以下検討する。なお，客室乗務員事件判決もほぼ同様の判断をして地位確認請求を棄却している。

2 会社更生手続下における解雇の有効性判断方法

　会社更生や民事再生といった債権型倒産手続において実施される解雇に整理解雇法理が適用されることについては学説・判例ともにほぼ一致している[3]。倒産とはいえ企業はその継続を予定しており，従業員も全員を解雇するわけではないため，当然といえる。

　再建型倒産手続においては，解雇の必要性は基本的に認められること，解雇回避努力義務の履践についても当該企業の財務状況等に鑑みて必ずしも高度のものを求めることができないことなど，倒産という特殊な状況を考慮することは必要であるとしても，濫用性判断の基準自体を通常の場合と異なるものにする必要はないものと考えられる[4]。

　この点，判決は整理解雇法理の適用を肯定しており，妥当である。

3 解雇の必要性

　まず，解雇の必要性については，「高度の経営危機」を要求するのが一般的である。

　通常時の整理解雇であれば，まさに使用者と労働者の二者対立状態を前提として，使用者において解雇が必要であったのか否かを判断すればよいこととなるのに対し，本件のような会社更生においては，事業の整理やそれに伴う人員整理が使用者及び債権者等利害関係人との間で利害調整がなされ，債権者によって更生計画が可決され，更に更生裁判所によってそれが認可される。つまり，人員整理は単に使用者において必要であったかという点に加えて，債権者等から債権の一部の放棄を受けたり，金融機関等から新たに融資を受けたりすることとの関係で必要であったかを検討する余地がある。そのため，計画の認可か

---

3) 戸谷義治「会社倒産と解雇」季労224号（2009年）76頁・79頁，上原敏夫「会社更生手続開始と労働契約」判タ866号（1995年）122頁。山田紡績事件・名古屋地判平17・2・23労判892号42頁，名古屋高判平18・1・17労判909号5頁，最三小決平19・3・6労判932号98頁（上告棄却，上告受理申立不受理），日証（第1・第2解雇・本訴）事件・大阪地判平11・3・31労判765号57頁，同仮処分事件・大阪地決平7・7・27労経速1588号13頁。
4) 一方更生会社フットワーク物流事件・大阪地判平18・9・20労判928号58頁は，会社更生における整理解雇と見られる解雇事案について特段の理由を示すことなく，解雇の必要性と協議のみを検討して解雇有効の判断をしているが，この判断は疑問である。

ら解雇実行の時点までに，当初予定された解雇を不要とするような事情の変化があったのかという事後的な審査にとどめるべきであって，計画策定の段階にさかのぼってそもそも人員整理を計画する必要があったのかを審査の対象とすべきでないとの考え方も強く主張されているところである。[5]

しかし，倒産という事態に伴って人員削減が抽象的な意味において肯定されるとしても，更生計画・再生計画において定められた事業の縮小のためにまさに解雇が必要であったのか，必要としても管財人が算定した解雇の規模は解雇の時点において適切であったのかは，全面的に裁判所の審査に服すべきものであって，更生計画の存在がその後の地位確認訴訟における裁判所の審査権限を掣肘するものと考えることはできない。[6]特に，現在の倒産法制においては，計画の策定にあたって過半数組合等からの意見聴取は定められているものの，計画は債権者らによる決議を経て裁判所によって認可されるのみであって，当該計画について労働者が異議を申し立て，これを争う方策が存在しない。それにもかかわらず，計画に基づく人員削減をその後の地位確認訴訟においても争い得ないこととなれば，不合理である。

ただ，再建型倒産手続に入れば，一般の債権者は通常の権利行使を制限され，その意思とは無関係に手続に組み込まれて，多くの場合，債務の一部放棄などを通じて損害を被ることになる。そしてまた，労働者の利益が一般の債権者の利益を常に全面的に凌駕するとまでは言い切れず，場合によっては一定の利害調整が必要となる。そのため，計画の策定にあたり，人員削減によって増収を図り，その利益を債権者らに対する弁済の一部とすることも直ちに不合理とは言えない。そのため，地位確認訴訟を担当する裁判所は，使用者の経営・財務状況に加えて，債権者らとの関係においても適切な利害調整がなされたかを検討した上で，解雇の必要性を判断すべきものと思われる。もちろん，計画策定から解雇実施の時点までにおいて，当初の予想を超えて収入が増加したり，閉鎖が予定されていた部門の閉鎖が必要なくなったりといった，事後的に必要性

---

[5] 伊藤眞「事業再生手続における解雇の必要性の判断枠組み」東京弁護士会倒産法部編『倒産法改正展望』（商事法務，2012年）2頁・3頁。
[6] イセキ開発工機（解雇）事件・東京地判平15・12・22労判870号28頁参照。

を否定する事項についても判断の対象となる。

　この点，まず判決は，人員削減が計画によって求められていたのか，計画の求める人員削減が合理的なものであるのかを一応検討しており，妥当と言える。しかし，その後の増収を見てもなお計画策定時の目標削減人員を解雇する必要があるとしている。本件では，過去最高と認定されるほどの増収となっており，基本的には解雇を必要とするまでの状況には既になかったのではないかと考えられる。これに対して，判決は計画がもともと合理的なものであったことと，株主については100％，債権者についても80％以上の債権放棄を受けているといった，他の利害関係人の損害の大きさを示して，なお人員削減が必要であったとする。しかし，計画が合理的であっても，事後の事情によって解雇の必要性が否定されうるものであること，また株主が投資先企業の倒産に伴って出資した財産を失うことは株式会社制度がもともと予定しているものであること，債権者の権利は計画の認可によって確定し，さらなる人員削減によって更生会社の利益が増大しても，債権者らの利益に直結するものではないこと，本件におけるYの増収が計画策定当時には想定できないほどの大幅なものであるうえ，全体としてはほぼ目標通りの人員が削減されていることなどを考えると，必要性を肯定した判断には疑問が残る。

4　解雇回避努力

　解雇回避努力義務とは，使用者が労働者に対して雇用維持のために配慮すべき義務である。義務の中身は，企業の資本的規模，従業員数，削減を必要とする人員数，経営状況等によって大きく異なる。また，整理解雇の必要性と一体として捉えるべきであるかはともかくとして，必要性乃至緊急性と求められる解雇回避努力義務の内容とは相関的な関係にあるといえる。その点では，仮に4項目を要件と捉えたとしても，一定の比較考量は免れない。

　また，この義務は，原則としては当該企業内部において雇用を維持する義務であるが，それが不可能であり，他社への転籍が可能であるような場合には，使用者が労働者に対して転籍の申し出をし，もしくは他社への就職を斡旋することも義務の履践と評価できる場合もある[7][8]。

したがって，本件において少なくとも希望退職の募集のみで解雇回避努力義務の履践として十分であったと考えることはできない。それに加えて，Yにおいては他社・関連会社への転籍や，就職斡旋を行っていない。仮に解雇の必要性は認められるとしても，Yが更生手続開始後，大幅な増収になったことは判決も認めるところであり，そのような中で職種転換による雇用確保や他社転籍の可能性等をほとんど顧慮していないことは，解雇回避努力を尽くしたとは言えないと考えられる。[9]

被告会社は，更生手続終結決定を目前にして，早急に資金を調達して，債務を繰り上げ一括弁済するとの意図の下に，主要5行を中心とする金融機関に対する説得材料として解雇を急いだとも見られ，解雇回避努力義務の履践についても不十分との疑問が残る。

5 被解雇者選定の合理性

最終的に誰を解雇するかについては，そのための基準が策定されているか，基準が内容において合理的であるか，基準の適用が適正であるかが主として問題となる。

基準がそもそも策定されていなかったり，基準に使用者の恣意が入りやすいものであったりすれば解雇は無効となるが，そもそもどのようなものであれば内容が合理的なのかは現在のところ必ずしも明らかではない。[10]能力や会社への貢献を基準とすることが不当とは言えないと考えられるし，年齢についても直ちに不合理とまでは言えないと思われる。[11]

その意味で，Yが休職状況や年齢に基づく基準を策定したことも不当とまでは言えないと考えられるが，基準の内容を見ると休職の有無を判断する基準

---

7) 道幸哲也『成果主義時代のワークルール』（旬報社，2005年）181頁も，最近の傾向として再就職の斡旋等も重視されると指摘する。また，北岡大介「解雇回避措置論」（労旬1502号（特集・最近の整理解雇判例法理の総合的検討(下)）34頁参照。
8) 福岡県労働福祉会館事件・福岡地判平6・2・9労判649号18頁等参照。
9) 前掲注1)・山田紡績事件参照。
10) 小宮文人『雇用終了の法理』（信山社，2010年）56頁。
11) ただし，使用者側の理由による解雇で労働者の能力を問題とすることを批判し，福祉的観点を強調する見解も有力である（高橋賢司『解雇の研究』（法律文化社，2011年）217頁）。

期間が相当程度に短く，偶然に病気をしていれば解雇対象者となる危険があることから合理性には疑問が残る。

6　手　　　続

手続についても，数度の説明を行ったのみであって，解雇という事柄の重大性や，解雇を直ちに行わなければ経営継続が立ち行かないという程度にまで逼迫した状況ではなかったことなどを考えると，適切に協議を尽くしたと言えるか疑問が残る。

7　おわりに

本件判決は，解雇の必要性及び解雇回避努力義務の履践について特に疑問があり，結論において請求を棄却したことは妥当とは言えない。

解雇の必要性判断については，現行法制を前提とする限り，更生計画から導かれる人員削減についても，裁判所の審判権限が及ぶと考えるよりほかないと思われる。ただ，計画が裁判所によって認可されてもなお，それが覆る可能性を残すことは関係者にとって，最終的な予測可能性を大きく損なうことにもなり，計画の策定段階で人員削減の必要性を終局的に定め，計画自体について労働者が事前に争いうるようにするなど，立法論的検討も必要になるものと考えられる。

（とや　よしはる）

労働者派遣制度の検討課題

本 庄 淳 志
(静岡大学)

I　はじめに

　2012年3月，労働者派遣法の改正案が可決され（以下，改正法），現在，その施行を待つ状況にある。[1] 今回の改正までには紆余曲折があったが，改正法は，①日雇い派遣の制限，②グループ企業内派遣や離職者派遣の制限，③マージン率の公開，④事業許可の欠格事由の整備，⑤違法派遣のケースにおける派遣先の直接雇用申込みなし規定など，派遣労働者の雇用安定に関する法規制，⑥賃金の均衡に関する法規制の導入を主な内容とする。
　改正法を全体としてみると，法律の名称変更に示される通り，派遣労働者の保護が目指されている。しかし，労働力の需給調整の適正化を図るための事業規制としての側面もなお維持・強化されており，両者のバランスのなかで，派遣労働者個人にとって，労働条件の維持改善に反する結果を招きかねない規制も内包されている。こうしたなか，改正法をめぐる論点は多方面に及ぶが，本稿では，労働者派遣制度を展望するうえで特に留意すべき点を整理する。

II　改正法の内容と主要論点

1　日雇い派遣の制限

　まず，改正法では，日々または30日以内の期間を定めて雇用する労働者派遣が原則として禁止され，例外として，「適正な雇用管理に支障を及ぼすおそれ

---

1) 改正法は2012年10月1日から施行されるが，直接雇用申込のみなし規定については，さらに3年後の施行が予定されている。

がないと認められる業務」，および「雇用機会の確保が特に困難な場合」等で政令で定めるもののみ許容される。この2種類の例外のうち，前者としては，いわゆる政令26業務のうち17.5業務が，後者については，①60歳以上の高齢者，②昼間学生，③副業として日雇派遣に従事する者，④主たる生計者でない者が想定されている。

　このような規制については，例外の範囲を定める政省令の内容次第で評価も分かれうるが，本質的な問題として，「日雇い派遣」と「直接雇用による日雇い労働」とで規制を大きく異ならせるだけの正当性がどこにあるのか，検討が不可欠である。一つの考え方として，派遣そのものを原則的に否定すべきで，特に短期間の日雇い派遣は労働力の需給システムとして不適切という見方もあろう。他方で，派遣労働者の視点からすると，日雇い派遣を制限することが，はたして労働条件の維持改善につながるかどうか慎重に見極める必要がある。日々雇用について直用化を志向する理由が，(1)派遣労働者の雇用の存続が特に不安定であることに由来するのか，(2)それとも，派遣元の介在によって賃金等の労働条件が低下しがちであることを問題視するのか，いずれも抽象的にこうした可能性があることは理解できないわけでないが，何ら規制のない直用の日々雇用と比較した検討が示されないなかで，新たな規制の狙いや正当性がはっきりしない状況にある。

2　グループ派遣等の制限

　次に，改正法では，グループ企業内の派遣会社が当該グループ企業に派遣する人員の割合を，派遣就業に係る総労働時間の8割以下にすべきとされる（23条の2）。この対象となる「関係派遣先」の範囲や派遣割合の算定方法については，省令に委ねられている。また，同様の考え方から，派遣先を退職して1年以内の労働者についての派遣が禁止される。ただし，定年退職者のように，

---

2)　政省令によると，たとえば副業として日雇派遣を行うためには，生業の収入額または世帯収入額が500万円を超える必要があるとされる。
3)　具体的に省令では，会計基準をもとに，グループ派遣先への派遣時間数から算定することとされる。

「雇用の機会の確保が特に困難であり，その雇用の継続等を図る必要があると認められる者」は，例外として厚生労働省令で認める予定である。

　こうした規制の根底にある考え方は，グループ派遣等が常用代替を進めるものであり，労働力の需給調整として適正でないというものであろう。つまり，派遣先における直用労働者の雇用の浸食防止という役割が期待されるわけだが，それ以上に，これらの規制が派遣労働者個人の労働条件の維持改善にどのようにつながるのかは判然としない。

　まず，派遣労働者の雇用の安定という面では，こうした規制を常用型派遣にまで課していくことに十分な根拠があるかが問われよう。グループ派遣には，グループ内部で人材の囲い込みを図る側面があり，一定の継続的な取引関係を要請するとすれば，結果として派遣労働者の雇用の安定に資する可能性はないか。また，実際問題としても，日本では，在籍出向によりグループ企業間での労働力の需給調整が図られているなかで，それを派遣という形態で行った場合に特別な規制を課すことにどこまでの合理性があるというのか。一方，これらの規制が，派遣労働者の賃金等の労働条件の切下げ防止に直ちに資するとも考えにくい。一般論として，派遣元の取引相手（派遣先）が多様になったところで，派遣労働者の労働条件が向上するとは限らない。派遣労働者にとって，派遣元が特定の派遣先とグループ関係にあるという事実は，自らの雇用の安定や労働条件の水準に対して，具体的にどのような影響を及ぼすのだろうか。

　要するに，これらの規制は派遣労働者の選択肢を制限するところ，その根拠として，派遣労働者の保護というよりは常用代替防止という狙いが強くみてとれる。はたして，この利益調整のあり方は適切か否かが，再検討されなければならない。

3　派遣元での無期雇用への転換促進等

　労働者派遣という働き方を認めていく以上，派遣労働者にとって必要な保護を模索していくことは労働法の使命である。こうした視点からすると，有期の派遣労働契約について，派遣元での無期雇用への転換等を目指す新たな規制は（30条），努力義務にとどまるとはいえ，派遣労働者個人の保護を明確に志向す

る規制として積極的に評価すべきものである。ただし，最近の労働契約法の改正により，有期労働契約の合計期間が 5 年を超える場合に，労働者の請求にもとづき無期雇用への転換が認められることとなった。こうしたなか，今後は，両規制の調整が課題となるが，派遣の場合には特に断続的な就労となるケースも多いこともふまえると，派遣元での雇用継続期間の計算方法にも特別な配慮を要するのであって，派遣の場合には期間算定の特則を設けることなどが検討されて良いのではないか。

4 直接雇用申込みなし規定

従来とは異なり，改正法のもとでは，派遣先の意思とは無関係に，一定の違法派遣の場合には派遣労働者を派遣先で直用化することが私法上も義務づけられている。現在でも，派遣労働者と派遣先との間で黙示の同意が認められる場合，あるいは，派遣元と派遣先との間で法人格否認の法理が適用されるような場合であれば，例外的に直用化が図られる余地はあるものの，いずれもきわめて限定的であることと対比すると，改正法は労働契約における合意原則を大きく修正するものとなる。

この直接雇用申込のみなし規定について，一つの考え方は，複雑な派遣労働関係のなかで，違法派遣の場合には直接雇用の関係に戻るべきであり，派遣先に対する民事上のペナルティーとして直用化を義務づけるという発想である。たしかに，いわゆる「偽装請負」や，派遣期間の制限を超えた派遣継続のように，派遣法に違反して労働力の利用がされてきた場合に，その適法化のために，派遣労働者が結果的に雇用を失ってしまうということは何とも不合理である。筆者としても，採用の自由や合意原則と抵触してもなお，法政策として，派遣先へのペナルティーの一種として，派遣労働者の直用化を義務づけることを一切否定するつもりはない。しかし，そこで重要となるのは，改正法がペナルティーとして直接雇用の申込を義務づけてまで遵守を求める諸規制には，採用の

---

4) また，派遣期間に制限のない政令26業務で 3 年経過後の優先雇用申込義務を修正し，常用型について派遣元での雇用継続を志向する点についても（40条の 5 但書の追加），本文で述べたのと同様の観点から積極的に評価すべきである。

自由や合意原則を大きく修正するだけの，特に，解雇が規制されるなかでの契約締結の義務づけという私的自治を大きく修正するだけの，十分な正統性があるのかどうかという視点である。

　この点，改正法でみなし規定が適用されるのは，①港湾運送業，建設業，警備業という派遣禁止業務での派遣利用，②派遣元事業主以外から派遣労働者を受け入れた場合，③派遣期間の制限違反，④いわゆる偽装請負等の違法行為があった場合が広く対象に含まれている。しかしながら，これら各規制の目的はそれぞれ異なり，また，規制の創設当時から労働者派遣をとりまく状況が大きく変化してきているなかで，いま，改めて各規制の実質的な正統性を問うべき時期にきているのではないか。これらの規制の多くは，派遣法の常用代替防止という目的に連なるものであるが，他方で，その目的と個々の派遣労働者の保護とは必ずしも直結しない。たとえば派遣期間の制限について，期間に着目をして労働者の直用化を志向することも法政策として十分検討に値するが，その前提として，そもそも現在の派遣法がどのような観点から派遣期間に制限を課してきたのか，そして，その考え方を今後も維持すべきかという検証が不可欠であろう。この点，派遣期間を算定する際には，派遣先での派遣受入期間が重視される一方で，個々の派遣労働者の派遣期間は原則として（同一労働者の派遣期間が派遣受入期間の上限と抵触する場合でなければ）問題とならない。期間制限は，1999年に派遣対象業務の原則自由化が図られ，それにあわせて設けられた際に，派遣先の直用労働者の代替防止を狙って導入されたものであり，必ずしも派遣労働者の保護という観点から設けられたものではない。

　派遣法のもと，一定期間の経過後に直用化を目指していくというのであれば，本来，個々の労働者の派遣就労期間にこそ着目するのが本筋ではないか。いま問われるべきは，派遣先の同一事業での受入期間の制限という現行法および改正法の規制について，常用代替防止を維持・強化するというならばともかく，個々の派遣労働者保護という観点からどこまで正当化できるのかという点であろう。派遣労働者の保護を志向する改正法の基本姿勢からすると，まずは期間制限のあり方自体を再検証する必要がある。

　また，いわゆる偽装請負等の違法行為があった場合について，労働者派遣と

請負との区別は，理念的には指揮命令の有無によってなされるものの，実務上の峻別はそれほど容易なことではない。派遣先が故意に請負を偽装した場合や重過失が認められる場合であればともかく，改正法は単なる過失のケースでもみなし規定を適用するものとしており，施行期限までに周知徹底をいかに図るとしても相当な混乱が予想される。この問題は，本質的には，派遣と請負の区別が曖昧ななかで，両者に適用される法規制が全く異なることにも起因しているのであり，本来であれば，企業活動における外部労働力の利用全般について，いわゆる在籍出向のようなケースも含め，規制のあり方を広く議論すべき性格のものである。

以上要するに，本来であれば，みなし申込の対象となる現行の各規制，およびその背景にある派遣法の常用代替防止という基本的な理念が揺るぎないものである場合に初めて，規制の実効性確保という観点から，改めて「みなし規定」と採用の自由や合意原則との抵触問題を検討することが筋といえる[5]。しかし，今回の法改正では，その前提部分について確信の無いままに「みなし規定」の創設に踏み切りつつ，他方で，施行を3年先まで延期することで安易に妥協した点で，きわめて問題が多い。

仮に現在のまま施行された場合には，どのようなことが予想されるのであろうか。みなし規定によって直用化される際の労働条件については，契約期間も含めて，派遣元との労働契約の水準が維持される（2015年施行後の40条の6）。そうすると，改正法のもと，派遣労働者の直用化というリスクが相当に高くなるなかで，派遣先としては，第一に，できるだけ短期の有期雇用で雇用された派遣労働者を受け入れること，第二に，労働条件の水準としてもできるだけ低い派遣労働者を受け入れることが，みなし規定が適用され得るケースでの法的リスクの回避策となる。現実には多くの場合に，派遣元との関係で派遣先の交渉力が強いと考えられるなかで，これが，労働者の雇用の存続保護や労働条件水準の維持改善にとってマイナスに作用する可能性はきわめて高い。

---

[5] 派遣法の常用代替防止目的と，派遣労働者の直用化による保護との関係をめぐる問題点については，拙稿「派遣先での直用化をめぐる諸問題——派遣労働者の保護をいかにして図るべきか」季労231号（2010年）26頁。

5　労組法上の解釈問題

さらに、以上のような個別法上の問題にとどまらず、直接雇用申込みなし規定（40条の6）に代表されるように、改正法は、集団法の領域でも解釈上の重大な影響を与えうる可能性がある[6]。

労組法7条の使用者性の判断枠組みとして、学説および近時の労委命令や裁判例では、①朝日放送事件・最高裁判決[7]で示されたような、基本的労働条件等に対する実質的な支配・決定の程度から労組法上の使用者概念を認めていくという「近似アプローチ」、②および、ある時点では雇用主そのものでないとしても、近い過去において使用者であった者または近い将来雇用主となる可能性が現実的・具体的に存する企業は、雇用主と同様に労組法7条の使用者に当たるとする「隣接アプローチ（時間的拡張）」によって、労働契約の当事者以外への使用者概念の拡張が図られてきた[8]。こうした枠組みは、派遣的労働関係において派遣先の労組法上の使用者性が争われるさまざまな場面のうち、派遣期間中の労働条件をめぐる団体交渉のケースにとどまらず、派遣労働者の雇用喪失を契機とした直用化等をめぐる団体交渉のケースでも用いられる余地がある。

現在の派遣法40条の4に代表される申込義務とは異なり、新たに導入される直接雇用申込みなし規定のもとでは、派遣先が、近い将来、派遣労働者の雇用主となる可能性が現実的・具体的に存するものとして、「隣接アプローチ」によって労組法上の使用者性を認められる余地が大幅に拡大することになろう。こうした派遣法の改正に伴う影響について、労組法上の使用者性判断に関しても、具体的な要件について早急に検討することが学界に求められている。

---

[6]　法40条の6が労組法上の解釈に影響することはまず間違いないと思われるが、他にも、派遣先による中途解約時の就業機会確保等に関する規制（29条の2）も、労組法上の解釈に影響を及ぼしうる規制として注意を要する。なお、派遣労働関係における労組法上の使用者性については、拙稿「労組法上の使用者——派遣先の団交応諾義務を中心に」季労229号（2010年）110頁も参照。

[7]　最三小判平成7・2・28民集49巻2号559頁。

[8]　不当労働行為禁止規定における使用者を、「労働契約関係ないしはそれに隣接ないし近似する関係」を基盤として成立する団体的労使関係上の一方当事者とする考え方については、菅野和夫『労働法〔第9版〕』（弘文堂、2010年）668頁を参照。

6 均衡処遇規制

改正法では、派遣元が派遣労働者の賃金および教育訓練や福利厚生等について決定する際に、その水準に関して、派遣先で直接雇用される労働者との均衡等を考慮することが義務づけられている。派遣労働者の賃金については、①派遣先での同種業務で直接雇用される労働者の賃金水準との均衡を考慮しつつ、②同種業務に従事する一般の労働者の賃金水準、③または当該派遣労働者の職務の内容、職務の成果、意欲、能力もしくは経験等を勘案し、決定するように配慮しなければならない。

この規制はあくまで派遣元の配慮義務にとどまるものであって、ただちに私法上の具体的な請求権までも導きうるものではない。たしかに一般論としては、配慮義務であってもその内容に著しく反するような場合には、不法行為にもとづく損害賠償責任が生じる余地は否定できないが（民法709条）、改正法では、賃金について派遣先の直用労働者との均衡を考慮「しつつ」も（①）、同種業務で就労する一般的な労働者の賃金水準（②）、または、当該派遣労働者の職務の内容、職務の成果、意欲、能力もしくは経験等（③）が広く考慮すべき事項とされている。現在の実務でも、この内容から大きく外れるような賃金決定がなされるような事態は考えにくいなかで、改正法の下でも、具体的な請求権はもちろん、不法行為にもとづく損害賠償責任も否定せざるをえないという点で、この規制は裁判実務上は無内容なものといってよい。

ただし、国家法として、派遣労働条件について派遣先の直用労働者との均衡を志向していく姿勢を示したことは注目すべき点である。この点、雇用形態が異なる場合における労働条件の均衡確保という考え方は、すでにパートタイム労働法や労契法3条でもみられるものであるし、最近の労働契約法の改正により、有期雇用と無期雇用との間でも処遇の均衡を図る規制が導入されている。非典型雇用に対するこれらの法規制は、対価決定の自由という私的自治への介入ではあるが、他の人権的な意味での差別禁止規制のように厳格な平等取扱いまでも求めない点では、その介入の程度は小さなものでもある[9]。そして、就労形態の多様化を前提として、政策的に有期雇用やパートタイマーについても処遇の均衡を志向していく以上、労働者派遣の場合のみ何ら規制を課さないこと

は脱法的な行為を誘発する点で望ましくないだろう。

　しかし，雇用形態間の格差是正を目的とする他の労働法規制では，同一使用者（企業）による労働者間の不合理な異別取扱いが対象となるのに比べて，派遣法の新たな規制では，派遣先の直用労働者という派遣元とは直接に関係のない労働者を比較対象として，派遣元に均衡を考慮した処遇を求めている点に最大の特徴がある。こうした規制は，三者間での労務給付という派遣の性格をふまえれば，派遣労働条件の改善を図るための手段として不合理とまではいえないし，比較法的にみて珍しいものでもない。他方で，諸外国でこうした規制が導入されている場合には，上の特殊性もふまえて，他の差別禁止規範ないし異別取扱いの禁止規制とは異なり，さまざまな例外が認められている点には注意が必要である。特に，私的自治との抵触の度合いという観点からすると，諸外国で派遣労働条件について労働協約等による derogation を許容する例があり，また，たとえば EU 指令では，賃金の均衡処遇について，いわゆる登録型派遣のみを対象とすることで足りるとしている点には注意を要する[10]。

　前述のように，改正法で設けられた均衡処遇規制は，裁判実務上は無内容と言わざるを得ないものであるが，今後の法改正で均衡処遇をより積極的に進め，合理性のない処遇格差を広い意味での差別として禁止していく場合には[11]，派遣労働関係という特殊性をふまえて，格差を許容しうる「合理性」の判断要素について明確にしていく作業が不可欠である。そこで改めて問われるのは，そもそも労働契約において対価は何を基準に決定される（べきな）のか，そして，日本において，企業組織を超えて労働者間での処遇の均衡を法律で義務づけるだけの社会的土壌やコンセンサスはあるのか，という点であろう。たとえば，現実に企業規模の違いによって労働条件に大きな格差があるなかで，派遣につ

9）　諸外国における人権的な差別禁止規制と，法政策的な均衡処遇規制との違いを概観したものとして，労働政策研究・研修機構「雇用形態による均等処遇についての研究会」報告書（2011年）を参照。

10）　Council Directive 08/104/EC of 19 November 2008.

11）　非典型雇用に関してこうしたアプローチを支持する代表例として，水町勇一郎「『格差』と『合理性』——非正規労働者の不利益取扱いを正当化する『合理的理由』に関する研究」社会科学研究62（3-4）（2011年）125頁。

いてのみ特別に均衡処遇規制によって別企業の労働者の労働条件水準に介入することに，どこまで合理性があるのかが問われることになろう．

Ⅲ おわりに

　政権交代を含む紆余曲折のなかで，与野党で妥協できる部分から実現したという意味で，改正法はいわば大人の内容となっている．他方で，派遣制度の根幹に関わる重要課題は先送りされ，また，直接雇用みなし規定については，施行延期される3年の期間内で撤廃も含めて再検討することも示唆されている[12]．改正法はその施行前から，次の改正に向けた動向を注視せざるを得ない不安定な状況にある．

　本稿で指摘したように，改正法には少なからぬ問題点もあるが，その多くは派遣法の根底にある常用代替防止という目的を維持すべきかどうかという論点に連なっている．改正法は，派遣労働者の保護を目的に据えた点で半歩前進した面もあるが，具体的な規制手法をみると，直用申込みなし規定の前提にある各規制や（派遣先業務や期間の制限など），日雇派遣の制限，マージン率の開示規制，グループ派遣や退職者派遣の制限，許可基準の見直しなど，業法としての性格も色濃く残すなかで，派遣労働者の雇用安定化や労働条件の維持改善にとってマイナスに作用しうる規制も少なくない．

　雇用社会が大きく変化しているなかで，他の労働法規制との調和をとりながら，外部労働市場政策として労働者派遣制度をどのように位置づけていくのか．現行法および改正法での，政令26業務をはじめとする派遣先業務による規制の区別，同じく派遣先業務に着目した派遣受入期間の制限，グループ派遣の制限などという一律硬直的な規制でなく，派遣労働者個人の労働契約に着目して，その維持・改善を図ることに軸足を移す[13]．常用代替防止という理念のもと派遣

---

12) 第180回参議院厚生労働委員会議録・第4号（平成24年3月27日）での修正提案者発言．
13) この点については，拙稿「労働市場における労働者派遣法の現代的役割——契約自由と法規制との相克をめぐる日本・オランダ・ドイツの比較法的分析」神戸法学雑誌59巻3号（2009年）321頁参照．

労働者の保護との両立を図るという小手先の修正でなく，そもそも労働者派遣をどのように位置づけていくのか。制度の根底に立ち返った大胆な議論が求められているのではなかろうか。

（ほんじょう　あつし）

日本学術会議報告

浅倉むつ子

（日本学術会議会員，早稲田大学）

1　第162回総会と東日本大震災復興支援委員会

　日本学術会議の第162回（第22期第2回）総会が，2012年4月9日～11日にかけて行われた。初日には，栄誉会員に就任された小柴昌俊氏と吉川弘之氏の栄誉会員授与式および講演が行われ，その後，大西会長から，今期の活動と方針について報告が行われた。

　2011年10月の発足以来，第22期日本学術会議は，前期の方針を継承して「東日本大震災復興支援委員会」を設け，その下に，「災害に強いまちづくり分科会」，「産業振興・就業支援分科会」，「放射能対策分科会」を作り，集中的な審議，現地調査，ヒアリング等を行ってきた。その結果，4月9日づけで，次の5本の提言を公表した。

(1) 東日本大震災復興支援委員会「提言：学術からの提言――今，復興の力強い歩みを――」
(2) 東日本大震災復興支援委員会・災害に強いまちづくり分科会「提言：二度と津波犠牲者を出さないまちづくり――東北の自然を生かした復興を世界に発信――」
(3) 東日本大震災復興支援委員会・産業振興・就業支援分科会「提言：被災地の求職者支援と復興法人創設――被災者に寄り添う産業振興・就業支援を――」
(4) 東日本大震災復興支援委員会・放射能対策分科会「提言：放射能対策の新たな一歩を踏み出すために――事実の科学的探索に基づく行動を――」
(5) 東日本大震災復興支援委員会「提言：災害廃棄物の広域処理のあり方について」

　以上の提言を作成する過程で，委員会およびそれぞれの分科会が，会員に意見照会を行い，そこで出された意見を積極的に取り入れた提言を作成したことは，初の試みとして特筆すべきことであった。

　上記(1)は，(2)から(5)までの提言の内容をとりまとめたものである。とくに労働法学会の関心事からいえば，(3)の提言が，労働市場のミスマッチの改善のために，労働市場の現状に即した求職者支援制度改善（地域別属性別の就職率目標，他の雇用復興

推進事業との連携，世帯単位の緩和）や，住民主体で仕事を起こし地域を活性化するために「復興法人」の創設を提言していることなどが注目される。また(4)の提言は，放射線被害の現状と今後をみすえて，地域住民の観点から健康影響評価のための対策を提言している。一方で，労働法上の関心事と関わって，福島原発で事故収束作業のために働く労働者に対する被爆量評価や健康影響評価については，大震災前の2010年7月1日に，日本学術会議から発出された提言「放射線作業者の被爆の一元管理について」が，関連法令の改正を含めた放射線作業者（これは医学的領域で放射線を取り扱う人々を含む概念である）の被爆の一元管理の必要性を指摘しており，今日において，改めて注目されるべき提言である。なお，法学委員会の下には，「大震災後の安全安心な社会構築と法」分科会が設置されており，法的問題関心の下に，活動を行っている。

　福島原発事故によってもたらされた最大の問題は，科学者からの発信に対する国民の不信感であり，これは日本版「信頼の危機」といってよい（「信頼の危機」とは，BSE問題に関してイギリスの上院科学技術特別委員会がまとめた報告書で使われた言葉であり，科学自体に対する不信の広がりをいう）。日本学術会議による科学の信頼回復のための取組みは，決して十分とはいえないものであるが，それでも，一つの試みとして，2011年9月に行われた哲学と科学の希有な接近・遭遇の場となった公開シンポジウム（「原発災害をめぐる科学者の社会的責任」）の内容が，「学術の動向」2012年5月号に掲載された。個人的な感想ではあるが，人文科学と自然科学の知の「協働・共創」の一例として，学ぶものが多かった。

2　第一部の活動および法学委員会について

　第22期の「第一部」（人文・社会科学分野）の関心の一つは，人文・社会科学の復興という政策課題である。かつての日本の学術政策の基本構図は，1995年に制定された科学技術基本法がそうであるように，「科学技術」という表現から人文科学に関わるものを除いている（科学技術庁の守備範囲に限定）。それに対して，日本学術会議は，総合的学術政策の推進のために，人文・社会科学の位置づけを強化すべきであると主張して，これまでにも何度か「学術基本法」（仮称）の制定を話題にしてきた。2010年には「日本の展望――学術からの提言2010」を発出し，それを基礎に，2010年8月に，科学技術基本法の改正を提案するという「勧告」も行ってきた。

　このような経緯から，今期の第一部会では，改めて学術諸分野の均衡ある発展を実現するために，科学技術基本法とは別に，「学術基本法」を制定して，「学術基本計画」を定め，その実施をはかるための検討が必要であると考えている。そのために，第一部が中心になり，課題別委員会「学術の均衡ある発展を促進する『学術基

本法』の検討委員会」を発足させようという動きがある。

　法学委員会の活動についてもふれておきたい。法学委員会の下で8つの分科会が発足したことについては，すでに前回の報告でふれた。その後さらに，「ソーシャル・レジリエンスと法」分科会（世話人：後藤弘子），「学術法制」分科会（世話人：小森田秋夫）が発足した。これで法学委員会の下にある分科会の数は10を数えている。

　また，これまでも報告してきたことだが，学術会議には課題別委員会である「大学教育の分野別質保証推進委員会」が設けられ，その下で，各専門分野での参照基準の作成作業が行われてきた。法学分野でも，「法学分野の参照基準検討分科会」が設置され，議論を重ねてきたが，そろそろ参照基準の「案」ができあがる予定である。それを広く公開し，意見をつのるために，「公開シンポジウム　これからの法学教育——法学分野の『参照基準』を考える」を，2012年7月21日に実施する予定である。

（あさくら　むつこ）
（2012年7月1日記）

◆日本労働法学会第123回大会記事◆

　日本労働法学会第123回大会は，2012年5月20日（日）に関西学院大学において，個別報告，特別講演，ミニシンポジウムの三部構成で開催された（以下，敬称略）。

一　個別報告
〈第1会場〉
テーマ　「企業の再建と労働関係──再建型倒産手続における労働関係処理の日米比較を通じて」
　　報告者：池田悠（北海道大学）
　　司　会：荒木尚志（東京大学）
テーマ　「最低賃金と法規制・労使自治・生活保障──日英仏の最低賃金規制の比較法的検討」
　　報告者：神吉知郁子
　　司　会：荒木尚志（東京大学）
〈第2会場〉
テーマ　「フランス労働医が有する就労可能性判定機能の史的形成と現代的展開」
　　報告者：鈴木俊晴（早稲田大学大学院）
　　司　会：島田陽一（早稲田大学）
テーマ　「アメリカ法における公正代表義務──協約運営段階の公正代表義務について」
　　報告者：天野晋介（首都大学東京）
　　司　会：土田道夫（同志社大学）
〈第3会場〉
テーマ　「ストレス関連疾患の労災認定──厚生労働省労働基準局「精神障害の認定基準」（平成23年12月26日基発1226第1号）を踏まえて」
　　報告者：田中建一（東洋大学非常勤講師）
　　司　会：鎌田耕一（東洋大学）
テーマ　「イギリス労働法における労務提供契約の成立の二重構造」
　　報告者：新屋敷恵美子（山口大学）
　　司　会：野田進（九州大学）

二　特別講演
テーマ：「労災補償の制度目的と，認定基準について」
報告者：水野勝（東洋大学名誉教授）

三　ミニシンポジウム
〈第1会場〉
テーマ　「労働審判制度の実態と課題」
　　司　会：山川隆一（慶應義塾大学）
　　報告者：佐藤岩夫（東京大学）
　　　　　　高橋陽子＝水町勇一郎（東京大学）
　　コメント：宮里邦雄（弁護士），中山慈夫（弁護士），野田進（九州大学）
〈第2会場〉
テーマ　「国際労働法の展開と課題」
　　司　会：土田道夫（同志社大学）
　　報告者：野川忍（明治大学）
　　　　　　村上愛（北海学園大学）
　　　　　　米津孝司（中央大学）
〈第3会場〉
テーマ　「大震災と社会法の課題」
　　司　会：鎌田耕一（東洋大学），浅倉むつ子（早稲田大学）
　　報告者：早川智津子（岩手大学）
　　　　　　嵩さやか（東北大学）
　　　　　　佐藤正明（弁護士）

四　総　会
1　第124回大会およびそれ以降の大会について
　鎌田耕一企画委員長より，今後の大会予定に関し，以下の通り報告がなされた。
◆第124回大会について◆
　(1)　期日：2012年10月14日（日）
　(2)　会場：学習院大学（なお，社会保障法学会とは別会場）
　(3)　大シンポジウム
　統一テーマ：「有期労働をめぐる法理論的課題」
　　司　会：青野覚（明治大学），米津孝司（中央大学）

報告者：①有田謙司（西南学院大学）「有期契約労働と派遣労働の法政策
　　　　　　――規制原理としての労働権保障の観点から」
　　　　②唐津博（南山大学）「有期雇用（有期労働契約）の法規制と労働契約
　　　　　法理――労働契約法改正と契約論アプローチ」
　　　　③沼田雅之（大阪経済法科大学）「有期労働契約法制と均等・均衡処遇」
　　　　④小西啓文（明治大学）「非正規労働者の社会・労働保険法上の地位」

◆第125回大会について◆
　(1)　期日：2013年5月19日（日）
　(2)　会場：鹿児島大学
　(3)　個別報告について
　前回の企画委員会の時点で，内藤忍会員（労働政策研究・研修機構）が「職場のいじめ・嫌がらせの立法的検討――イギリス法を素材として」とのテーマで個別報告を行うことが決定している（司会は，島田陽一理事）。また，個別報告につき，エントリー希望があれば，日本労働法学会ホームページに掲載している申込書に記入のうえ，次回企画委員会の前日（2012年8月3日）までにお送りいただきたい。
　(4)　ミニシンポジウムについて
①テーマ：「職場のメンタルヘルスと労働法上の課題」
　担当理事：鎌田耕一理事（東洋大学）
　司　会：未定
　報告者：水島郁子会員（大阪大学），三柴丈典会員（近畿大学），他一名（未定）
②テーマ：公務における「自律的労使関係制度」の確立の意義と課題（仮題）
　担当理事：未定
　司　会：未定
　報告者：清水敏会員（早稲田大学），その他は未定
③テーマ：「雇用と貧困――労働者の貧困と生活保障における社会法の役割」
　担当理事・司会：石田眞理事（早稲田大学）
　報告者：宮本太郎氏（非会員・北海道大学）・菊池馨実会員（早稲田大学）・島田
　　　　　陽一会員（早稲田大学）
　(5)　特別講演
　テーマ：未定
　報告者：角田邦重会員（中央大学名誉教授）
◆第126回大会について◆
　(1)　期日：2013年秋
　(2)　会場：一橋大学

(3) 大シンポジウムについて

「債権法改正と労働法」を統一テーマとして，大シンポジウムを開催することを予定している。

2 学会誌について

野川忍編集委員長から，以下の内容について報告がなされた。

(1) 編集委員の交代について

編集委員長の交代について，2012年度秋大会より，野川忍理事（明治大学）から唐津博理事（南山大学）へ交代となることが報告された。

編集委員について，紺屋博昭会員（鹿児島大学）から戸谷義治会員（琉球大学）へ交代となったことが報告された。

(2) 学会誌について

学会誌119号は学会前に発行済みである。

2012年秋刊行予定の学会誌120号については，ミニシンポジウム（「労働審判制度の実態と課題」，「国際労働法の展開と課題」，「大震災と社会法の課題」），個別報告6本，回顧と展望（編集委員会で掲載内容を検討中），（投稿があれば）投稿論文を掲載する予定である。

3 日本学術会議について

浅倉むつ子理事より，日本学術会議について以下の通り報告がなされた。

日本学術会議の第162回（第22期第2回）総会が，2012年4月9日～11日にかけて行われた。今期の重点方針の中で，とくに「学術の社会的責任」と「東日本大震災の復興支援」につき，議論が行われた。

まず，前者につき，「科学者の話は信頼できると思うか？」という設問に対して，「信頼できる」「どちらかというと信頼できる」という回答が，2010年11月には84％であったのに対して，震災直後には40％に急落した。現在ではこの数値は60％台に回復しているものの，国民の信頼を高めてゆく学術会議の責任は大きい。

次に後者につき，今期の学術会議は，東日本大震災復興支援委員会を設置し，「災害に強いまちづくり分科会」「産業振興・就業支援分科会」「放射能対策分科会」を設け，議論を重ねてきた。その結果，総会初日（4月9日）に復興へ向けた5つの提言を発出した。これらは学術会議のHPからご覧いただくことが可能である。

4 国際労働法社会保障法学会について

荒木尚志理事より，以下の4点について報告がなされた。

(1) 次期国際学会会長の選出について

現国際学会会長であるセヴェリンスキ会員(Michal SEWERYNSKI, ポーランド)の任期が2012年9月のチリ世界会議で終了となり、昨年9月のセビリア欧州地域会議において、次会会長にアルゼンチンのアドリアン・ゴルディン会員(Adrian Goldin)が選出された。任期は、2012年9月の3年後の世界会議までとなる。

(2) 第20回世界会議　2012年9月25日～28日(チリ, サンチアゴ)

第20回世界会議は2012年9月25日～28日の日程で、チリ・サンチアゴにおいて開催される。登録料については、2012年3月1日以降が510USD, 2012年7月1日以降は570USDとなる。テーマは以下の通りである。

○第一テーマ：労働法の実効性と労働監督
　ジェネラル・レポーター：Giuseppe Casale (Italy/ILO)
　ナショナル・レポーター：櫻庭涼子会員(神戸大学)
○第二テーマ：職場におけるいじめとセクシャル・ハラスメント
　ジェネラル・レポーター：Jose Luis Ugarte and Sergio Gamonal (Chile)
　ナショナル・レポーター：橋本陽子会員(学習院大学)
○第三テーマ：基本権としてのストライキと市民の基本権との衝突可能性
　ジェネラル・レポーター：Bernd Waas (Germany)
　ナショナル・レポーター：桑村裕美子(東北大学)
○ラウンド・テーブル
　• 社会保障法：その現在と将来
○ワークショップ
　• 労働法：その現在と将来
　• 労働裁判所における訴訟：新たな手続(スペイン語のみ)

なお、ナショナル・レポートについては、すでにWeb上に掲載されている。
http://www.congresomundialtrabajo2012.com/documentos/respuestas-cuestionario?lang=en

(3) 第9回アメリカ地域会議

理事会の承認待ちであるが、第9回アメリカ地域会議は2013年10月2日～4日にエクアドルのグアヤキル(Guayaquil)にて開催の予定で、会議使用言語は、英語とスペイン語である。

(4) 名簿及び外国文献(新規分)の送付

本支部が把握している現時点の会員名簿及び前回以降、日本支部に寄せられた支部会員の外国文献リストを同封するので、所属・住所等の変更があれば、日本支部事務局まで連絡されたい。

5　入退会について

土田道夫事務局長より，退会者10名および以下の16名について入会の申込みがあったことが報告され，総会にて承認された（50音順，敬称略）。

阿部貴之（東京都労働委員会事務局），荒瀬尊宏（東京都労働委員会事務局），植村新（京都大学大学院），加藤正佳（弁護士），菊野聖貴（弁護士），河野尚子（同志社大学大学院），河野奈月（東京大学），酒井直子（早稲田大学大学院），佐藤慶（京都大学大学院），佐藤正明（弁護士），島田裕子（京都大学），島村暁代（東京大学），白石浩亮（弁護士），中田谷　博文（社会保険労務士），宮城和博（弁護士，公益委員），森啓次郎（特定社会保険労務士）

また，理事会において，3年以上の会費未納会員であって，2012年2月28日までに納入が無かった14名につき，第119回大会前日理事会での決定事項（学会誌116号195頁参照）に基づき，退会したものとみなすことが承認された旨，報告がなされた。

6　大会における託児サービスについて

島田陽一代表理事より，以下の通り報告がなされた。

今回の大会では，託児サービスを「ねっこぽっこ」に依頼し，会員4名の申込みがあった。最終的な額は，3万2000円であり，会員の利用料金は無料である。なお，託児サービスについて，現時点では，大会開催の条件ではなく，開催校側の協力が得られた場合に行う。

7　日本学術振興会の育志賞受賞候補者の推薦について

育志賞受賞候補者の推薦を希望する会員（被推薦者の大学院における指導教員）は，平成24年6月8日までに様式をHP（http://www.jsps.go.jp/j-ikushi-prize/yoshiki.html）よりダウンロードし，必要事項を記入の上，事務局までご連絡して頂くよう，学会のHPでの掲載を行うこととされた。

8　その他

(1) 選挙管理委員会について

土田事務局長より，次会の選挙管理委員として，選挙管理委員長に奥田香子理事，選挙管理委員に水島郁子会員（大阪大学），三柴丈典会員（近畿大学），上田達子会員（同志社大学），篠原信貴会員（関西外国語大学）が選出された旨の報告がなされた。

◆日本労働法学会第124回大会案内◆

1　期日：2012年10月14日（日）
2　会場：学習院大学（なお，社会保障法学会とは別会場）
3　大シンポジウム

《統一テーマ》「有期労働をめぐる法理論的課題」
　司　会：青野覚（明治大学），米津孝司（中央大学）
　報告者：①有田謙司（西南学院大学）「有期契約労働と派遣労働の法政策
　　　　　──規制原理としての労働権保障の観点から」
　　　　②唐津博（南山大学）「有期雇用（有期労働契約）の法規制と労働契約
　　　　　法理──労働契約法改正と契約論アプローチ」
　　　　③沼田雅之（大阪経済法科大学）「有期労働契約法制と均等・均衡処遇」
　　　　④小西啓文（明治大学）「非正規労働者の社会・労働保険法上の地位」
　　　　　　　　　　　　　　　　　　　　　　　　　　（以上，敬称略）

日本労働法学会規約

第1章　総　　則

第1条　本会は日本労働法学会と称する。
第2条　本会の事務所は理事会の定める所に置く。（改正，昭和39・4・10第28回総会）

第2章　目的及び事業

第3条　本会は労働法の研究を目的とし，あわせて研究者相互の協力を促進し，内外の学会との連絡及び協力を図ることを目的とする。
第4条　本会は前条の目的を達成するため，左の事業を行なう。
　1，研究報告会の開催
　2，機関誌その他刊行物の発行
　3，内外の学会との連絡及び協力
　4，公開講演会の開催，その他本会の目的を達成するために必要な事業

第3章　会　　員

第5条　労働法を研究する者は本会の会員となることができる。
　本会に名誉会員を置くことができる。名誉会員は理事会の推薦にもとづき総会で決定する。
　（改正，昭和47・10・9第44回総会）
第6条　会員になろうとする者は会員2名の紹介により理事会の承諾を得なければならない。
第7条　会員は総会の定めるところにより会費を納めなければならない。会費を滞納した者は理事会において退会したものとみなすことができる。
第8条　会員は機関誌及び刊行物の実費配布をうけることができる。（改正，昭和40・10・12第30回総会，昭和47・10・9第44回総会）

第4章　機　　関

第9条　本会に左の役員を置く。
　1，選挙により選出された理事（選挙理事）20名及び理事会の推薦による理事（推薦理事）若干名

2．監事　2名

（改正，昭和30・5・3第10回総会，昭和34・10・12第19回総会，昭和47・10・9第44回総会）

第10条　選挙理事及び監事は左の方法により選任する。
1．理事及び監事の選挙を実施するために選挙管理委員会をおく。選挙管理委員会は理事会の指名する若干名の委員によって構成され，互選で委員長を選ぶ。
2．理事は任期残存の理事をのぞく本項第5号所定の資格を有する会員の中から10名を無記名5名連記の投票により選挙する。
3．監事は無記名2名連記の投票により選挙する。
4．第2号及び第3号の選挙は選挙管理委員会発行の所定の用紙により郵送の方法による。
5．選挙が実施される総会に対応する前年期までに入会し同期までの会費を既に納めている者は，第2号及び第3号の選挙につき選挙権及び被選挙権を有する。
6．選挙において同点者が生じた場合は抽せんによって当選者をきめる。

推薦理事は全理事の同意を得て理事会が推薦し総会の追認を受ける。

代表理事は理事会において互選し，その任期は2年とする。

（改正，昭和30・5・3第10回総会，昭和34・10・12第19回総会，昭和44・10・7第38回総会，昭和47・10・9第44回総会，昭和51・10・14第52回総会，平成22・10・17第120回総会）

第11条　理事の任期は4年とし，理事の半数は2年ごとに改選する。但し再選を妨げない。

監事の任期は4年とし，再選は1回限りとする。

補欠の理事及び監事の任期は前任者の残任期間とする。

（改正，昭和30・5・3第10回総会，平成17・10・16第110回総会，平成22・10・17第120回総会）

第12条　代表理事は本会を代表する。代表理事に故障がある場合にはその指名した他の理事が職務を代行する。

第13条　理事は理事会を組織し，会務を執行する。

第14条　監事は会計及び会務執行の状況を監査する。

第15条　理事会は委員を委嘱し会務の執行を補助させることができる。

第16条　代表理事は毎年少くとも1回会員の通常総会を招集しなければならない。

代表理事は必要があると認めるときは何時でも臨時総会を招集することができる。総会員の5分の1以上の者が会議の目的たる事項を示して請求した時は，代表理事は臨時総会を招集しなければならない。

第17条　総会の議事は出席会員の過半数をもって決する。総会に出席しない会員は書面により他の出席会員にその議決権を委任することができる。

第5章　規約の変更

第18条　本規約の変更は総会員の5分の1以上又は理事の過半数の提案により総会出席会員の3分の2以上の賛成を得なければならない。

平成22年10月17日第120回総会による規約改正附則
第1条　本改正は，平成22年10月1日より施行する。
第2条　平成22年10月に在任する理事の任期については，次の通りとする。
　一　平成21年5月に就任した理事の任期は，平成24年9月までとする。
　二　平成22年10月に就任した理事の任期は，平成26年9月までとする。
第3条　平成21年5月に在任する監事の任期は，平成24年9月までとする。

学会事務局所在地
　〒602-8580　京都市上京区今出川通烏丸東入　同志社大学法学部・法学研究科
　　　　　　　土田道夫研究室
　　　　　　　TEL：075-251-3614
　　　　　　　FAX：075-251-3060
　　　　　　　e-mail：rougaku@gmail.com

SUMMARY

《Special Lecture》

Purport of Worker's Compensation and Its Criterion

Masaru MIZUNO

1. I regard a purport of Worker's Compensation Law as the living security of a sufferer and his bereaved from an employment accident and disease. From this point of view, I considered a criterion of the emergence of risks latent in the employment, based on the judicial precedent.

2. According to the precedents, an adequate causal relationship between the Employment and the risk is accepted, when the latent risks become reality. But the applications of its criterion is rather strict. What is the cause of it? I think that it arises from the nature of a yardstick of the emergence of latent risks. The core of the risks is a too heavy burden.

3. On this point, a precedent of our lower court says as follows. An worker's compensation is a liability without fault. When a liability of the compensation is placed on a employer in spite of no fault, the court has thought that the too heavy burden is important as the criterion.

4. But I don't support its opinion. Because the criterion is unsuitable for the purport of the law. I think that a decision of the relationship between the employment and the risk should not be in an issue of the causal relation but in that of the legal estimate based on the purport of the law.

5. As basic issue, the following are considered.
   (1) The doctrine of a common person standard and a doctrine of a sufferer standard.
   (2) A default and an application of the criterion of an employment accident and an occupational disease.

(3) A commuting accident and a house as the starting point of a commuting act.

《Symposium I》

The Reality and Future Issues of the Labor Tribunal System: Purpose and Summary of the Symposium

Ryuichi YAMAKAWA

In 2004, the Labor Tribunal Act established a new judicial system called the "Labor Tribunal System" for resolving individual labor disputes. Under the Labor Tribunal System, the Labor Tribunal Panel, which consists of a professional judge and two lay members who have expertise and experience in labor and employment relations, is required to complete the procedure within three hearing sessions. At the same time, the Panel may conduct mediation at any stage of the procedure. If mediation fails, the Panel renders an adjudicatory award which may include flexible contents based on the parties' legal rights and duties as well as the progression of the case. If one or both of the parties file an objection to the award, the award loses its effect and the case automatically moves to the ordinary litigation procedure.

Cases filed under the Labor Tribunal procedures are increasing rapidly. 3,586 cases were filed in 2011. Also, speedy resolution of individual labor disputes is highly evaluated. The average period from the filing of a complaint to the final resolution of the case is 2.4 months. Lawyers including judges have praised lay panel members for their role in helping understand the facts and developing appropriate mediation proposals that are acceptable to the parties.

SUMMARY

However, since this procedure is not open to public, the actual operation of this procedure is difficult to observe. In addition, there has been no scholarly research regarding how the parties who experienced this procedure evaluate the operation of this procedure as well as the outcome of their cases. Thus, in 2010, the Social Science Institute of the University of Tokyo conducted a survey by sending questionnaires to the parties. This symposium was intended to introduce the result of this survey, clarifying the actual operation of the Labor Tribunal procedure and the parties' evaluation of the procedure in order to explore future issues regarding this system.

After Professor Iwao Sato, Researcher Yoko Takahasi, and Professor Yuichiro Mizumachi made keynote presentations, Attorneys Kunio Miyazato and Shigeo Nakayama made brief comments from the viewpoint of the labor and management respectively. Next, Professor Susumu Noda also made brief comments focusing on the relationship with other systems. Then, the discussion was open to the floor. First, the discussion was focused on the standard of the monetary resolution of the Labor Tribunal cases. Next, since the employers, especially those of small-sized enterprises, showed the dissatisfaction with result of the procedure, questions and answers were exchanged regarding the reason for such evaluation. Then, the role of the lawyers in the Labor Tribunal procedure was also discussed, because it appears that parties do not fully recognize the role of lawyers. Finally, it was discussed how the Labor Tribunal System should be functioned in conjunction with other dispute resolution systems.

As a result of this symposium, the participants obtained a common understanding regarding the operation and significance of the Labor Tribunal System. Furthermore, this symposium clarified future issues to make the Labor Tribunal System more effective, including the necessity for additional researches.

The Outline and Key Findings of the Survey on Users of the Labor Tribunal System 2011

Iwao SATO

Japan's labor tribunal system (*rōdō shinpan seido*) was launched in April 2006 as a new scheme for resolving labor disputes between workers and employers in court. The purpose for adopting the labor tribunal system, as defined in Article 1 of the *Labor Tribunal Act,* is to find "prompt, accurate and effective solutions tailored to the context in which disputes arose." To achieve this, the labor tribunal system was endowed with several new features not found in conventional labor litigation: (1) proceedings are well organized and concluded expeditiously, in principle, within three sessions; (2) cases are handled by a three-person committee (labor tribunal committee) comprised of a professional labor tribunal judge (*rōdō shinpan-kan*) and two lay members (*rōdō shinpan-in*), both of whom are experts in labor relations recommended by a labor union and an employers' association, respectively; (3) elements of both mediation and trials are integrated into the system. The labor tribunal committee initially seeks a resolution through mediation, but if that is not possible, it hands down a decision.

To find out how participants in the labor tribunal process view the new system, a research group of the Institute of Social Science, the University of Tokyo (ISS) has been surveying labor tribunal system litigants, with the cooperation of the Supreme Court and district courts around the country, between July 12 and November 11, 2011 (hereinafter, "ISS Survey"). In this presentation, I will discuss the outline of the ISS Survey and introduce some of our key findings.

The ISS Survey results reveal that parties who used the labor tribunal system gave it a generally positive assessment. In particular, the system

SUMMARY

received high marks for speed. In addition, the parties' scores for satisfaction with the tribunal's lay members involved in their cases were high. Furthermore, evaluations of the conduct of labor tribunal procedures were generally positive.

A comparison of responses to similar questions in the ISS Survey and the 2006 Survey of Users of Labor Litigation shows that labor tribunal parties responded more positively than conventional labor lawsuit litigants on questions concerning cost, speed, thoroughness of deliberations, satisfaction with the judge (or labor tribunal judge) and satisfaction with the outcomes of proceedings.

These results of the ISS Survey show that the new labor tribunal system succeeded in, to a considerable extent, achieve the dual aims of expanding access to justice for parties who found it difficult to use the conventional court system and creating a dispute resolution mechanism with a high level of user satisfaction.

Analysis of Surveying Users of Labor Tribunal System and Introduction of Institutional Issues

Yoko TAKAHASHI
Yuichiro MIZUMACHI

Ⅰ　Introduction

Ⅱ　Settlement Standards of Labor Tribunal Cases (Arbitration/Trials) Related to Employment Termination
　— Comparison with mediation by Dispute Coordinating Committees
　— Comparison with courts (judicial settlements and decisions)

Ⅲ　Evaluation and Perception of Labor Tribunal System
　― Factors for sense of unfavorable results and dissatisfaction among employers？

Ⅳ　Significance and Roles of Lawyers in Labor Tribunal System
　― Effects of Retaining Lawyers（for Workers）
　― Effects of Retaining Lawyers（for Employers）

Ⅴ　Issues Introduced
　― How should the standard of settlement amount in the labor tribunal be evaluated？
　― How should the relatively negative evaluations by employers be dealt with？
　― How should the significance and roles of lawyers（for workers）in labor tribunals be considered？

Linking System of the Labor Dispute Resolution

Susumu NODA

Ⅰ　Individual Labor Dispute Resolution as a Linking System
　1）　ADR System and Individual Labor Dispute Resolution
　2）　Recent Stagnation of Labor Tribunal and Mediation

Ⅱ　Problem of "Discontinuity" between the Labor Mediation and the Labor Tribunal
　1）　Low rate of resolution by the Labor Mediation
　2）　"Typical" Mediation Case and "Typical" Resolution by the Media-

tion

3) Ending in failure of Mediation is not linked to the Complaint to the Labor Tribunal.

Ⅲ Barrier against the Complaint to the Labor Tribunal
  1) Lawyer's fee and the other difficulties
  2) Extreme difference of the Settlement Money
  3) Conclusion

《Symposium Ⅱ》

New Development and Issues of International Labor Law: Purpose and Summary of the Symposium

Michio TSUCHIDA

Ⅰ Introduction

Ⅱ Summary of Presentation
  1 Globalization and Labor Law　　　*Shinobu NOGAWA*
  2 International Employment Relations Law: Recent Progress and Remaining Problems from a Private International Law Perspective
　　　　　　　　　　　　　　　　　　Ai MURAKAMI
  3 Globalization and Conflict of Labor Laws　　*Takashi YONEZU*

Ⅲ Summary of Discussion

Ⅳ Conclusion

Grobalization und Labor Law

Shinobu NOGAWA

I   In Japan, long time, labor law had been considered as unrelated to internationalization. However, with the internationalization of the economy due to high growth, labor relations in Japan have developed across countries. Then, in the 85th Annual Meeting of Japan Labor Law Association in 1995, we discussed international labor relations law as the general subject. And there, standards and demarcation of the international labor relations and decision criteria of applicable laws or regulations for international labor relations have been studied.

In the court, cases related to international labor relations are being gradually accumulated, and they are norms of positive law also can be applied to further international labor relations. It will be certainly significant to consider the scheme, framework, overview on the field of international labor law.

II   As academic system, the field of international labor relations are broken down to three sub fields. The first content is the work of international law that is to target the significance and function of international norms as represented by the Convention and recommendations of ILO. The second is the international jurisdiction of the international labor law, and the third is the international labor relations law. Upon these, International jurisdiction law is not widely known especially in the field of labor law. But the Code of Civil Procedure was amended in 2011, and is becoming increasingly important also for the field of labor law.

III   The features of international law work consists of two elements. The first is treaties and arrangements between the two countries. It is becoming increasingly important in the field of bilateral labor norms. The second, In the ILO, a central agency for the formation of multilateral norms, new attempt can be seen. Maritime Labor Convention, adopted in 2006, is a very important convention. It is characterized by ingenuity to break through the above-mentioned defects of the ILO Convention so far has been scattered, and has the contents that determine the future direction of international labor norms. Comprehensive norms are divided into Conventions and Recommendations, which is partial and arbitrary Coexistence of mandatorily part in the treaty of one in the first place. Second, the method of no more favorable treatment and substantial equivalence has been collateral flexibility and the breadth of coverage. Third, in order to ensure the effectiveness of this Convention, a special tripartite committee was set up.

Ⅳ As mentioned above, international labor law would be to establish itself as the fourth main field of labor law along with the labor market law, the collective labor relations law, and the individual labor relations law. We hope that further research in this area proceed in the future.

International Employment Relations Law: Recent Progress and Remaining Problems from a Private International Law Perspective

Ai MURAKAMI

The Amended Code of Civil Procedure, which came into force on 1 April 2012, contains provisions on international jurisdiction in relation to employment contracts. The provisions consist of the following rules: the employee may bring an action against the employer before the Japanese courts, when one of the heads of jurisdiction as sets out in Articles 3-2 and 3-3 or the place at which the work is carried out is found in Japan (Article 3-4 (2)); in contrast, without a jurisdiction agreement as mentioned below, the employer may bring an action against the employee before the Japanese courts, only when the employee is domiciled in Japan (Article 3-4 (3)); and the jurisdiction agreement which had been made before the dispute has arisen is valid, when the employee is regarded as having tacitly ratified it, or when the parties make the agreement at the time of termination of a contract and the court chosen is located in the state where the work has been carried out at that time (Article 3-7 (6)). It must not be overlooked that the jurisdictional grounds for the Japanese courts to hear the case as set out in these Articles would also serve for the criteria for judging whether the foreign judgment is entitled to recognition in Japan with respect to its jurisdiction (Article 118 (i)). These provisions have been drafted taking into account of the impact on the phase of the recognition.

The Act on General Rules for Application of Law, which entered into force on 1 January 2007, newly establishes the special rules for employment contracts (Article 12). Article 12 provides that the law chosen by the parties will apply to the contract, subject to the mandatory rules of the law which, but for the choice of the parties, would be the governing law. According to Article 12, the law of the place which is most closely connected with the contract is applicable in the absence of choice. This law shall be presumed to be the law of the place in which the employee habitually carries out his/her work in performance of the contract. There seems to have been a tendency under the previous Act to classify mandatory rules of contractual nature into the category of the internationally mandatory rules, presumably out of the fear that being subject to the principle of party autonomy, such mandatory rules might be evaded simply by a choice-of-law clause being inserted into a contract in favour of a foreign system of law. If this observation is correct, such a classification would not be necessary under the new Act, because its Article 12 provides the mechanism to reserve the application of mandatory rules of Japanese law.

Globalisierung und die arbeitsrechtliche Kollisionsregel

Takashi YONEZU

Für das Individualarbeitsverhältnis ist nach der Neuregelung des japanischen Internationalen Privatrechts (Allgemeines Recht über die Anwendung des Rechts, Ho no tekiyo ni kansuru Tsusokuho) zunächst der Wille der Parteien des Arbeitsvertrags massgebend (Art. 7). Fehlt eine wirksame Vereinbarung, gilt die objektive Anknüpfung. Nach Art. 12 Abs. 2 und 3 des japanischen IPR untersteht der Arbeitsvertrags dem Recht des Staates, in dem der Arbeitnehmer gewöhnlich seine Arbeit verrichtet, soweit das Arbeitsverhältnis keine engere Verbindung zu einen anderen Staat aufweist. Verrichtet der Arbeitnehmer seine Arbeit gewöhnlich in mehreren Staaten, so gilt das Recht der einstellenden Niederlassung des Arbeitsgebers.

Durch die zwingenden Arbeitnehmerschutzvorschriften des ohne die Rechtswahl massgebenden Rechts ist die Rechtswahlfreiheit eingeschrenkt, wenn der Arbeitnehmer seinen so lautenden Willen gegenüber dem Arbeitgeber erklärt hat (Art. 12 Abs. 1). Von diesen zwingenden Arbeitnehmerschutzvorschriften sind die sog absolut zwingende Bestimmungen (Eingriffsnormen) zu unterscheiden. Sie sind ohne Rücksicht auf das den Vertrag anzuwendende Recht den Sachverhalt zwingend regeln. In Betracht kommen dabei die Bestimmungen, in denen unverzichtbare nationale Wert-und Ordnungsvorstellungen bzw. "Gemeininteressen" zum Ausdruck kommen. Dabei aber steht die unmittelbare Durchsetzung des ausländischen Eingrifffsgesetztes mit hoheitlichen Zwang in Rede, sondern lediglich die Beachtung der privatrechtlichen Reflexwirkung dieses Gesetzes bei der Prüfung eines zivirechtlichen Anspruchs.

Für das kollektive Arbeitsrecht (z. B. Gewerkschaftsgesetz) gilt nach herrschender Meinung i. d. R das Territorialitätsprinzip. Die Einzelheiten dieses Prinzips ist jedoch noch nicht genügend geklärt. Das Bezirksgericht von Tokyo hat neuerlich das japanisches Gewerkschaftsgesetz auf einen Fall von solidarischer Aktivität einer japanischen Gewerkschaft, die eine phililipinische Gwerkschaft in einer janischen Autohersteller unterstützt, ohne präzise Prüfung über Auslandsberührung nicht anwendbar erklärt, weil der Sachverhalt eine reine innerstaatliche Charakter hätte.

《Symposium III》

The Great East Japan Earthquake and the Problems in Social Law: Purpose and Summary of the Symposium

Seigo MORI

I The Meaning and the Purpose of Symposium

II The Outline and Summary of Symposium

SUMMARY

Implementation of Employment Law regarding Natural Disasters in Japan: In Responses to Labor Issues on the Great East Japan Earthquake

Chizuko HAYAKAWA

This article analyzes implementation of employment law in case of natural disaster in Japan, focusing on allowances for absence from work, economic discharge, workers' compensation and lost wage as damages based on employers' liabilities.

Firstly, the scope of employers' liabilities for allowances for absence from work under Article 26 of the Labor Standards Act (LSA) is larger than the employer's liabilities for wages under Paragraph 2, Article 536 of the Civil Code. In order to seek a balance between the employers' liabilities and immunities in the case of natural disaster under the LSA, this article suggests criteria of determining liabilities because of natural disasters.

Secondly, restrictions on discharge under Article 19 and Article 20 of LSA have a common language of immunity in case of natural disaster. Therefore, in such a case, discharges are easier than usual. However, the restriction under Article 16 of the Employment Contract Act still exists. In the case of economic dismissals because of natural disasters, necessities of reduction of manpower may be easily acknowledged. However, it does not directly mean that such dismissals are permissible where possibilities of transfers exist or monetary supports from the government are available.

Thirdly, the Workers' Compensation Insurance Act requires causation between work and compensable incidents (such as deaths and injuries), which is interpreted as the realization of risks that is inherent in the work. It is often debated whether accidents from natural disasters at work should be compensated. Ministry of Health, Labor and Welfare determined accidents at workplaces by the tsunami in the great east Japan earthquake are covered by the Act. This article suggests that deaths and injuries caused from destructions of buildings can be recognized as the realizations of risks of work if the lack of strength caused the destruction of the buildings.

Fourthly, Article 5 of the Employment Contract Act provides for employers duty to care about employees' safety. The predictabilities of results are necessary for finding of the liability for the violation of such duty. This article analyzes that the violation of the duty of care in natural disasters can be found if the employer's evacuation order and information about place of evacuations are insufficient.

The Great East Japan Earthquake and Life Security for Its Victims-Focusing on Employment Security

Sayaka DAKE

I Introduction
　1　The Present Situation of Employment in Miyagi
　2　The Purpose of this Article

II Applications of the Unemployment Insurance to the Unemployed Caused by the Great East Japan Earthquake
　1　The Exceptional Measure for Suspension of Business
　2　The Exceptional Measure for Temporary Unemployment
　3　The Prolongations of the Unemployment Benefits

III Life security for Victims

1　Examinations of the Unemployment Insurance
　　(1) About the Exceptional Measures
　　(2) About the Prolongations
　2　Utility of the Jobseeker's Support System
　　(1) Situations of those whose Unemployment Benefit has Expired
　　(2) Problems of the Jobseeker's Support System
　3　Possibility of Receiving the Public Assistance
　　(1) The Condition of Use of the Ability to Work
　　(2) The Relation between the Public assistance and the Jobseeker's support system
　　(3) The Potential Ability to Work and the Public Assistance
　　(4) Victims of the Great Earthquake and the Potential Ability to Work

Ⅳ　The Great East Japan Earthquake and Problems of Actual Employment Policies
　1　Problems of Supports for the Unemployed Caused by the Great East Japan Earthquake
　2　Conclusion

Nuclear Plant Workers and Industrial Safety & Health

Masaaki SATO

　This article examines issues on industrial safety and health for nuclear plant workers, as well as labor issues in areas around the Fukushima Daiichi Nuclear Power Plant affected by its accident.

Ⅰ　Introduction

II Industrial Safety and Health Issues for Nuclear Plant Workers
  1 Issues on Safety Standards for Nuclear Plant Work
    (1) Regulations on Prevention of Radiation Exposure in Japan
    (2) Urgent Works in the Fukushima Daiichi Nuclear Power Plant Accident
    (3) Workers' Compensation Standards regarding Radiation Damage
  2 Issues on Ensuring Effectiveness for Safety
    (1) Registration System on Exposure Dose of Workers for Nuclear Facilities
    (2) Management of Workers' Health on Work Handling Radioactive Materials
    (3) Multilayered Subcontract Structure regarding Nuclear Plant Workers and Responsibilities of Principal Contractors

III Labor Issues in Affected Areas as a Result of the Nuclear Plant Accident
  1 Issues on Continuing Employment under Prohibition/Restriction of Business in Affected Areas and Protections of Employees
  2 Order to Work in Affected Areas
  3 Damages for Invalidity

IV Conclusion

SUMMARY

《Article》

Labor Relationships in Corporate Reconstruction: Treatment of Labor Relationships in Corporate Reorganization and Rehabilitation by Comparing Japan and the U.S.

Hisashi IKEDA

I   Issues in Question
  1   Employees in Corporate Reorganization and Rehabilitation
  2   Conditions under Japanese Law

II   American Law
  1   Bankruptcy Code Chapter 11 (11 U.S.C. §101 *et seq.*)
  2   Cases without Exclusive Representatives
  3   Cases with Exclusive Representatives
  4   Particularity of Collective Bargaining Agreements
    (1) Points at Issue
    (2) NLRB v. Bildisco & Bildisco, 465 U.S. 513 (1984)
  5   Bankruptcy Code §1113 (11 U.S.C. §1113)
    (1) Conditions for Rejection of Collective Bargaining Agreements
    (2) Effects by Rejection of Collective Bargaining Agreements
    (3) Understanding of Bankruptcy Code §1113
  6   Summary of American Law

III   Adjustment between Protection of Employees and Purpose for Corporate Reconstruction

IV   Conclusion

Legal Regulation of Minimum Wage, Labour Management Autonomy and Guarantee of Minimum Living Standards: Comparative Analysis of the UK, French and Japanese Systems

Chikako KANKI

With the recent increase in 'working poor', there are increased expectations in regard to the effectiveness of the regional minimum wage in Japan. The article 9, paragraph 3 of the Minimum Wages Act clarified that compatibility with public assistance policies needed to be taken into account the cost of living experienced by workers, which is one of the elements that is considered in the setting of regional minimum wages, on the grounds of the constitutional right to life. It is not clear, however, whether the minimum wage can take a role on guarantee of minimum living standards. Method of setting regional minimum wage rather has been quasi-collective bargaining.

The aim of this article is to characterize the expecting role of minimum wage in Japan from a comparative perspective. The author sets two viewpoints to analyze that. The first is the relationship between the aim of the introducing minimum wage acts and the decision-making methods provided in the acts. The second is the correlation between minimum wage and social security system. From these viewpoints, it is pointed out that expectation for minimum wage as a 'safety net' that is distinctive in Japan has been minimized in UK and France. Minimum wage is no more than a piece rate. The role of minimum wage has to be thought out in consideration for the social security system for the working age.

I   Introduction

Ⅱ Japan
1 Regional Minimum Wage
2 Social Security Benefits for Working Age
3 Issues in Japanese Minimum Wage Regulation

Ⅲ UK
1 History of Minimum Wage Regulation
2 Social Security Benefits for Working Age

Ⅳ France
1 History of Minimum Wage Regulation
2 Social Security Benefits for Working Age

Ⅴ Conclusion
1 Characteristics of Minimum Wage Regulation in Each Country
2 Considerations on the Roles of Minimum Wage
3 Some Proposals

Historical Changes of the Functions of the Occupational Health Physician in France Especially in Judging a Possibility to Work of Workers

Toshiharu SUZUKI

The occupational health physician in France has the functions of judging the possibility to work of the worker who is not in good health. For example, unless the occupational health physician decides that a worker cannot work in the same conditions as before, employer cannot fire him.

Today, there are many diseases whose condition is unstable such as mental disorders. According to that, the functions of the occupational health physician are strengthened in order to judge correctly the possibility to work.

In Japan, there are also many diseases whose condition is unstable such as mental disorders. In order to judge correctly the possibility to work, the functions of the occupational health physician in Japan also need to be strengthened. And in order to realize appropriate working conditions, we have to promote the dialogue between employer and worker like in France when employer decides the working conditions of the worker who is not in good health.

I　Introduction
II　Functions of Judging a Possibility to Work
III　Evolution of the Functions
IV　Problems of the Functions
V　Conclusion

A Study on the Criteria of Workers' Compensation for People with Stress-related Illness: Focusing on the Accreditation Criterion of People with Mental Illness Issued by the Ministry of Health, Labour and Welfare, Labour Standards Bureau

Ken-ichi TANAKA

The aim of this paper is to explore the criteria of workers' compensation for people with stress-related illness with three points. First, this paper attempts to explore the criteria for mental disorders, in particular chronic stress function issued by the Ministry of Health, Labor and Welfare in 2011. Second, it discusses eligibility for workers who have gotten severity of stress. Third, it evaluates personal stress vulnerability in occupational causation. As a result of discussions and evaluation, this paper identified two key points. First, in order to assess stress in the context of policy and workers' compensation, it is important that the law courts should make a judgment focusing on personality and personal working conditions. Another point is that the government should provide a clear and concrete workers' compensation about the personality and personal working conditions in the policy statement in order to the equity and expeditious benefits.

The Dual Structure of Work Contract in English Employment Law

Emiko SHINYASHIKI

Japanese employment law lacking established tests to determine whether an employment contract is formed or not, this article tries to analyse cases in English employment law which has a number of cases relating to formation of contract of employment.

The analysis shows us easily how distinguished or interconnected the determination of formation of contract and the characterization of work contract in which judges are charged with to decide what kind of nature the contract in question is after they determine formation matters are. The analysis also clarifies on the one hand that the matters on formation of work contract are to belongs to the English contract law field and therefore to be regulated from the view point of the contract law. On the other hand, the analysis of cases also indicates that the characterization of

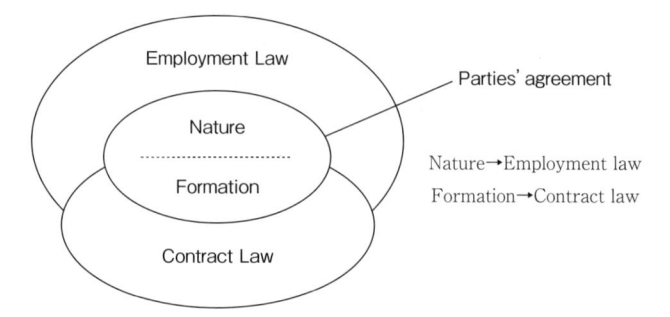

```
        ┌─── Employment Law ───┐
       │                        │── Parties' agreement
       │      Nature            │
       │   ················     │   Nature→Employment law
       │      Formation         │   Formation→Contract law
       │                        │
        └─── Contract Law ─────┘
```

work contract is to be basically placed in the field of employment law and so strongly affected by policy or special regards behind English employment law.

In this way, this article pictures the dual structure of work contract in English employment law as above.

In conclusion, this article suggests that Japanese employment law should recognize a more comprehensive perspective for formation of work contracts which consist of not only the viewpoint of employment law but also that of contract law.

編集後記

◇ 本号は，2012年5月20日に関西学院大学で開催された第123回大会におけるミニシンポジウム報告，個別報告の内容を中心に構成されている。ミニシンポジウムでは，労働審判制度の実態と課題，国際労働法の展開と課題，大震災と社会法の課題がテーマとして取り上げられ，活発な議論が行われた。個別報告では，倒産労働法制，最低賃金規制，労働契約法の基礎理論，フランス労働医，ストレス関連疾患などの労働法の現代的な課題に関する報告がなされた。本号は，これらの報告の成果を反映する充実した内容となっている。

◇ 水野勝会員の特別講演は，労災補償の制度趣旨に立ち返りながら認定基準をめぐるさまざまな論点を検討するというもので，極めて有益な内容であった。回顧と展望では，労働者派遣法の改正，会社更生手続下の整理解雇に関する裁判例，労働組合法上の労働者性に関する裁判例が取り上げられた。

◇ 本号の刊行スケジュール等の関係から，執筆者の方々には短期間でのご執筆をお願いした。厳しいスケジュールにもかかわらず，ご理解とご協力いただいた執筆者の方々に心より感謝したい。

◇ 野川忍編集委員長と村中孝史査読委員長の温かいサポートにより無事に編集作業を終えることができた。査読者の方々にも，短期間での査読につき多大な協力をいただいた。また，本号の編集に当たっては，法律文化社の小西英央氏，瀧本佳代氏に大変お世話になった。皆様に心より感謝を申し上げたい。　　　　　　　　　　　　　　　　　　　　（石田信平／記）

《学会誌編集委員会》
野川忍（委員長），中内哲，篠原信貴，細谷越史，奥田香子，畑中祥子，渡邊絹子，阿部未央，石田信平，富永晃一，春田吉備彦，天野晋介，戸谷義治（2012年9月現在）

労働審判制度の実態と課題
国際労働法の展開と課題
大震災と社会法の課題

日本労働法学会誌120号

2012年10月10日　印　刷
2012年10月20日　発　行

編 集 者　日本労働法学会
発 行 者

印刷所　株式会社 共同印刷工業　〒615-0052 京都市右京区西院清水町156-1
　　　　　　　　　　　　　　　　　電　話　(075)313-1010

発売元　株式会社 法律文化社　〒603-8053 京都市北区上賀茂岩ヶ垣内町71
　　　　　　　　　　　　　　　電　話　(075)791-7131
　　　　　　　　　　　　　　　Ｆ Ａ Ｘ　(075)721-8400

2012 Ⓒ 日本労働法学会　Printed in Japan
装丁　白沢　正
ISBN978-4-589-03460-1